Lo que la gente dice sobre…

IGLESIA RECONFIGURADA

«El disenso es un don para la iglesia. Es la imaginación de los profetas la que continuamente nos llama a volver a nuestra identidad como el pueblo especial de Dios. Que las palabras de desafío de Viola se conviertan en el cambio que deseamos ver en la iglesia... y que no nos contentemos con nada menos que el sueño de Dios para ella».

Shane Claiborne, autor, activista, y pecador en recuperación
(thesimpleway.org)

«Fiel a la forma, este libro realiza una crítica muy coherente con respecto a las formas que predominan en la iglesia. Sin embargo, en *Iglesia Reconfigurada*, Frank Viola también presenta una visión positiva de aquello en lo que la iglesia se puede convertir si verdaderamente nosotros volvemos a abrazar formas más orgánicas y menos institucionales para ella. Esta es una visión profética sin restricciones para la iglesia del siglo veintiuno».

Alan Hirsch, autor de *The Forgotten Ways* y
The Shaping of Things to Come

«Frank no solamente extrae nuevas perspectivas de conceptos ya bien conocidos, sino que continúa presentándonos desafíos para volver a lo básico y enfocarnos en Cristo mismo. ¡Gracias, Frank! Este libro tan práctico nos muestra cómo puede llegar a ser una iglesia que se enfoca en Jesús».

Tony Dale, autor y editor de la revista *House2House* y
fundador de The Karis Group

«*Iglesia Reconfigurada* constituye un valioso aporte a los recursos que se han estado produciendo sobre el tema de las iglesias orgánicas. Escrito desde una perspectiva profesional de larga data, el libro de Frank transmite estos conceptos con su acostumbrada claridad y perspicacia y cubre muchos de los aspectos prácticos que implica el comenzar una iglesia. Recomiendo este libro a cualquiera que esté interesado en la iglesia orgánica».

Felicity Dale, autora de *An Army of Ordinary People* y *Getting Started: A Practical Guide to House Church Plantings*

«*Iglesia Reconfigurada* con seguridad perturbará a los que se encuentren cómodos y confortará a los que estén perturbados al mismo tiempo. Frank Viola se abre paso en medio de la niebla y apunta con su dedo a los problemas creados por una forma humana de hacer la iglesia, al tiempo que proporciona una visión estratégica para alcanzar una expresión poderosa del cuerpo de Cristo según el Nuevo Testamento».

Rad Zdero PHD, autor de *The Global House Church Movement* y editor de *Nexus: The World House Church Movement Reader*

«*Iglesia Reconfigurada* es una descripción amena (¡y agradable!) de una vida orgánica y arraigada en el Nuevo Testamento para la iglesia del siglo veintiuno. Evitando las malezas tanto del fundamentalismo rígido como de una supercontextualización irreflexiva, Frank Viola pinta un atractivo retrato del pueblo del evangelio, habitado por el Espíritu Santo, con Dios y Cristo como su centro energético. Frank nos ayuda a aprender de la genialidad peculiar de Jesús y sus primeros seguidores, que plantaron las semillas de una vida en común auténtica y profundamente arraigada».

Mike Morrell, Miembro graduado en Estudios Emergentes, MA en Previsión Estratégica de la Universidad Regent (zoecarnate.com)

«¿Cómo sería si la palabra *iglesia* en una conversación ordinaria nos trajera a la mente pensamientos como "algo no artificial", "gozo", o "un lugar en el que Dios hace las cosas a su modo" en vez de bancos, lotes de estacionamiento y predicadores? ¿Qué pasaría si la gente de la iglesia no tuviera idea de lo que significan la "oración del pecador" o el "diezmo", y en lugar de eso se arrepintieran gozosamente, fueran generosos sin titubeos y se sintieran impulsados naturalmente por el amor? ¿Cómo sería que la iglesia no fuera un lugar para aprender religión, sino que constituyera la mejor de las pruebas tangibles de la existencia de Dios? *Iglesia Reconfigurada* arriesga un sueño mientras reúne los mejores argumentos racionales sobre cómo puede ser la iglesia».

Charles J. Wilhelm, autor de *Biblical Dyslexia: Overcoming the Barriers to Understanding Scripture*

«Para aquellos que no se sienten amenazados por la idea de que la iglesia debe cambiar, *Iglesia Reconfigurada* ofrece una perspectiva muy necesaria y absolutamente oportuna, a la vez que transmite una visión bíblicamente sólida del cuerpo de Cristo. Utilizando la vida de la iglesia del Nuevo Testamento en toda su extensión, Frank Viola delinea los valores centrales y los principios esenciales que deben constituir el fundamento de la vida en conjunto como cuerpo de Cristo. El libro nos proporciona un cuadro visionario, excepcionalmente lleno de esperanza, acerca de todo lo que la iglesia puede y debería ser».

Grace, escribiendo en Kingdomgrace.wordpress.com

«El cuerpo de Cristo se ha visto sofocado por las tradiciones humanas durante demasiado tiempo. *Iglesia Reconfigurada* traza un nuevo curso para la iglesia que recupera la simplicidad de Cristo y escucha con seriedad lo que la voz del Gran Pastor le está diciendo a su pueblo».

Jon Zens, editor de *Searching Together* y autor de *A Church Building Every ½ Mile: What Makes American Christianity Tick?*

«Si *Paganismo, ¿en tu cristianismo?* expone la realidad de que muchas de las actuales prácticas de nuestras iglesias tienen poco fundamento bíblico, *Iglesia Reconfigurada* da el siguiente paso para establecer lo que es una vida de iglesia verdaderamente bíblica. Con la vida interna de la Trinidad como punto de partida, Viola pinta un cuadro sorprendente de la vida de una iglesia orgánica».

John White, facilitador comunitario en LK10: Una comunidad de práctica para los que establecen iglesias

«Si realmente estamos llegando al punto culminante de la próxima gran reforma de la iglesia, como muchos lo sugieren, entonces Frank Viola es una de las voces significativas a las que todos deberíamos prestar oídos. El corazón humilde de Frank y su valiente teclado una vez más nos entregan un libro que será leído por aquellos que desean echarle una mirada sincera al estado de la iglesia contemporánea. *Iglesia Reconfigurada* nos llama primeramente a recordar a la iglesia partiendo del plano original que está en las Escrituras».

Lance Ford, cofundador de Shapevine.com

«Ya sea que estés de acuerdo con todo lo que Frank Viola escribe en su libro o no, estoy seguro de que su contenido te presentará el desafío de repensar la forma en que organizamos la iglesia. Te llevará a reconsiderar las razones por la que hacemos muchas cosas y la manera en la que las hacemos. Si tú, como yo, crees que estamos viviendo en medio de uno de los mayores cambios que la cristiandad ha conocido, entonces este libro será una herramienta valiosa para ayudarte a hacer las preguntas correctas a medida que avanzas».

Tony Fitzgerald, líder de un equipo apostólico y orador
internacional

IGLESIA RECONFIGURADA

CÓMO LOGRAR EL IDEAL DE LA IGLESIA ORGÁNICA

FRANK VIOLA

Vida®

La misión de Editorial Vida es ser la compañía líder en satisfacer las necesidades de las personas, con recursos cuyo contenido glorifique al Señor Jesucristo y promueva principios bíblicos.

IGLESIA RECONFIGURADA
Edición en español publicada por
Editorial Vida – 2012
Miami, Florida

Originally published in the USA under the title:
  Reimagining Church
  Copyright © 2008 Frank Viola
David C. Cook, 4050 Lee Vance View, Colorado Springs, Colorado 80918 U.S.A.
All rights reserved.

Traducción: *Silvia Himitian*
Edición: *Silvia Himitian*
Diseño interior: *Base creativa*

ISBN: 978-0-8297-5915-0

CATEGORÍA: Iglesia cristiana/General

IMPRESO EN ESTADOS UNIDOS DE AMÉRICA
PRINTED IN THE UNITED STATES OF AMERICA

12 13 14 15 ❖ 6 5 4 3 2 1

A todo cristiano que ha reconfigurado la iglesia

Contenido

PREFACIO

Luego de trece años de concurrir a una infinidad de iglesias y organizaciones paraeclesiales, me atreví a dar el paso de dejar la iglesia institucional. Fue en 1988. Desde ese entonces, nunca he regresado al cristianismo institucional. En lugar de eso, me he estado reuniendo con las que llamo «iglesias orgánicas».

¿Por qué dejé la iglesia institucional? Para comenzar, porque me aburrían enormemente las reuniones de la iglesia de los domingos por la mañana. Esa era una realidad generalizada, independientemente de la denominación (o grupo no denominacional) a cuyas reuniones asistiera. También notaba muy poca transformación espiritual en la gente que concurría a esas iglesias. Y el crecimiento espiritual que yo mismo estaba experimentando parecía provenir de *afuera* del entorno de la iglesia tradicional.

Además, algo en mí anhelaba desde lo más profundo una experiencia de iglesia que coincidiera con lo que leía en el Nuevo Testamento. Y no parecía poder encontrarla en ninguna de las iglesias tradicionales a las que había asistido. De hecho, cuanto más leía la Biblia, más me convencía de que la iglesia contemporánea se había alejado de sus raíces bíblicas. El resultado fue que hice a un lado al cristianismo institucional y comencé a reunirme de una manera orgánica con un grupo de cristianos.

Luego de dar ese paso, mis amigos y conocidos a menudo me preguntaban: «¿Y a qué iglesia vas?». Responder a eso siempre acababa siendo un intento peculiar. «Pertenezco a una iglesia que no tiene pastor, ni un edificio eclesial; nos reunimos al estilo de los cristianos primitivos, y estamos centrados en Jesucristo», solía ser mi respuesta estándar. Pero tan pronto esas palabras salían de mi boca, la persona que me lo había preguntado normalmente me miraba como si yo acabara de llegar del Planeta 10.

Todavía me hacen esa pregunta: «¿Y usted, a qué iglesia va?». Pero hoy he logrado una mejor manera de articular mi respuesta que veinte años atrás (aunque admito que mi contestación aún sigue sonando torpe e imperfecta).

Y el propósito de este libro radica en articular una respuesta bíblica, espiritual, teológica y práctica a estas preguntas: ¿Existe una manera de estructurar la iglesia fuera de la experiencia eclesiástica institucional? Y si existe, ¿cómo es?

Si los pasados veinte años me han enseñado algo, es esto: Habrá dos reacciones principales ante este libro. Una se expresará más o menos así: «¡Gracias al cielo que no estoy loco! Pensaba que había perdido la cordura. Me siento feliz de que haya otros que piensan de la misma manera que yo con respecto a la iglesia. Este libro le ha puesto palabras a creencias y sentimientos que he tenido por años. Y me ha dado esperanzas en cuanto a que existe una experiencia de vida en la iglesia que trasciende aquello que comúnmente se conoce y acepta».

Y la otra postura manifestará algo como esto: «¡Cómo se atreve a desafiar las prácticas de nuestra iglesia! Dios ama a la iglesia. ¿Qué derecho tiene a criticarla? ¿Y quién le da el derecho a decir que *su* manera de poner en práctica la iglesia es la *única* válida?».

Soy el primero en admitir que no estoy más allá de poder ser corregido en cuanto a mis perspectivas. Todavía sigo creciendo y aprendiendo. Sin embargo, el problema con esta objeción en particular es que expone el mismo problema que este libro trata de enfocar. A saber, que los cristianos estamos muy confundidos con respecto a lo que la iglesia es. De ninguna manera intento criticar a la iglesia. De hecho, escribo este volumen debido a que amo mucho a la iglesia. Y es a causa de ese amor que deseo ver al cuerpo de Cristo expresarse de la manera en que creo que Dios lo planeó originalmente. La iglesia, por lo tanto, no debe ser confundida con una organización, una denominación, un movimiento o una estructura de liderazgo. La iglesia es el pueblo de Dios, la misma esposa de Jesucristo. Y tal como argumentaré en este libro, Dios no ha guardado silencio con respecto a la forma en que la iglesia debe expresarse naturalmente en la tierra.

Por lo tanto, son las *prácticas actuales* de la iglesia lo que propongo reconfigurar, y no la iglesia misma.

Además, nunca afirmaría que hay una manera «correcta» de hacer iglesia. Y ciertamente no afirmaría que la he encontrado. Este libro repiensa la iglesia de una manera nueva, manera que creo que está en armonía con las enseñanzas de Jesús y los apóstoles. Y en cuanto a mí y a muchos otros creyentes también, hemos descubierto que esa manera va muy de acuerdo con nuestros más profundos anhelos como cristianos.

Dos libros han precedido a este. El primero se titula *The Untold Story of the New Testament Church* [La historia no contada sobre la iglesia del Nuevo Testamento]. En *The Untold Story,* ensayo un relato de la historia de la iglesia del primer siglo siguiendo un orden cronológico. El libro de los Hechos y las epístolas se han ido entrelazando para crear una narrativa sin grietas de la iglesia primitiva. *Iglesia Reconfigurada* se basa en esa historia que fluye con libertad. La diferencia está en que *Iglesia Reconfigurada* toma ciertos encuadres de esa hermosa narrativa y los divide en categorías específicas. Juntos, ambos libros pintan un cuadro convincente de la vida de la iglesia del Nuevo Testamento.

El segundo libro, titulado *Paganismo, ¿en tu cristianismo?,* demuestra históricamente que la iglesia contemporánea se ha alejado mucho de sus raíces originales. La iglesia, como la conocemos hoy, ha evolucionado (o más bien ha involucionado) de una expresión viviente, vibrante y orgánica de Jesucristo a una organización jerárquica, con exceso de altos cargos, cuya estructura básica tiene como modelo al antiguo Imperio Romano. Y resulta revelador que la mayoría de las iglesias hoy todavía se aferren a esa estructura.

El libro se divide en dos partes. La primera lleva el título «Comunidad y encuentros». En ella analizamos la manera en que la iglesia primitiva desarrollaba su vida y el modo en el que se reunía. Luego comparo y contrasto esos elementos con las prácticas de la iglesia contemporánea.

La segunda parte del libro ha sido titulada «Liderazgo y rendición de cuentas». Allí introduzco un nuevo modelo para comprender el liderazgo, la autoridad, y la rendición de cuentas. Ese modelo es contracultural y está arraigado en un principio bíblico. Pero también es práctico. Lo he visto funcionar por más de veinte años. Y también he preparado un apéndice que responde a las objeciones más comunes. Por favor, tomen en cuenta que mi meta al escribir es constructiva y no controversial. Sin embargo, debido a que muchas de las ideas que presento son tan radicalmente diferentes de la comprensión tradicional, probablemente cause asombro y en algunos casos despierte algo de hostilidad.

Tengo la esperanza de que me soporten y consideren cada uno de mis argumentos a la luz de las Escrituras y los coloquen bajo el escrutinio de su propia conciencia. Mi actitud al escribir fue bien descrita por C. S. Lewis cuando dijo: «Piensen en mí como un compañero suyo que es un paciente internado en el mismo hospital, el que, habiendo entrado un poco antes, puede brindarles algún consejo». El deseo de mi corazón es ver al pueblo de Dios liberado de la tiranía del status quo, así como de las estructuras de liderazgo opresivas. Todo eso por una razón: para que Jesucristo pueda volver a ser central y supremo en su iglesia otra vez.

Frank Viola
Gainesville, Florida
Octubre de 2007

INTRODUCCIÓN
HACIA UN NUEVO TIPO DE IGLESIA

Vivimos en una época que se ha ubicado irremediablemente por debajo de los patrones del Nuevo Testamento, y que se siente conforme con tener una pequeña y pulcra religión.

—Martyn Lloyd-Jones

La mayoría de los cristianos confesos no se dan cuenta de que los conceptos y prácticas centrales asociadas con lo que llamamos «iglesia» no se basan en el Nuevo Testamento, sino en patrones establecidos en la era postapostólica.

—Jon Zens

Sobre nosotros se cierne una revolución tanto en lo que hace a la teología como a las prácticas de la iglesia. Incontables son los cristianos, incluyendo teólogos, ministros y eruditos, que buscan nuevas maneras de renovar y reformar la iglesia. Otros han abandonado del todo el concepto tradicional de iglesia. Han llegado a la convicción de que la iglesia institucional, tal como la conocemos hoy, no solo es ineficaz, sino que no tiene valores bíblicos. Por esa razón sienten que sería un error reformar o renovar la estructura actual de la iglesia. Sin embargo, precisamente esa estructura constituye la raíz del problema.

Llegué a esta desconcertante conclusión hace veinte años, cuando poca gente que yo conocía se animaba a cuestionar las prácticas de la iglesia institucional. Por esa razón, me he sentido muy solo. Y algunas veces, sinceramente me preguntaba si no habría perdido la cabeza.

Las cosas han cambiado. Hoy, ha crecido el número de aquellos que cuestionan a la iglesia institucional[1]. Este grupo aumenta cada año. Una buena cantidad de estas personas han salido de la iglesia institucional. Y están en la búsqueda de una experiencia eclesial que se ajuste mejor a los profundos anhelos de sus corazones.

Efectivamente, hoy se está gestando una revolución. Y esa revolución va más allá de una reforma o una renovación de la iglesia. En realidad, va directo a las mismas raíces de las prácticas y la teología de la iglesia. Quizá un ejemplo histórico ayude a explicar este fenómeno.

Durante siglos, los astrónomos en occidente buscaron comprender la rotación de las estrellas y los planetas. Sin embargo, a pesar de las muchas veces que procuraron ajustar los datos que poseían, no pudieron hacer que funcionaran sus cálculos. La razón era simple. Su punto de referencia era defectuoso. Trabajaban con un modelo de universo geocéntrico. Creían que las estrellas y los planetas rotaban alrededor de una tierra inmóvil. Y sobre esa premisa habían construido toda su comprensión del universo.

Un iconoclasta llamado Copérnico hizo su aparición y cuestionó esa premisa. Él postuló la idea revolucionaria de que los planetas y las estrellas rotaban alrededor del sol. La perspectiva heliocéntrica de Copérnico sobre el universo fue vehementemente resistida en un comienzo. Pero nadie podía discutir el hecho de que este nuevo modelo hacía que los datos funcionaran mejor que con la perspectiva geocéntrica. Por esa razón, el punto de referencia heliocéntrico con el tiempo fue aceptado[2].

En ese mismo espíritu este libro constituye un vigoroso intento de presentar un nuevo paradigma para la iglesia. Construido sobre el concepto neotestamentario de que la iglesia de Jesucristo es un organismo espiritual, no una organización institucional.

Me he encontrado con pocos cristianos que cuestionen esta última aseveración. De hecho, me he cruzado con incontables creyentes que me han dicho: «La iglesia es un organismo y no una organización». Sin embargo, mientras emitían esas palabras, continuaban siendo miembros devotos de iglesias que estaban organizadas siguiendo el lineamiento de la General Motors o Microsoft.

En este libro voy a plantear algunas preguntas agudas sobre esa cuestión. A saber, ¿qué significa la expresión «la iglesia es un organismo» en realidad? Y, ¿de qué forma opera una «iglesia orgánica» en el siglo veintiuno?

A lo largo del libro, usaré los términos «iglesia del Nuevo Testamento» (o neotestamentaria), «iglesia primitiva», e «iglesia del primer siglo» como sinónimos. Todos esos términos se refieren a la iglesia primitiva del siglo primero, como se describe en el Nuevo Testamento.

También haré referencia a aquellas iglesias con las que la mayor parte de la gente está familiarizada como las «iglesias institucionales». Lo mismo podría haberlas llamado «establecimientos eclesiales», «iglesias estilo basílica», «iglesias tradicionales», «iglesias organizadas», «iglesias dominadas por el clero», «iglesias contemporáneas», «iglesias tipo audiencia», «iglesias espectadoras», «iglesias estilo auditorio», «iglesias heredadas», «iglesias que nos han sido legadas» o «iglesias basadas en programas». Todas ellas son herramientas lingüísticas inadecuadas. Según mi forma de pensar, «la iglesia institucional» es la expresión que mejor capta la esencia de la mayor parte de las iglesias de hoy en día.

Por favor, tengan en cuenta que cuando utilizo el término «iglesia institucional» *no* me refiero al pueblo de Dios. Hablo de un *sistema*. La «iglesia institucional» es un sistema, una manera de *llevar adelante* la «iglesia». No la gente que constituye su población. Esta distinción resulta importante y debe ser tenida en mente a medida que se lee el libro.

Algún sociólogo tal vez objete mi uso de la palabra «institucional». Sociológicamente hablando, una institución es cualquier actividad que siga un patrón humano. Por lo tanto, el estrecharse las manos o el dar un abrazo de bienvenida son instituciones. Estoy dispuesto a admitir que todas las iglesias (inclusive las orgánicas) asumen *cierta* institucionalidad.

No obstante, utilizo la expresión «iglesia institucional» en un sentido mucho más estrecho. A saber, me refiero a aquellas iglesias que operan principalmente como instituciones y existen por encima, más allá y de una manera independiente de los miembros que constituyen su población. Esas iglesias se han construido más en base a programas y rituales que sobre las relaciones. Se trata de organizaciones altamente estructuradas, de forma habitual con su centro en un edificio y reguladas por profesionales claramente diferenciados («ministros» y «clérigos»), con la colaboración de voluntarios (laicos). Requieren de un equipo, un edificio, salarios y administración. En la iglesia institucional, la feligresía asiste a una representación religiosa una o dos veces por semana, llevada a cabo principalmente por una persona (el pastor o ministro), y luego se retira a sus hogares para vivir sus propias vidas cristianas.

En contraste, utilizo la expresión «iglesia orgánica» para referirme a aquellas iglesias que operan según los mismos principios espirituales que la iglesia sobre la que leemos en el Nuevo Testamento. La iglesia neotestamentaria era, en primer lugar y principalmente, orgánica, como todas las iglesias que están en esta linea. T. Austin-Sparks es el hombre al que se le debe atribuir el mérito de haber acuñado la expresión «iglesia orgánica». Él escribió lo siguiente:

El camino de Dios y la ley de la plenitud son una vida de índole orgánica. Según el orden divino, la vida produce su propio organismo, sea vegetal, animal, humano o espiritual. Eso significa que todo proviene de adentro. El funcionamiento, el orden y el fruto emanan de esa ley de vida interior. Es solamente sobre ese principio que lo que encontramos en el Nuevo Testamento llegó a la vida. El cristianismo organizado ha revertido totalmente ese orden[3].

Llevando esta idea más allá, mi amigo Hal Miller hace una comparación brillante de la iglesia institucional con la iglesia orgánica, utilizando una metáfora simple. Lo dice así:

Las iglesias institucionales se parecen mucho a los trenes. Van en una cierta dirección, y continuarán en esa dirección por un buen tiempo, aun cuando todas las manos se alcen con la intención de detenerlas. Y lo mismo que con los trenes, las posibilidades de cambiar la dirección en la que van las iglesias institucionales son limitadas. Si hubiera una palanca que permitiera el cambio a otra vía, el tren podría desviarse. De otro modo, simplemente seguirá sobre sus rieles.

Así que todos los que van a bordo tienen la esperanza de estar en el tren correcto, que marcha en la dirección correcta.

Las iglesias orgánicas, como aquellas del Nuevo Testamento, son diferentes. No son como los trenes, sino grupos de personas que han salido a caminar. Esos grupos se desplazan mucho más lentamente que los trenes: unos pocos kilómetros por hora, como mucho. Pero pueden dar un giro apenas se les notifica. Y lo que es más importante, pueden estar atentas de un modo genuino al mundo que las rodea, a su Señor, y cada uno al otro.

Como los trenes, las iglesias institucionales son fáciles de encontrar. El humo y el ruido resultan inconfundibles. Las iglesias orgánicas son un poco más sutiles. Debido a que no anuncian su presencia haciendo centellear sus luces en cada intersección, algunos creen que las iglesias semejantes a aquellas del Nuevo Testamento han muerto largo tiempo atrás. Pero nada se halla más alejado de la verdad. Las iglesias orgánicas están por todos lados. Yo personalmente he formado parte de una de ellas durante más de veinte años. Grupos como los nuestros todavía siguen caminando juntos en silencio, sin preocuparse por llamar indebidamente la atención sobre ellos. Nosotros simplemente somos peregrinos que andan juntos.

Una vez que uno aprende a detectar lo que es una iglesia orgánica, muy pronto comienza a descubrir por todos lados grupos de personas que se reúnen en la misma forma que la iglesia neotestamentaria: como cuerpo, familia, esposa, en lugar de hacerlo como instituciones.

Las iglesias orgánicas son grupos de personas que caminan con Dios. Los trenes pasan por su lado todo el tiempo. A veces la gente que va a bordo los saluda. A veces no pueden, debido a que el tren va tan rápido que la gente que avanza apenas unos pocos kilómetros por hora constituye apenas una imagen borrosa. Si perteneces a uno de los grupos de personas que hoy caminan como iglesia orgánica, Iglesia Reconfigurada te permitirá una apreciación nueva de tus raíces en el Nuevo Testamento. Si eres uno de los que va en esos trenes que pasan zumbando, puede resultarte algo sorprendente descubrir que algunas de esas imágenes de color borroso que has visto por la *ventanilla al pasar, son grupos de personas que caminan con Dios. Aquello junto a lo que acabas de pasar era una iglesia orgánica.*

Es importante que sepas que reconfigurar la iglesia como un organismo vivo no significa construir castillos en el aire. La iglesia en verdad puede expresarse orgánicamente, como lo hizo durante el primer siglo. Dicho esto, incluimos las siguientes cartas, que fueron escritas por diversas personas que han experimentado la vida de una iglesia orgánica en años recientes. Estas son sus impresiones:

PRIMERA CARTA

Nunca planeé dejar el viejo estilo de llevar adelante la iglesia. No estaba buscando una nueva iglesia y ni siquiera podía concebir cómo sería una iglesia orgánica cuando me invitaron a visitar una por primera vez. Pero la visité, y lo que encontré fue algo completamente distinto de lo que hasta allí había visto. Esa iglesia no consistía en un estudio bíblico, un grupo de oración, una sesión de oración por sanidad o llenura, o un servicio de culto.

En lugar de todo eso, esta iglesia se enfocaba en Jesucristo. Y todos cantaban acerca de él, compartían sobre él y lo adoraban. Esos cristianos habían sido cautivados por la belleza del Señor Jesucristo y, si soy franco, ellos no deseaban perder tiempo en hacer ninguna otra cosa cuando se reunían sino cantar, para él, con él y sobre él, compartir acerca de él y amarse los unos a los otros a través de él.

Fue su intimidad con Jesús lo primero que noté. Yo nunca había conocido gente con una vida de tal intimidad con el Señor. Esas personas lo necesitaban y eran sustentadas por su vida. En mi previa experiencia en una iglesia, había visto personas dedicadas, gente apasionada y que amaba. Pero nunca me había encontrado antes con cristianos que parecieran conocer el mismo corazón de Dios.

Mucho tiempo atrás había aprendido que el Señor está en medio de su pueblo, pero esta era la primera iglesia en la que podía ver que los cristianos lo llevaran verdaderamente a la práctica. Todos compartían a Cristo en sus reuniones, uno por uno, de modo que lo colocaban justo delante de mis ojos. Aprendí a través de ellos que él es nuestra comida y bebida. Llegué a ver que él realmente está en nuestros encuentros y nuestra vida compartida, y me enamoré de él como resultado de ello.

La intimidad que vi fue lo que me atrajo, pero la libertad en la que vivían estos cristianos captó mi atención y me llevó a decidir volver una y otra vez a sus reuniones y convertirme en parte de su vida comunitaria. Cuando percibía algo de parte del Señor que sabía que podía ser de aliento y lo transmitía, ellos decían «amén» o «alabado sea el Señor». Su expresión verbal de aliento me hacía darme cuenta de que yo tenía libertad para compartir, pero además, que Cristo tenía libertad para hacerse conocer en medio de su pueblo, lo que me incluía a mí.

Era la primera vez que veía tal libertad entre los cristianos. Comencé a descubrir cómo era aquello de que Cristo tuviera el primer lugar en las vidas y las reuniones de los que componían su pueblo, lo que producía una unidad increíble. Durante casi dos años, vi a Cristo llenar cada reunión con la verdad referida a él mismo. Nunca se acababa. No puedo imaginar que sea posible extraer todas las profundidades de lo que es Jesucristo. Pero en esa iglesia, con el amor combinado de todos mis hermanos y hermanas, comencé a descubrir lo glorioso que el Señor es en verdad.

(Una maestra)

SEGUNDA CARTA

Toda esta experiencia de la vida de una iglesia orgánica ha cambiado mi vida de muchas maneras. La iglesia se estableció a través de una conferencia. Los mensajes que se compartieron en esa conferencia resultaban sorprendentes. El Señor me mostró su plan y propósito para la iglesia, su esposa. Mi visión se elevó hasta volverse de una naturaleza celestial y verdaderamente centrada en Cristo. Pero eso fue solo el principio.

Luego de iniciada la iglesia, comencé a experimentar a Cristo junto con mis hermanos y hermanas como nunca lo había hecho antes. Sabía que «eso» era para mí. Finalmente había llegado a casa. Dios sabía lo que mi marido y yo necesitábamos. La revelación que había recibido comenzó a crecer y a desenvolverse ante mis propios ojos. Vi una novia hermosa y radiante, llena de pasión por su Señor. Vi a una comunidad de creyentes ser edificada como un lugar de morada. Vi hermanos y hermanas, provenientes de distintos trasfondos, a los que no había conocido antes, entablar una relación de amor entre unos y otros.

Al amar juntos a Cristo, nuestros corazones quedaron entrelazados unos con otros. Se estaba produciendo un auténtico cambio en nuestras vidas a medida que aprendíamos acerca del propósito eterno del Señor. Pude ver que la iglesia es realmente el cuerpo de Cristo y que él es la Cabeza. Solo cuando le permitimos ocupar su debido lugar experimentamos su vida como él lo ha planeado. La vida de la iglesia de esta manera se convierte en el hábitat natural de los cristianos, en el que crecemos y florecemos, nutridos por todas las riquezas de Cristo. ¡Podría seguir y seguir, porque hay mucho que decir!

Todo lo que he visto y experimentado ha cambiado mi vida para siempre, y también la de mi marido. Hace mucho tiempo oramos que el Señor nos revelara su corazón y sus sueños, y creo que él ha respondido esa oración. ¡Me entusiasma mucho saber que vamos a pasar el resto de nuestras vidas viendo a Cristo revelado en medio de su iglesia!

(La esposa de un ex-ministro)

TERCERA CARTA

Fui criado en un hogar cristiano y asistía a la iglesia siempre que sus puertas estuvieran abiertas. Sabía que debía vivir y conducirme como debe hacerlo un cristiano. Se podría decir que era el niño ejemplo.

Más tarde, en los años finales de la escuela secundaria y primeros de la universidad, conocí a algunos cristianos que encendieron en mí una pasión que nunca creí posible. Vi su pasión por conocer a Cristo de una manera profunda, y aun más que eso, noté que en realidad parecían conocer a Cristo mucho más profundamente que yo. Al conocerlos, descubrí que mi propia fe y conocimiento de Cristo eran muy superficiales. Verán, me di cuenta de que aunque disfrutaba de ir a la iglesia para estar allí con mi familia y amigos, realmente la visualizaba como una obligación que debía soportar para poder «pasar tiempo» con ellos antes y después de la Escuela Dominical, los servicios, o las reuniones del grupo de jóvenes.

Me sentaba en silencio sermón tras sermón, con la esperanza de que todo pasara rápido de modo que pudiera ir al restaurante luego. Minutos después de aquellos sermones no podía recordar en realidad lo que se había dicho. Ya había escuchado anteriormente que necesitaba ir más a la iglesia, diezmar más, leer más la Biblia y testificar más. Hasta que no conocí a esos otros cristianos no me había dado cuenta de que todas las iglesias de las que había sido miembro previamente no habían podido satisfacer mi sed de Jesús. Me habían transmitido reglas y normas en lugar de algo que produjera vida. En vez de crecer en Cristo, estaba «agonizando en la vid», lleno de temores, vergüenza y sentimientos de ineptitud. En realidad, no disfrutaba de hablar sobre el Señor. Ni tampoco me atrevía a hablarles de Jesús a los no creyentes.

Me preguntaba: Si era tan buen cristiano como pensaba, ¿por qué sentía que estaba por debajo del nivel medio? *Cuanto más me encontraba con esos creyentes, más deseaba conocer a Cristo como ellos. Me sentía atraído a Cristo como una polilla a un farol. Gradualmente comencé a pasar más tiempo con ellos y empecé a asistir a sus reuniones. Esas reuniones eran libres y abiertas. No había liturgia. No había clero. En realidad, no los necesitaban. Se trataba de una buena cantidad de creyentes que se habían encontrado con el Señor y tenían cosas alentadoras que compartir con los demás.*

No necesitaban que alguien les diera permiso para hablar. No necesitaban que alguien los colmara de reglas y deberes tediosos. Ellos escribían muchas de sus propias canciones. Oraban juntos, por turnos, para hablar con Jesús con frases no ensayadas, que salían del corazón. Se reunían todos como si Jesús realmente estuviera en ese salón. Se trataban los unos a los otros como una familia que se amaba.

Luego de un corto tiempo, me di cuenta de que esa experiencia orgánica de Cristo era exactamente lo que faltaba en mi propia experiencia. Comencé a anhelar reunirme con esos creyentes. Iba a sus reuniones y veía al Señor como alguien mucho más grande que simplemente aquel que había muerto por mis pecados. Lo veía de una manera mucho más profunda.

Ya no me satisfacía asistir a una representación. En aquella reunión orgánica comencé a compartir con mis hermanos y hermanas lo que alcanzaba a ver del Señor. En lugar de permanecer pasivo, ahora encontraba fácil actuar y contribuir. Cada una de nuestras reuniones tenía la libertad de ser diferente. A veces cantábamos durante horas. A veces los creyentes se mostraban ansiosos por compartir lo que Jesús había hecho en sus vidas esa semana. A veces reverenciábamos al Señor con un silencio imponente. Nadie tenía que decirnos que hiciéramos aquellas cosas. El Espíritu se movía de esa manera y todo sucedía espontáneamente. Con frecuencia comíamos junto como familia. A veces compartíamos escrituras los unos con los otros. En otras ocasiones representábamos escenas e historias bíblicas que arrojaban luz sobre Cristo.

Nos reuníamos a lo largo de toda la semana. Por las mañanas, los hermanos procurábamos a uno o dos hermanos más, y las hermanas se encontraban con otras hermanas. Buscábamos al Señor en oración y considerábamos las Escrituras juntos. Comenzábamos nuestro día con Cristo. Por las nochecitas, algunos de los miembros abrían sus hogares y compartían a Cristo durante una cena. Teníamos reuniones de hermanos y hermanas en las que colectivamente decidíamos sobre cuestiones relacionadas con la iglesia. Y compartíamos la responsabilidad de cuidarnos los unos a los otros.

Si no había necesidades que nos apremiaran, simplemente cantábamos al Señor y buscábamos su presencia juntos. Si había algún miembro en necesidad, pensábamos en formas de ayudarlo. A veces planeábamos maneras de bendecirnos unos a otros, solo por disfrutar de ello. En ocasiones los solteros cuidaban a los niños para que los padres pudieran tener una noche de paseo en la ciudad. A veces, cuando uno de los hermanos o hermanas partían para un viaje prolongado, toda la iglesia se presentaba en el aeropuerto para despedirlo o recibirlo. Y llevábamos a cabo una reunión de la iglesia allí mismo, en el aeropuerto.

Siempre sucedía algo que nos permitía compartir a Cristo y amar al Señor juntos. También teníamos momentos espontáneos de buscar

a los que estaban perdidos. En todo lo que hacíamos, el Espíritu tenía
libertad de moverse y cambiar la dirección de los acontecimientos.
Cuando nos encontrábamos, yo veía a Cristo glorificado y magnifica-
do. Constantemente hacíamos nuevos descubrimientos acerca de él.
Cada vez lo veía de alguna nueva manera, y deseaba verlo aun más.
El sentimiento de culpa, vergüenza e ineptitud se había ido. Tenía
pasión por conocer a Cristo de una forma más profunda.

Acabé con aquello de estar muriéndome en la vid. Ahora he
descubierto la libertad que en verdad pueden tener los cristianos al
reunirse juntos de una manera orgánica, de la misma forma en que
lo hacía la iglesia primitiva.

(Un consultor internacional de negocios y mercadeo)

En resumen, este libro redescubre la visión de una iglesia que es
orgánica en su constitución, relacional en su funcionamiento, escritural en su manera, Cristocéntrica en su manera de operar, trinitaria en
su forma, comunitaria en su estilo de vida, no elitista en su actitud, y
no sectaria en su expresión.

Dicho simplemente, el propósito de este libro es descubrir de nuevo lo que significa *ser* la iglesia desde el punto de vista de Dios. Así
que, con el Nuevo Testamento como punto de partida, reconfigure-
mos la iglesia juntos.

YO TENGO UN SUEÑO

Tengo el sueño de que un día la iglesia de Jesucristo se ponga de pie a la altura del llamado que Dios le ha hecho y comience a vivir el verdadero significado de su identidad como la novia del Rey de reyes, que es lo que le roba el corazón al Dios Todopoderoso.

Tengo el sueño de que Jesucristo un día sea la Cabeza de su iglesia otra vez. No en forma de una piadosa retórica, sino en realidad.

Tengo el sueño de que muchos grupos de cristianos, por todas partes, comiencen a encarnar la realidad de que la iglesia es un organismo vivo y no una organización institucional.

Tengo el sueño de que la división clero/laicado algún día sea historia vieja para la iglesia, y que el Señor Jesús mismo reemplace al enmohecido sistema de jerarquías humanas que le ha usurpado la autoridad en medio de su pueblo.

Tengo el sueño de que multitudes dentro del pueblo de Dios no toleren más esos sistemas hechos por el hombre que los han puesto en una esclavitud religiosa con una montaña de culpas, deberes y condenación encima, esclavizándolos bajo sistemas y líderes autoritarios.

Tengo el sueño de que la centralidad y la supremacía de Jesucristo sean el enfoque principal, los pilares, y la meta que persiga cada cristiano y toda iglesia. Y que el pueblo amado de Dios ya no se obsesione más con las cuestiones espirituales y religiosas que los llevan al punto de la división. Y que esa obsesión y esa búsqueda se concentren solo en una persona: el Señor Jesucristo.

Tengo el sueño de que incontables iglesias sean transformadas de organizaciones empresariales de alto vuelo a familias espirituales, auténticas comunidades centradas en Cristo, en las que los miembros se conozcan unos a otros íntimamente, se amen de modo incondicionalmente entre ellos, sufran profundamente con el dolor de los demás, y se gocen siempre con los que se gozan.

Tengo ese sueño hoy...[4]

PRIMERA PARTE
COMUNIDAD Y ENCUENTROS

CAPÍTULO 1
RECONFIGURACIÓN DE LA IGLESIA COMO ORGANISMO

La conmoción inicial que provoca una verdad es directamente proporcional a cuán profundamente haya sido creída la mentira. Lo que agitó a la gente no fue que el mundo fuera redondo, sino que el mundo no fuera plano. Cuando una red de mentiras bien empaquetadas se les va vendiendo gradualmente a las masas durante generaciones, la verdad parece absolutamente absurda y su vocero un loco de atar.

—Dresden James

El ministerio del Espíritu Santo siempre ha estado dirigido a revelar a Jesucristo, y al revelarlo, conformarlo todo en torno a él. Ningún genio humano puede hacerlo. No podemos lograr nada del Nuevo Testamento como resultado del estudio, la investigación o los razonamientos humanos. Todo tiene que ver con la revelación del Espíritu Santo acerca de Jesucristo. Lo nuestro es buscar continuamente verlo por el Espíritu, y sabremos que él (y no una pauta escrita en papel) es el Patrón, el Orden, la Forma. Todo eso es una Persona que constituye la suma de todo propósito y todo camino. Todo [dentro de la iglesia primitiva], entonces, era un movimiento del Espíritu Santo, libre y espontáneo, y él lo hizo teniendo delante al Modelo completo: el Hijo de Dios.

—T. Austin-Sparks

El Nuevo Testamento utiliza muchas imágenes para describir a la iglesia. Resulta significativo que todas esas imágenes sean sobre entidades vivas: un cuerpo, una esposa, una familia, un hombre nuevo, un templo viviente construido con piedras vivas, una viña, un campo, en ejército, una ciudad y muchas otras.

Cada imagen nos muestra que la iglesia es un organismo vivo más que una organización institucional. Pocos cristianos hoy estarían en desacuerdo con esa afirmación. ¿Pero qué implica en la práctica? ¿*Realmente* creemos que es así?

La iglesia sobre la que leemos en el Nuevo Testamento era «orgánica». Con eso quiero decir que había nacido y era sustentada por una vida espiritual, en lugar de haber sido construida a través de instituciones humanas, controlada por jerarquías humanas, configurada por rituales sin vida, y sostenida por programas religiosos.

Para usar una ilustración: Si intentáramos crear una naranja en un laboratorio, esa naranja de laboratorio no sería orgánica. Pero si plantamos una semilla de naranja en el suelo y ella produce una planta de naranjas, ese árbol sí será orgánico.

De la misma manera, siempre que nosotros, mortales marcados por el pecado, intentemos crear una iglesia del mismo modo en que iniciamos una corporación mercantil, vamos en contra del principio orgánico de la vida de la iglesia. Una iglesia orgánica es aquella que se produce *naturalmente* cuando un grupo de personas se encuentra en verdad con Jesucristo (sin necesidad de objetos eclesiásticos externos), y el ADN de la iglesia tiene libertad para obrar sin impedimentos.

Para decirlo en una frase, la vida de una iglesia orgánica no es un teatro que cuenta con libretos; se trata de una comunidad reunida que vive por la vida divina. Como contraste, la iglesia institucional moderna opera sobre los mismos principios organizativos con que se rigen las corporaciones en los Estados Unidos.

El ADN de la iglesia

Todas las formas de vida tienen un ADN, un código genético. El ADN le da a cada forma de vida una expresión específica. Por ejemplo, las instrucciones para construir nuestro cuerpo físico están codificadas en nuestro ADN. Ese ADN determina en gran parte nuestros rasgos físicos y psicológicos.

La iglesia es verdaderamente orgánica, lo que significa que también tiene un ADN, un ADN espiritual. ¿Dónde descubrimos el ADN de la iglesia? Yo sostengo que podemos aprender mucho acerca de él a través de mirar a Dios mismo.

Solo nosotros los cristianos proclamamos a un Dios trino[1]. Según palabras del Credo de Atanasio: «El Padre es Dios, el Hijo es Dios, y el Espíritu Santo es Dios; sin embargo, no hay tres dioses sino uno». El cristianismo clásico enseña que Dios es una comunión de tres personas: el Padre, el Hijo y el Espíritu. La Divinidad es una Comunidad de tres, o una «Trinidad», como la llaman los teólogos. El teólogo Stanley Grenz escribe lo siguiente:

> *La naturaleza trinitaria de Dios significa que Dios es social o relacional, que Dios es la «Trinidad social». Y por esta razón, podemos decir que Dios es «comunidad». Dios es la comunidad del Padre, el Hijo y el Espíritu, que disfrutan de una comunión perfecta y eterna*[2].

Durante muchos años escuché enseñanzas muy precisas acerca de la doctrina de la Trinidad. Pero nunca tuvieron una aplicación práctica en mi vida. Las encontraba demasiado abstractas e imprácticas.

Con posterioridad, descubrí que entender la actividad que existe dentro del Dios trino era la clave para captarlo todo en la vida cristiana, lo que incluye a la iglesia[3]. Como lo ha dicho Eugene Peterson: «La Trinidad nos provee el marco más amplio e integrador con que contamos para comprender la vida cristiana y participar de ella»[4].

Otros teólogos concuerdan. Catherine LaCunga dice: «La doctrina de la Trinidad es, en última instancia, una doctrina práctica con consecuencias radicales para la vida cristiana»[5].

En el mismo sentido, Miroslav Volf escribe: «El Dios trino se encuentra al comienzo y al final del peregrinaje cristiano y, por lo tanto, en el centro de la fe cristiana»[6].

La enseñanza bíblica de la Trinidad no constituye una exposición sobre el diseño abstracto de Dios. En lugar de eso, nos enseña acerca de la naturaleza de Dios y la manera en que opera en la comunidad cristiana. Como tal, no debería ser relegada a una nota final del evangelio. Más bien debería darle forma a la vida cristiana y mantenernos informados sobre las prácticas de la iglesia[7].

A través del Evangelio de Juan, Jesús hace muchas afirmaciones que nos permiten llegar a una comprensión de su relación con el Padre. Él dice: «Padre [...] me amaste desde antes de la creación del mundo» (Juan 17:24). También señala: «El mundo tiene que saber que amo al Padre» (Juan 14:31). A partir de solo estos dos textos, descubrimos que había un fluir de mutuo amor dentro de la Divinidad desde antes de la fundación del mundo.

En los capítulos iniciales de Génesis descubrimos que también existe comunión dentro de la Divinidad: «*Hagamos* al ser humano a *nuestra* imagen y semejanza» (Génesis 1:26). Aquí vemos al Dios trino formando un consejo y planificando.

El Evangelio de Juan nos enseña aun más sobre la naturaleza de la Divinidad. A saber, que el Hijo vive por la vida del Padre (5:26; 6:57). El Hijo comparte y expresa la gloria del Padre (13:31-32; 17:4-5). El Hijo vive en el Padre y el Padre vive en el Hijo (1:18; 14:10). El Hijo vive en completa dependencia del Padre (5:19). El Hijo refleja al Padre en sus palabras y obras (12:49; 14:9). El Padre glorifica al Hijo (1:14; 8:50, 54; 12:23; 16:14; 17:1, 5, 22, 24), y el Hijo exalta al Padre (7:18; 14:13; 17:1, 4; 20:17).

Dentro del Dios trino descubrimos que se da un amor mutuo, una comunión mutua, una dependencia mutua, un honor mutuo, una sumisión mutua, una mutua habitación y una auténtica comunidad. En la Divinidad existe un intercambio eterno complementario y recíproco de vida divina, amor divino y comunión divina.

Lo que resulta sorprendente es que esta misma relación haya sido trasladada de la clave divina a la clave humana. El pasaje se ha producido del Padre al Hijo, y del Hijo a la iglesia (Juan 6:57; 15:9; 20:21). Ha pasado del Dios eterno que está en el cielo a la iglesia que está sobre la tierra, y es el cuerpo del Señor Jesucristo.

La iglesia constituye una extensión orgánica del Dios trino. Fue concebida en Cristo antes de los tiempos (Efesios 1:4-5) y nació el día de Pentecostés (Hechos 2:1ss.).

Si la concebimos correctamente, la iglesia es la comunidad reunida que comparte la vida de Dios y la expresa en la tierra. Dicho de otra manera, la iglesia es la imagen terrenal del Dios trino (Efesios 1:22-23).

Debido a que es orgánica, la iglesia tiene una expresión natural. Por consiguiente, cuando un grupo de cristianos sigue lo que dicta su ADN espiritual, se reúnen de una manera que va de acuerdo con el ADN Dios del trino, porque posee la misma vida que tiene Dios. (En tanto que los cristianos no somos de ningún modo divinos, tenemos el privilegio de «ser participantes de la naturaleza divina» —2 Pedro 1:4 RVR 1960).

Por lo tanto, el ADN de la iglesia está marcado por los mismos rasgos que encontramos en el Dios trino. Particularmente, por el amor mutuo, la comunión mutua, la dependencia mutua, el honor mutuo, la sumisión mutua, la mutua habitación y la auténtica comunidad. Dicho de otra forma, el nacimiento del cauce de la iglesia se encuentra en la Divinidad. Por esa razón, Stanley Grenz podía decir: «El fundamento último para nuestra comprensión de la iglesia descansa en su relación con la naturaleza del Dios trino mismo»[8].

El teólogo Kevin Giles se hace eco de este pensamiento cuando dice que la Trinidad es el «modelo sobre el que se debería formular la eclesiología. Sobre esta premisa, la vida interior de la divina Trinidad nos proporciona un patrón, un modelo, un eco o un ícono de la existencia comunitaria cristiana en el mundo»[9].

Dicho más simplemente, la Trinidad es el paradigma para la expresión innata de la iglesia. La amada teóloga Shirley Guthrie despliega este concepto al describir la naturaleza relacional de la Divinidad:

La unidad de Dios no es la unidad de un individuo definido y autocontenido; es la unidad de una comunidad de personas que se aman unas a otras y viven juntas en armonía [...] Son lo que son solo en la relación del uno con el otro [...] No hay una persona solitaria separada de las otras; no hay arriba y abajo, ni alguien que sea primero, segundo o tercero en importancia; no hay gobierno y control, ni el ser gobernado y controlado; no existe una posición de privilegio que mantener sobre los otros o en su contra; tampoco una cuestión de conflictos con respecto a quién es el que está a cargo; ni la necesidad de afirmar la independencia y la autoridad de uno a expensas de los demás. Lo que existe es solo compañerismo y comunión entre iguales que comparten todo lo que son y tienen en ese comulgar con cada uno de los otros; y cada uno de ellos viviendo para los otros en una apertura mutua, un amor que se entrega a sí mismo y un apoyo; siendo libre cada uno no de los otros, sino para los otros. Esa es la forma en que el Padre, el Hijo y el Espíritu Santo se relacionan dentro del círculo íntimo de la Divinidad[10].

Consideremos de nuevo al Dios trino. Y notemos qué es lo que está ausente. Hay ausencia de un liderazgo dominante. Hay una ausencia de estructuras jerárquicas[11]. Hay una ausencia de espectadores pasivos. Hay una ausencia de sentirse superior al otro. Y hay una ausencia de rituales y programas religiosos.

(Algunos han sugerido que existe una jerarquía graduada dentro de la Trinidad. Pero esa concepción resulta bíblica e históricamente insostenible. Véanse las páginas 282-283 para mayores detalles).

Las relaciones estilo comando, las jerarquías, la condición de espectadores pasivos, el asumir posturas de superioridad, los programas religiosos y cosas semejantes fueron creados por seres humanos en estado caído. Y van en contra del ADN del Dios trino, así como contra el ADN de la iglesia. Lamentablemente, sin embargo, luego de la muerte de los apóstoles, se adoptaron estas prácticas, se las *bautizó*, y se las introdujo a la familia cristiana[12]. Hoy se han convertido en los rasgos centrales de la iglesia institucional.

Cuatro paradigmas usados para la restauración de la iglesia

Existen cuatro paradigmas principales que se utilizan para reconfigurar la iglesia hoy. Son los siguientes:

Adhesión al proyecto bíblico. Aquellos que abogan por este paradigma defienden la idea de que el Nuevo Testamento contiene un diseño meticuloso de las prácticas de la iglesia. Según este pensamiento, simplemente tenemos que tomar de la Biblia ese diseño y copiarlo.

No obstante, como voy a argumentar en este libro, el Nuevo Testamento no contiene un diseño de las prácticas de la iglesia. Tampoco contiene una lista de reglas y regulaciones que los cristianos deban seguir[13]. Según lo dice F. F. Bruce, erudito en el Nuevo Testamento: «Al aplicar el texto del Nuevo Testamento a nuestra propia situación, no debemos tratarlo como lo hicieron los escribas del tiempo del Señor con el Antiguo Testamento. No debemos convertir las que fueron pensadas como pautas para los adoradores dentro de una situación dada en leyes vinculantes para todos los tiempos»[14].

Adaptabilidad cultural. Los que abogan por este paradigma son rápidos en señalar que la cultura humana cambia con el tiempo. Que la iglesia del primer siglo se adaptó a su cultura. Que hoy la cultura es muy distinta. Así que la iglesia tiene que adaptarse a la cultura actual. Los que defienden esta postura dicen que en cada época la iglesia se reinventa para adaptarse a la cultura de su día.

Este paradigma se basa en la idea de la «contextualización». La contextualización es el método teológico que intenta traducir el mensaje bíblico dentro de los diferentes ámbitos culturales.

La contextualización en verdad se necesita cuando aplicamos las Escrituras. Debido a la contextualización es que no usamos sandalias y togas, ni hablamos griego, ni usamos caballos para trasladarnos.

Sin embargo, algunas personas hacen ondear la bandera de la contextualización hasta el punto de una *sobrecontextualización* de las Escrituras, las que dejan de tener toda relevancia en el presente. La excesiva contextualización va minando el texto bíblico hasta que este desaparece por completo. Y nos quedamos creando una iglesia a nuestra imagen y semejanza.

F. F. Bruce nos advierte en contra de los peligros de una contextualización extrema al decir:

Replantear el evangelio en un nuevo lenguaje se hace necesario en cada generación, de la misma manera que se precisa traducirlo a nuevos idiomas. [Pero] lo que pasa por un replanteo del evangelio, es que con el tiempo el evangelio mismo desaparece, y el producto resultante llega a ser lo que Pablo hubiera llamado "...otro evangelio"

(Gálatas 1:6ss.), lo que no sería el evangelio para nada. Cuando el mensaje cristiano se acomoda de manera absoluta al clima de opinión prevalente, se convierte más en una expresión de ese clima de opinión y deja de ser el mensaje cristiano[15].

Me he encontrado con muchos defensores del paradigma de la adaptabilidad cultural. Y me ha fascinado descubrir que cada uno de ellos cree que *existen* prácticas normativas en la iglesia que trascienden al tiempo y la cultura. Por ejemplo, la mayor parte de los cristianos que sostienen el paradigma de la adaptabilidad cultural encontrarían ofensiva la sugerencia de abandonar el bautismo en agua y cambiar la Cena del Señor de pan y vino a papas fritas y refresco. (¡Quizá los que tengan menos de diez años sean la excepción!).

La pregunta clave entonces es cuáles de las prácticas del Nuevo Testamento son tan solo descriptivas y cuáles normativas. O, para decirlo de otra manera, cuáles estaban atadas a la cultura del primer siglo y cuáles reflejan la naturaleza e identidad invariable de la iglesia.

Los peligros de una excesiva contextualización son reales, y no pocos líderes cristianos involuntariamente han caído en ellos. Debemos tener cuidado de no aferrarnos inconscientemente a los principios bíblicos cuando nos resultan convenientes para un determinado fin y abandonarlos en nombre de la «contextualización» cuando ya no nos sirven.

El punto de la cuestión es que prácticamente todos los cristianos derivan de la Biblia sus ideas acerca de la vida cristiana y la vida de la iglesia. (Irónicamente, aquellos que afirman no hacerlo, casi siempre acaban volviéndose a las enseñanzas de Jesús o Pablo para apoyar o condenar una idea o práctica en particular). La iglesia primitiva no era perfecta. Si tienen dudas, lean 1 Corintios. Así que formarnos una idea romántica de los cristianos primitivos, como de personas impecables, constituye un error.

Por otro lado, la iglesia del primer siglo fue la iglesia que fundaron Jesús y los apóstoles. Por lo tanto, las comunidades del primer siglo que encarnaron las enseñanzas de Jesús y los apóstoles nos pueden enseñar mucho. Considerarlas como irrelevantes para nuestros tiempos constituye un tremendo error. Según palabras de J. B. Phillips:

La gran diferencia entre el cristianismo de nuestros días y aquel del que leemos en estas cartas [el Nuevo Testamento] es que para nosotros todo eso es principalmente una representación, en tanto que para ellos era una experiencia real. Somos buenos para reducir la religión cristiana a un código, o en el mejor de los casos a una reglamentación de la vida y el corazón. Para aquellos hombres significó la invasión de sus vidas por una calidad de vida totalmente nueva[16].

Cristianismo postiglesia. Este paradigma se arraiga en el intento de practicar el cristianismo sin pertenecer a una comunidad que se pueda identificar y que se reúna regularmente para rendir culto, orar, tener comunión y disfrutar de la mutua edificación. Los que lo sustentan afirman que una interacción social espontánea (como tomar café en Starbucks cuando lo desean) y las amistades a nivel personal le dan cuerpo al sentido neotestamentario de «iglesia». Aquellos que sostienen este paradigma creen en una iglesia amorfa, nebulosa, fantasma.

Semejante concepto está desconectado de lo que encontramos en el Nuevo Testamento. Las iglesias del primer siglo eran comunidades localizables, identificables, que podían ser visitadas y se reunían regularmente en algún lugar en particular. Por esa razón, Pablo podía escribirles cartas a esas comunidades identificables (iglesias locales) teniendo una idea definida de aquellos que estarían presentes para escuchar su lectura (Romanos 16). También tenía idea acerca de cuándo se reunían (Hechos 20:7; 1 Corintios 14) y de las luchas que experimentaban en su vida conjunta (Romanos 12 al 14; 1 Corintios 1 al 8). Aunque no resulte bíblico en su punto de vista, el paradigma de la postiglesia parece ser una expresión del deseo contemporáneo de intimidad sin compromiso.

Expresión orgánica. A través de todo este libro argumentaré a favor de este paradigma en particular. Creo que el Nuevo Testamento constituye un registro del ADN de la iglesia en funcionamiento. Cuando leemos el libro de los Hechos y las epístolas, observamos la genética de la iglesia de Jesucristo expresándose en diversas culturas durante el primer siglo. Debido a que la iglesia es en verdad un organismo espiritual, su ADN nunca cambia. Fue la misma entidad biológica ayer que es hoy y será mañana. Como tal, el ADN de la iglesia siempre reflejará estos cuatro elementos:

1. Siempre expresará la jefatura de Jesucristo dentro de su iglesia, contrapuesta al liderazgo de algún ser humano. (Utilizo el término «jefatura» —o el «ser cabeza»— para referirme a la idea de que Cristo es tanto la autoridad como la fuente que nutre a la iglesia)[17].

2. Siempre permitirá y alentará el funcionamiento de cada miembro del cuerpo.

3. Siempre se ceñirá a la teología contenida en el Nuevo Testamento para darle una expresión visible en la tierra.

4. Siempre se fundamentará en la comunión que se da dentro del Dios trino.

La Trinidad es el paradigma que nos informa acerca de cómo debería funcionar la iglesia. Nos muestra que la iglesia es una comunidad amorosa, igualitaria, recíproca, cooperativa y no jerárquica.

F. F. Bruce dijo una vez: «El *desarrollo* es el desenvolvimiento de lo que ya hay, aunque sea solo en forma implícita; la *desviación* tiene que ver con el abandono de un principio o fundamento en favor de otro»[18].

Todo lo que le permite a la iglesia reflejar al Dios trino es desarrollo; todo lo que le obstaculiza hacerlo, es desviación.

Tal como argumentamos George Barna y yo en nuestro libro *Paganismo, ¿en tu cristianismo?*, muy poco de lo que se practica dentro de la iglesia institucional moderna tiene sus raíces en el Nuevo Testamento. En lugar de ello, las prácticas inventadas por los seres humanos, que fueron generadas siglos atrás, le han dado forma a la iglesia y la han redefinido. Tales prácticas socavan la conducción o jefatura de Cristo, dificultan el funcionamiento de todos los miembros del cuerpo de Cristo, violan la teología del Nuevo Testamento y desautorizan la comunión del Dios trino. Como lo dice Emil Brunner: «La delicada estructura de comunión fundada por Jesús, y afianzada por el Espíritu Santo, no puede reemplazarse por una organización institucional sin que todo el carácter de la *ecclesia* cambie fundamentalmente»[19].

Sin embargo, a pesar de este hecho, los cristianos justifican muchas de esas prácticas aunque no sean meritorias desde un enfoque bíblico. ¿Por qué? Por el increíble poder de las tradiciones religiosas. Consideremos los siguientes textos:

La hierba se seca y la flor se marchita, pero la palabra de nuestro Dios permanece para siempre (Isaías 40:8).

Ciertamente, la Palabra de Dios es viva y poderosa, y más cortante que cualquier espada de dos filos. Penetra hasta lo más profundo del alma y del espíritu, hasta la médula de los huesos, y juzga los pensamientos y las intenciones del corazón (Hebreos 4:12).

Así como la lluvia y la nieve descienden del cielo, y no vuelven allá sin regar antes la tierra y hacerla fecundar y germinar para que dé semilla al que siembra y pan al que come, así es también la palabra que sale de mi boca: No volverá a mí vacía, sino que hará lo que yo deseo y cumplirá con mis propósitos (Isaías 55:10-11).

Estos textos nos informan acerca del enorme poder de la Palabra de Dios. La Palabra de Dios permanece para siempre. La Palabra de Dios hará todo lo que Dios desea. La Palabra de Dios cumplirá el propósito para el cual Dios la ha enviado. La Palabra de Dios no volverá vacía.

Sin embargo, a pesar del increíble poder de la Palabra de Dios, hay algo que la puede detener y mandar a una vía muerta. Eso es la tradición religiosa. Consideremos las palabras de Jesús, quien es la Palabra encarnada:

Por causa de la tradición anulan ustedes la Palabra de Dios (Mateo 15:6).

Y otra vez:

Ustedes han desechado los mandamientos divinos y se aferran a las tradiciones humanas [...] ¡Qué buena manera tienen ustedes de dejar a un lado los mandamientos de Dios para mantener sus propias tradiciones! (Marcos 7:8-9).

De muchas maneras, la tradición religiosa le ha dado forma a nuestra mente. Ha capturado nuestros corazones. Ha estructurado nuestro vocabulario. Tanto que cuando abrimos la Biblia, automáticamente hacemos una lectura del texto a través de las prácticas de nuestra iglesia.

Siempre que leemos la palabra *pastor* en la Biblia, pensamos en un hombre que predica sermones los domingos por la mañana[20]. Cada vez que nos encontramos con la palabra *iglesia*, pensamos en un edificio o en un servicio del domingo a la mañana. Siempre que nos cruzamos con el término *anciano*, nuestros pensamientos van hacia alguien que forma parte de un consejo o comisión de la iglesia.

Esto hace surgir una pregunta importante: ¿Cómo podemos identificar tan fácilmente las actuales prácticas de la iglesia con las del Nuevo Testamento? Una de las razones es porque hemos heredado un método de estudio bíblico que utiliza el «corte-y-pegue». Dentro de este método, algunos «textos de prueba» fuera de contexto se pegan unos con otros para apoyar doctrinas y prácticas hechas por el hombre. Este proceso se realiza mayormente de un modo inconsciente. Y hay dos cosas que lo facilitan. Primero, que las epístolas del Nuevo Testamento no estén colocadas en un orden cronológico. Y en segundo lugar, que las cartas del Nuevo Testamento hayan sido divididas en capítulos y versículos[21].

El filósofo John Locke articuló bien este problema cuando escribió: «Las Escrituras han sido cortadas en trozos pequeños y molidas, de modo que en la forma en que se las imprime ahora se hallan tan fragmentadas y divididas que no solo la gente común toma los versículos en general como claros aforismos [reglas], sino que aun aquellos hombres que tienen un conocimiento más avanzado, cuando las leen, no captan demasiado la fuerza y el vigor de su coherencia, ni la luz que de ellos depende»[22].

En contraste, cuando se lee el Nuevo Testamento en orden cronológico, sin los capítulos y versículos, emerge una hermosa narrativa. Se materializa una historia. Cuando leemos el Nuevo Testamento según su arreglo actual, sin embargo, encontramos esa historia por fragmentos. Y perdemos el fluir de la narración.

En la mitología griega se decía que un hombre llamado Procusto poseía una cama mágica que tenía una propiedad especial: ser igual al tamaño de las personas que se acostaban en ella. Pero detrás de esa «magia» se escondía un burdo método para lograr que la cama tuviera un «tamaño único que se acomodara a todos». Si la persona que se acostaba en ella era demasiado pequeña, Procusto estiraba los miembros de esa persona para que estuvieran de acuerdo con la cama. Si la persona era demasiado grande, ¡Procusto le cortaba las extremidades para hacer que cupiera allí!

El concepto moderno de iglesia es como la cama de Procusto. A las Escrituras que no encajan dentro de la forma de la iglesia institucional, o se las recorta (se las descarta), o se las estira para que se adapten al molde. El método de estudio bíblico corte-y-pegue hace que esto resulte fácil de llevar a cabo (no intentamos hacer un juego de palabras). Tomamos diversos versículos, sacándolos de su marco cronológico e histórico, y luego los pegamos juntos para crear una doctrina o apoyar cierta práctica. Por contraste, la narrativa cronológica ejerce un control sobre nuestra interpretación de las Escrituras. Evita que cortemos y peguemos juntos ciertos versículos para lograr que la Biblia se adapte a nuestras ideas, preconcebidas.

El hecho es que muchas de las prácticas de la iglesia de nuestros días no tienen apoyo escritural. Se trata de prácticas inventadas humanamente que se contraponen con la naturaleza orgánica de la iglesia. No reflejan el deseo de Jesucristo, ni expresan su conducción y jefatura, ni tampoco su personalidad gloriosa (precisamente las cosas que la iglesia está llamada a plasmar). En lugar de eso, reflejan la entronización de ideas y tradiciones de hombres. Como resultado, sofocan la expresión autóctona de la iglesia. Sin embargo, nosotros las justificamos a través de una hermenéutica de corte-y-pegue.

La violación del ADN de la iglesia

Algunos cristianos han intentado justificar un montón de prácticas de la iglesia que no son bíblicas sugiriendo que la iglesia es diferente en cada cultura, y que se adapta al mundo en el que vive. Se piensa, por lo tanto, que Dios ahora aprueba el sistema clerical, el liderazgo jerárquico, el orden de representación y audiencia en el culto, el modelo de un solo líder, el concepto de «ir a la iglesia» y toda una multitud de otras prácticas que se fueron creando alrededor del siglo cuarto como resultado de que los cristianos tomaron del mundo greco romano costumbres de sus días.

    ¿Pero resulta real que la iglesia es diferente en cada cultura? Y si es así, ¿significa eso que somos libres de adoptar cualquier práctica que queramos dentro de nuestra adoración colectiva? ¿No será que la iglesia se está adaptando por demás a la cultura occidental moderna tanto en la teología como en la práctica?

    Hablando del problema de la sobrecontextualización, Richard Halverson escribe lo siguiente: «Cuando los griegos recibieron el evangelio, lo convirtieron en una filosofía; cuando los romanos lo recibieron, lo convirtieron en una forma de gobierno, cuando los europeos lo recibieron, lo transformaron en una cultura; y cuando los estadounidenses lo recibieron, lo convirtieron en un negocio»[23].

    Voy a tomar prestada una frase de Pablo: «¿No les enseña el mismo orden natural de las cosas…?».

    El Nuevo Testamento es claro en cuanto a que la iglesia es una entidad biológica (Efesios 2:15; Gálatas 3:28; 1 Corintios 10:32; Colosenses 3:11; 2 Corintios 5:17). Esa entidad biológica se produce cuando la semilla viva del evangelio se planta en el corazón de hombres y mujeres y se les permite reunirse todos juntos de un modo natural.

    El ADN de la iglesia produce ciertas características identificables. Algunas de ellas son: la experiencia de ser una comunidad auténtica, el amor familiar y la devoción de los miembros los unos hacia los otros, la centralidad de Jesucristo, el instinto natural de reunirse sin necesidad de un ritual estático, el deseo innato de establecer relaciones profundas centradas en Cristo, la tendencia instintiva a buscar encuentros abiertos y participativos, y el impulso amoroso de mostrarle a Jesús al mundo caído.

    Aunque la semilla del evangelio va a producir naturalmente estos rasgos en particular, *la forma* en que se expresa puede resultar ligeramente diferente de cultura en cultura. Por ejemplo, una vez planté una iglesia orgánica en Chile. Las canciones que ellos escribían, la manera en que interactuaban, la forma de sentarse y lo que hacían con sus hijos, todo eso era diferente de las iglesias orgánicas nacidas en Europa o los Estados Unidos.

Sin embargo, las mismas características básicas presentes en el ADN de la iglesia estaban todas allí. Nunca alguna de estas iglesias produjo un sistema clerical, un pastorado individual, una estructura jerárquica de liderazgo o un orden de culto que mantuviera a la mayoría en un estado pasivo.

En la naturaleza hay un arbusto con flores llamado hortensia, de hoja ancha. Si uno toma una semilla de ese arbusto y la planta en el suelo de Indiana, va a dar flores rosadas cuando florezca. Pero si uno lleva esa misma semilla y la planta en tierras de Brasil o Polonia, producirá flores azules. Y lo que es aun más interesante, si uno lleva esa semilla y la planta en otro tipo de suelo, dará flores púrpuras[24].

La hortensia de hoja ancha, sin embargo, *nunca* producirá espinas ni cardos. Nunca dará naranjas ni manzanas. Y nunca crecerá hasta alcanzar la altura de un pino. ¿Por qué? Porque esas características no están en el ADN de la semilla.

Del mismo modo, la iglesia de Jesucristo, cuando se planta apropiadamente y se deja sola, libre de un control humano y de interferencias institucionales, producirá ciertas características por virtud de su ADN. Como la hortensia de hoja ancha, la iglesia puede mostrar diferencias de una cultura a otra, pero tendrá la misma expresión básica siempre que se le permita florecer.

Por otro lado, cuando los seres humanos introducimos nuestros sistemas fallidos dentro de este organismo viviente, la iglesia pierde sus rasgos orgánicos y produce una expresión foránea que va en contra de su ADN. Para decirlo lisa y llanamente, es posible distorsionar el crecimiento orgánico de la iglesia y violar su ADN.

Permítanme contarles una historia trágica que ilustra este principio. El 4 de noviembre de 1970, se descubrió a una niña de trece años que era muy atípica. Desde su más tierna infancia había vivido en medio de un intenso estado de privación social y sensorial. A Genie, como se llamaba, nunca se le enseñó a hablar. Y se le negó una interacción humana normal.

A Genie se le ataba a una pequeña sillita con inodoro y se le dejaba sentada sola día tras día. Por las noches, se le volvía a atar dentro de una bolsa de dormir, que restringía el movimiento de sus brazos. También se le golpeaba por hacer ruidos, incluso por intentar articular palabras.

Como resultado, sus rasgos naturales se distorsionaron de forma permanente. Genie tenía una extraña manera de caminar, estilo conejo. Constantemente sostenía sus manos delante de su cuerpo como si fueran zarpas. No podía masticar comida sólida y apenas podía tragar. Escupía constantemente, se sorbía la nariz con frecuencia, y no podía enfocar sus ojos más allá de los tres metros y medio. El lenguaje de Genie se limitaba a chillidos cortos y agudos que apenas se podían entender.

Después de varios años de estar alejada de esa vida en su desastroso hogar, el vocabulario de Genie creció significativamente. Sin embargo, no era capaz de enhebrar las palabras en oraciones con sentido. ¿Qué había sucedido? Algunos científicos concluyeron que su ADN normal se había alterado a causa de que se le había privado de la nutrición y el estímulo adecuados.

Apliquemos esta historia a la esfera espiritual. Al igual que en el caso de la hortensia de hoja ancha, la cultura en la que nace una iglesia orgánica puede influir sobre su expresión. Por otro lado, al igual que con la trágica experiencia de Genie, la cultura puede también distorsionar la expresión de la iglesia al interrumpir su crecimiento orgánico. En mi opinión, eso es exactamente lo que ha sucedido con la iglesia históricamente. Por lo tanto, lo que hoy pasa por ser la «iglesia» no es lo que Dios tenía en mente en un principio.

La iglesia es orgánica. Si no se intenta manipular su crecimiento natural, crecerá hasta convertirse en una hermosa joven, testigo vivo de las glorias de su novio, Jesucristo. No crecerá para convertirse en una organización como General Motors o Microsoft. Será algo totalmente diferente, completamente único en este planeta. Tan único y especial como lo fue Jesucristo cuando caminaba por esta tierra. Porque, después de todo, la iglesia es su mismo cuerpo y su naturaleza es idéntica a la de Dios.

Dicho esto, señalo que este libro es un esfuerzo por reconfigurar a la iglesia a la imagen del Dios trino. Procura anclar las prácticas de la iglesia a la eterna Divinidad, más que a las arenas movedizas de las modas pasajeras de la cultura, al fondo barroso de la adhesión a planteos bíblicos, o a las aguas contaminadas de la tradición religiosa.

Preguntas que debemos encarar

- ¿Crees que el Nuevo Testamento ofrece alguna guía para nuestra vida de iglesia y sus prácticas, o deberíamos descartarlo como completamente irrelevante? Explica.
- Considera las iglesias de las que has formado parte en el pasado. ¿De qué manera reflejaban o no la relación del Dios trino?
- ¿Qué significa ser fieles a la Palabra de Dios con respecto a la vida y prácticas de nuestra iglesia? Explica.
- ¿Sobre qué bases determinamos qué es lo normativo y atemporal dentro del Nuevo Testamento y qué es lo meramente descriptivo y ligado a la cultura del primer siglo? Explica.

CAPÍTULO 2
RECONFIGURACIÓN DE LA REUNIÓN DE LA IGLESIA

A algunas instituciones se les permite crecer hasta volverse tan antiguas y venerables que la idea de descartarlas resulta impensable y sacrílega.

—F. F. Bruce

Toda la preocupación de la teología de la Reforma consistió en justificar la reestructuración de la iglesia organizada sin sacudir sus fundamentos.

—John Howard Yoder

Es cosa corriente para los cristianos hablar acerca de «ir a la iglesia». Para ellos, esto implica asistir a un servicio religioso (de la iglesia).

Resulta interesante que, ni «ir a la iglesia» ni «servicios de la iglesia» sean expresiones que encontremos en el Nuevo Testamento. Ambas hicieron su aparición mucho después de la muerte de los apóstoles. La razón es simple: Los cristianos primitivos no habían elaborado ningún concepto semejante. No visualizaban a la iglesia como un lugar al que se pudiera ir. Ni tampoco consideraban sus encuentros como «servicios».

Al leer el Nuevo Testamento con una mirada que intenta comprender la manera en que los cristianos primitivos se encontraban, se hace claro que tenían básicamente cuatro tipos de reuniones. Ellas eran:

- *Encuentros apostólicos.* Estas eran reuniones especiales en las que los obreros apostólicos le predicaban a una audiencia interactiva. La meta era plantar una iglesia desde cero o alentar a alguna ya existente. Los doce apóstoles llevaban a cabo estas reuniones en los atrios del templo en la época del nacimiento de la iglesia en Jerusalén (Hechos 5:40-42). Pablo llevó a cabo el mismo tipo de reuniones en la escuela de Tirano cuando estableció la iglesia en Éfeso (Hechos 19:9-10; 20:27, 31). Las reuniones apostólicas muestran dos características principales. Una es que el obrero apostólico lleva a cabo la mayor parte del ministerio. La otra es que esas reuniones nunca son fijas y permanentes. Son temporales y apuntan a metas de largo alcance. Es decir, a equipar a un cuerpo local de creyentes para que funcionen bajo la conducción de Jesucristo sin la presencia de una cabeza humana (Efesios 4:11-16; 1 Corintios 14:26). Por esa razón, un apóstol siempre acaba dejando a la iglesia para que esta funcione por sí sola[1].

- *Reuniones evangelísticas.* Durante el primer siglo, la evangelización por lo general tenía lugar *fuera* del ámbito de los encuentros regulares de la iglesia. Los apóstoles predicaban el evangelio en aquellos lugares que eran frecuentados por los no creyentes. La sinagoga (en lo que se refería a los judíos) y el mercado (en relación con los gentiles) estaban entre los lugares favoritos para evangelizar (Hechos 14:1; 17:1-33; 18:4, 19). Los encuentros evangelísticos eran planeados para el establecimiento de una nueva iglesia o para llevar a un crecimiento numérico a una iglesia ya existente. Esas reuniones se llevaban a cabo «por temporadas». No constituían un programa permanente de la iglesia. El viaje de Felipe a Samaria es un ejemplo en cuanto a este tipo de reuniones (Hechos 8:5ss.).

- *Reuniones para la toma de decisiones.* En ocasiones una iglesia necesitaba reunirse para tomar alguna decisión importante. La reunión llevada a cabo en Jerusalén que se describe en Hechos 15 era de ese tipo. La característica principal de ese encuentro era que todos participaban del proceso de toma de decisiones, y los apóstoles y ancianos jugaban allí un rol de ayudadores. (Véase el capítulo 10 para más detalles).

- **Reuniones de la iglesia.** Esos eran los encuentros regulares de la iglesia. Serían el equivalente del primer siglo a nuestros «servicios de la iglesia» del domingo a la mañana. Sin embargo, eran radicalmente distintos.

La reunión de la iglesia del primer siglo contaba con una asistencia principalmente formada por *creyentes*. El contexto de 1 Corintios del 11 al 14 lo hace claro. Aunque a veces había incrédulos presentes, ellos no marcaban el enfoque de la reunión. (En 1 Corintios 14:23-25, Pablo menciona como al pasar la presencia de no creyentes en la reunión).

A diferencia de las prácticas de hoy, esa no era una reunión en la que el pastor predicaba un sermón que todos los demás escuchaban pasivamente. La noción de un «servicio de la iglesia» estilo auditorio, enfocado en el sermón y dirigido desde el púlpito hacia las bancas, les era ajena a los cristianos primitivos.

Edificación mutua

En el día de hoy, el «servicio eclesiástico» semanal apunta a la adoración, a escuchar un sermón, y en algunos casos a la evangelización. Pero en la iglesia del primer siglo el propósito rector de las reuniones de la iglesia era muy diferente. La finalidad era la *edificación mutua*. Consideremos los siguientes textos:

¿Qué concluimos, hermanos? Que cuando se reúnan, cada uno puede tener un himno, una enseñanza, una revelación, un mensaje en lenguas, o una interpretación. Todo esto debe hacerse para la edificación de la iglesia (1 Corintios 14:26)[2].

Preocupémonos los unos por los otros, a fin de estimularnos al amor y a las buenas obras. No dejemos de congregarnos, como acostumbran hacerlo algunos, sino animémonos unos a otros, y con mayor razón ahora que vemos que aquel día se acerca (Hebreos 10:24-25).

Las reuniones habituales de la iglesia previstas en las Escrituras permitían participar a *cada uno de los miembros* en la edificación del cuerpo de Cristo (Efesios 4:16). No existía un liderazgo «obvio». Nadie ocupaba un lugar central en el escenario.

A diferencia de lo que se practica hoy, la enseñanza en las reuniones de la iglesia no era presentada por la misma persona semana tras semana. En lugar de eso, todo miembro tenía el derecho, el privilegio y la responsabilidad de ministrar durante el encuentro. El aliento mutuo constituía el sello distintivo de estas reuniones. El «cada uno» era la característica más sobresaliente.

Además, cuando los cristianos adoraban a Dios a través del canto, no limitaban sus cánticos a la dirección de un grupo de músicos profesionales. En lugar de eso, la reunión permitía que «cada uno» condujera una canción. O, según lo decía Pablo, «cada uno puede tener un himno» en ese encuentro (1 Corintios 14:26). Hasta las mismas canciones estaban marcadas por un elemento de mutualidad. Consideremos la exhortación de Pablo:

> *Que habite en ustedes la palabra de Cristo con toda su riqueza: instrúyanse y aconséjense unos a otros con toda sabiduría; canten salmos, himnos y canciones espirituales a Dios, con gratitud de corazón (Colosenses 3:16).*

> *Anímense unos a otros con salmos, himnos y canciones espirituales. Canten y alaben al Señor con el corazón (Efesios 5:19).*

Otra vez, el «unos a otros» constituía el elemento dominante de la reunión de la iglesia primitiva. Dentro de un formato tan abierto, los cristianos componían sus propias canciones de forma regular y las cantaban en las reuniones[3].

De igual manera, cada cristiano que recibía algo para compartir de parte del Espíritu Santo tenía la libertad de entregarlo a través de su don singular. «Así todos pueden profetizar por turno, para que todos reciban instrucción y aliento», según lo dice Pablo (1 Corintios 14:31).

A medida que Pablo descorre la cortina, en 1 Corintios 11–14, vemos que en las reuniones de la iglesia del primer siglo cada miembro desempeña un papel activo. La libertad, la apertura y la espontaneidad constituían las señales distintivas de aquellas reuniones. El «unos a otros» se ve como el rasgo dominante; la edificación mutua es la meta principal.

Cristo, el director de las reuniones que aparecen en el Nuevo Testamento

Las reuniones de la iglesia mencionadas en el Nuevo Testamento dependían por entero de la conducción de Jesucristo. Él era preeminente en todo sentido. Cristo constituía su centro y su perímetro. Él establecía el programa y dirigía lo que sucedía en ellas. Aunque su liderazgo fuera invisible a simple vista, resultaba claro que él era el agente conductor.

En estas reuniones, el Señor Jesús se sentía libre de hablar a través de cualquiera que él escogiera y actuar en calidad de lo que él consideraba oportuno. No existía una liturgia fija que le atara las manos al Señor ni lo encasillara.

Las reuniones de la iglesia se basaban en el principio de la «mesa redonda». Esto significa que se alentaba a cada miembro a que funcionara y participara. Por contraste, los servicios de la iglesia institucional se sustentan sobre el principio de «púlpito y bancas». Este divide a los miembros en los pocos activos y los numerosos pasivos. Por esa razón, algunas personas la llaman la «iglesia espectadora».

En las reuniones del primer siglo, ni el sermón ni «el predicador» concitaban el foco de la atención. En lugar de eso, la participación congregacional constituía la regla divina. Las reuniones no eran litúrgicas, ni ritualistas, y menos sacras. Nada resultaba superficial ni mecánico. Todo emanaba de la presencia viva de Cristo.

Las reuniones reflejaban una espontaneidad flexible en las que el Espíritu de Dios estaba al control por completo. Tenía libertad para moverse a través de cualquiera de los miembros del cuerpo a su voluntad (1 Corintios 14:26, 31). Y si se le permitía conducir una reunión por entero, todo se llevaría a cabo de un modo ordenado (1 Corintios 14:40).

El Espíritu Santo guiaba de tal modo las reuniones, que si una persona recibía una nueva comprensión mientras otro estaba participando, el segundo tenía libertad de expresar su pensamiento aunque la otra persona estuviera hablando (1 Corintios 14:29-30). Por lo tanto, las interrupciones constituían una parte frecuente de los encuentros (1 Corintios 14:27-40). Una reunión así resulta impensable dentro de la iglesia institucional de hoy. (Solo imaginemos lo que podría suceder si uno interrumpiera al pastor con una palabra de revelación mientras él está dando su sermón).

En ningún lugar del Nuevo Testamento encontramos fundamento para una reunión de la iglesia dominada o dirigida por un ser humano. Ni tampoco hallamos ningún respaldo bíblico para un encuentro centrado en el púlpito y concentrado en un hombre[4].

Consideremos las palabras de John Howard Yoder:

> *Existen pocas constantes que se cumplan más fielmente a través de toda la sociedad humana que ese espacio singular que toda comunidad humana destina para el religioso profesional [...] Pero si preguntáramos si es que alguna parte de la literatura neotestamentaria da a entender las presunciones enumeradas, o sea, que exista algún oficio en particular en el que descubramos que solo a un individuo, o quizás a unos pocos, se les provea el sustento, y que este oficio sea de un carácter único, debido a la ordenación, central en cuanto a la definición de la iglesia y clave para su funcionamiento, hallaríamos que la respuesta que proviene del material bíblico es un rotundo no. Entonces, en primer lugar, no nos preguntemos si existe un concepto claro y sólido acerca de la predicación, sino si es que en el Nuevo Testamento se menciona el oficio, o cargo, del predicador de un modo identificable e inconfundible tal como sucede con los otros ministerios. Ni dentro del cuadro que muestra la mayor diversidad (Corintios), ni en los que muestran la menor diversidad (las epístolas pastorales) se encuentra un ministerio en particular definido en esos términos[5].*

Quizá la característica más sorprendente de las reuniones de la iglesia primitiva era la ausencia de un oficiante humano. Jesucristo conducía los encuentros a través de toda la comunidad de los creyentes por medio del Espíritu Santo. Un espíritu de ministración de «unos a otros» impregnaba toda la reunión. No llama la atención, entonces, que el Nuevo Testamento utilice la expresión *unos a otros* casi sesenta veces. Cada miembro asistía a la reunión con el conocimiento de que tenía el privilegio y la responsabilidad de contribuir con algo de Cristo. (De paso, las mujeres tenían tanto el derecho como el privilegio de participar en los encuentros de la iglesia. Véanse los detalles en la nota del final)[6].

Algunos podrían presentar una objeción, diciendo: «Pero en mi iglesia se me permite llevar a cabo algo de ministerio». Yo pregunto: ¿Se les permite llevar adelante tal ministerio en las reuniones principales de la iglesia cuando todos los miembros están presentes? ¿Tienen libertar para ponerse de pie en cualquier momento y transmitir un testimonio, una enseñanza, una exhortación, una canción o cualquier otra cosa que el Señor haya puesto en sus corazones? Y lo que es más importante aún, ¿se les *alienta* a hacerlo?

Seamos sinceros. La idea de un ministerio mutuo previsto por el Nuevo Testamento no tiene nada que ver con la mala definición del «ministerio laico» promovido por la típica iglesia institucional. La mayor parte de las iglesias organizadas cuentan con un excedente de puestos de voluntariado a los que los «laicos» pueden acceder. Ocupaciones como cortar el césped de la casa del párroco, acomodar a la gente en las instalaciones de la iglesia, saludar a la entrada del templo, distribuir boletines, enseñar en la Escuela Dominical, cantar en el coro, participar del equipo de alabanza (si se da el perfil), pasar las diapositivas o las imágenes en PowerPoint, y cosas por el estilo.

Pero esas ocupaciones «ministeriales» restringidas están a años luz del ejercicio libre y abierto de los dones espirituales al que tenía derecho todo creyente en las reuniones de la iglesia primitiva. Ejercicio que beneficiaba a toda la iglesia cuando se reunía.

La necesidad de un sacerdocio en funcionamiento

¿Y por qué se reunía de esta manera la iglesia primitiva? ¿Se trataba simplemente de una tradición cultural pasajera? Como algunos dicen, ¿representaba eso la infancia, ignorancia e inmadurez de la iglesia primitiva? No me convence. Las reuniones de la iglesia del primer siglo están profundamente arraigadas en una teología bíblica. Convertían en real y práctica la doctrina neotestamentaria del sacerdocio de todos los creyentes, doctrina que todos los evangélicos afirman de los labios para afuera.

¿Y cuál es esa doctrina? Según las palabras de Pedro, es la doctrina acerca de que *todos* los creyentes en Cristo son sacerdotes espirituales llamados a ofrecer «sacrificios espirituales» a su Señor. Según los dichos de Pablo, es la idea de que todos los cristianos son miembros *en funciones* del cuerpo de Cristo.

Además, la reunión abierta y participativa mencionada en el Nuevo Testamento es parte de nuestra naturaleza espiritual. Todo cristiano tiene un instinto espiritual propio que lo lleva a reunirse con otros cristianos y compartir acerca de su Señor dentro de una atmósfera abierta, libre de los rituales y el control humano. Y a dejar salir de su corazón lo que Dios ha derramado en él.

Consideremos los avivamientos del pasado. Si hemos estudiado la historia de los avivamientos pasados, habremos descubierto que ellos produjeron un cambio en todo el terreno de los servicios eclesiásticos tradicionales de ese tiempo. Los predicadores dejaron de dar sus sermones por meses. En lugar de ello, el pueblo de Dios se reunía y cantaba, testificando y compartiendo sobre el Señor durante horas. Esas reuniones eran espontáneas, abiertas y muy participativas. No se ejercía un control humano.

¿Por qué sucedía así? Porque el pueblo de Dios cedía ante su instinto espiritual y nadie podía detener la creciente marea del Espíritu Santo que se movía en medio de ellos. Desafortunadamente, luego las aguas de ese avivamiento retrocedían, el orden de culto protestante (de quinientos años de antigüedad) se volvía a reestablecer con rapidez y las reuniones abiertas desaparecían en la mayor parte de los sitios.

En el fondo, los encuentros de la iglesia del primer siglo eran un reflejo de ese intercambio de vida, amor y comunión que se había estado dando dentro del Dios trino desde antes de los tiempos. A través del Espíritu Santo, el Padre se derrama eternamente en el Hijo, y el Hijo se derrama eternamente en el Padre. La comunión mutua y la vida compartida que marcaron a las reuniones de la iglesia primitiva constituían una expresión terrenal de este intercambio divino.

Agregado a eso, las reuniones de la iglesia primitiva constituían el medioambiente creado por Dios donde se producía el crecimiento espiritual, tanto en lo comunitario como en lo individual (Efesios 4:11-16). Crecemos hacia la plenitud de Dios cuando las diferentes partes del cuerpo de Cristo nos ministran (Efesios 3:16-19). Pero también crecemos cuando funcionamos (Marcos 4:24-25).

En contraste con esto, en la iglesia institucional tradicional el alimento espiritual del creyente se limita y depende de la preparación académica y espiritual de una o dos personas: el pastor y el maestro de la Escuela Dominical. ¿No podría ser esta una de las razones por las que se da tan poca transformación dentro de la iglesia institucional moderna?[7]

Hablando de la naturaleza normativa del ministerio de cada uno de los miembros del cuerpo de Cristo, John Howard Yoder señala: «Es conclusión ineludible que la multiplicidad de ministerios no tiene que ver con un mero *adiaphoron,* con el actuar hacia afuera, ni se trata de algo casual de poco significado, sino que es una obra específica de gracia y un estándar a seguir por la iglesia»[8]. Por supuesto que los cristianos pueden y deben funcionar fuera del ámbito de las reuniones de la iglesia. Pero los encuentros de la iglesia han sido designados especialmente para que cada creyente exprese a Cristo a través de su don (1 Corintios 11–14; Hebreos 10:24-25). Desgraciadamente, la iglesia institucional en general desplaza la solidaridad del «unos a otros» exclusivamente hacia la periferia de los servicios de la iglesia. Y eso retarda el crecimiento espiritual de la comunidad de los creyentes.

La Reforma recobró la verdad del sacerdocio de todos los creyentes. Pero fracasó en cuanto a restaurar las prácticas orgánicas que encarnaban esa enseñanza. La perspectiva de la Reforma en cuanto al sacerdocio de todos los creyentes era individualista y no comunitaria. Se restringía a la soteriología (la salvación) pero no se incluía a la eclesiología (la iglesia). Los reformadores reivindicaron el terreno de un sacerdocio de los creyentes, pero fallaron en ocupar ese terreno. En una iglesia protestante típica, la doctrina del sacerdocio de todos los creyentes no llega a ser más que una verdad estéril. Sería mejor describirla como el «sacerdocio de algunos creyentes».

Para ser veraces, existen muy pocas cosas más propicias para una cultura de la vida espiritual que las reuniones abiertas y participativas, tal como se las describe en el Nuevo Testamento. Dios estableció las reuniones abiertas y participativas para encarnar la gloriosa realidad de expresar a Cristo a través de un sacerdocio utilizado a pleno.

El escritor de Hebreos demuestra ampliamente que la participación de unos y otros en el cuerpo resulta vital para la formación espiritual de todos los miembros. Él enseña que la exhortación mutua constituye el *antídoto* divino para prevenir la apostasía, el *requerimiento* divino para asegurar la perseverancia, y el *medio* divino para cultivar la vida espiritual individual:

> *Cuídense, hermanos, de que ninguno de ustedes tenga un corazón pecaminoso e incrédulo que los haga apartarse del Dios vivo. Más bien, mientras dure ese «hoy», anímense unos a otros cada día, para que ninguno de ustedes se endurezca por el engaño del pecado (Hebreos 3:12-13).*

Aquí se nos dice que la exhortación mutua es el remedio para un corazón endurecido e incrédulo y una mente engañosa. De igual manera, el Nuevo Testamento presenta a la exhortación mutua como la salvaguarda divina en contra del pecado deliberado:

> *Preocupémonos los unos por los otros, a fin de estimularnos al amor y a las buenas obras. No dejemos de congregarnos, como acostumbran hacerlo algunos, sino animémonos unos a otros, y con mayor razón ahora que vemos que aquel día se acerca. Si después de recibir el conocimiento de la verdad pecamos obstinadamente... (Hebreos 10:24-26).*

En tanto que una gran cantidad de clérigos han usado comúnmente este texto para subrayar la importancia de «asistir a la iglesia», han ignorado tranquilamente el resto del pasaje. El pasaje dice que la *exhortación mutua* (no el escuchar un sermón dado desde el púlpito) es el propósito principal del encuentro de la iglesia. Y la exhortación mutua es el elemento ordenado por Dios para disuadirnos del pecado voluntario.

Según mi opinión personal, al ignorar la enseñanza total de este pasaje asumimos un gran riesgo. Por una simple razón: Nuestra prosperidad espiritual gira en torno a las reuniones comunitarias donde el funcionamiento de cada uno de los miembros es determinante.

Manifestemos a Jesucristo en su plenitud

El término griego para iglesia es *ekklesia*, el que literalmente significa «asamblea». Esto se corresponde muy bien con el pensamiento dominante de las cartas de Pablo con respecto a que la iglesia es la expresión corporativa de Cristo (1 Corintios 12:1-27; Efesios 1:22-23; 4:1-16).

Desde la perspectiva humana, el propósito de las reuniones de la iglesia es la edificación mutua. Pero desde la perspectiva de Dios, el propósito de los encuentros es expresar a su Hijo glorioso y volverlo visible. (La iglesia es el cuerpo y Cristo la cabeza. El propósito del cuerpo de alguien es expresar la vida que hay adentro).

Dicho de otra forma, nos reunimos para que el Señor Jesús pueda manifestarse en su plenitud. Y cuando eso sucede, el cuerpo se edifica.

Notemos que la única manera en que Cristo puede ser expresado adecuadamente es cuando *cada* miembro de la iglesia proporciona aquel aspecto del Señor que él mismo ha recibido. No nos equivoquemos: el Señor Jesús no puede ser revelado plenamente a través de un solo miembro. Es demasiado rico como para eso (Efesios 3:8).

Así que si la mano no funciona en los encuentros, Cristo no será manifestado en plenitud. Del mismo modo, si los ojos no logran funcionar, el Señor se verá limitado en su revelación de sí mismo. Por otro lado, cuando cada miembro de una asamblea local funciona en la reunión, se ve a Cristo. Se visibiliza. ¿Por qué? Porque él está *reunido* con nosotros y en medio de nosotros.

Consideremos la analogía de un rompecabezas. Cuando cada pieza del rompecabezas se posiciona adecuadamente en relación con las otras, el rompecabezas queda armado, reunido. ¿Cuál es el efecto neto de esto? Que vemos el cuadro completo. Lo mismo sucede con Cristo y su iglesia.

El fin más alto de la reunión de la iglesia, entonces, es volver visible al Cristo invisible a través de su cuerpo. Dicho de otra manera, *nos reunimos para volver a encontrarnos con el Señor Jesucristo sobre la tierra.* Cuando eso sucede, Cristo no solo se glorifica en sus santos, y no solo cada miembro resulta edificado, sino que se registra algo en las esferas invisibles: ¡Avergonzamos a los poderes y principados de los lugares celestiales!

Pablo nos dice que la multiforme sabiduría de Dios se hace conocida a través de la iglesia a las fuerzas espirituales de maldad en los lugares celestiales. A través de las reuniones abiertas y participativas, la iglesia les demuestra a las otras esferas que Jesucristo, la encarnación de la sabiduría de Dios, está lo suficientemente vivo como para conducir a una raza caída que alguna vez le perteneció al enemigo de Dios. Eso le trae gran gloria a Dios. Y constituye un aspecto central de su propósito eterno. Pablo lo expresa de esta manera:

Cristo es el poder de Dios y la sabiduría de Dios (1 Corintios 1:24).

El fin de todo esto es que la sabiduría de Dios, en toda su diversidad, se dé a conocer ahora, por medio de la iglesia, a los poderes y autoridades en las regiones celestiales, conforme a su eterno propósito realizado en Cristo Jesús nuestro Señor (Efesios 3:10-11).

Porque nuestra lucha no es contra seres humanos, sino contra poderes, contra autoridades, contra potestades que dominan este mundo de tinieblas, contra fuerzas espirituales malignas en las regiones celestiales (Efesios 6:12.

Las reuniones abiertas y participativas no excluyen la idea de un planeamiento. Ni tienen que resultar desordenadas. En 1 Corintios 14, Pablo formula una cantidad de pautas amplias destinadas a mantener las reuniones fluyendo dentro de un estilo ordenado.

Según el pensamiento de Pablo, no existe tensión entre una reunión *abierta* y participativa y una reunión *ordenada* que edifique a la iglesia. El orden de la reunión es del tipo orgánico. Como subproducto de que cada miembro procure edificar al conjunto.

En lo que se refiere al contenido, aquellas reuniones se centraban en Cristo. Cada palabra que se compartía arrojaba luz sobre él. Cada canción entonada le traía gloria. Cada oración que se elevaba lo evidenciaba. Todas las flechas apuntaban hacia él. Mientras experimentaban la vida de Cristo que los habitaba durante la semana, estos cristianos primitivos se encontraban para compartir sus vivencias unos con otros.

En relación a esto, las reuniones de la iglesia primitiva servían a modo de «punto de venta». Eran el escenario, o la jurisdicción, en que el exceso y hasta el desborde de la vida espiritual se compartía y se liberaba hacia afuera.

¿Alguna vez has recibido una revelación con respecto al Señor, o tuviste un encuentro con él que te llenó espiritualmente al punto en que sentiste que ibas a explotar si no lo compartías con otros? Si es así, simplemente imagina a una iglesia entera experimentando lo mismo. En ello reside uno de los rasgos centrales de los encuentros de la iglesia: permitir que la vida espiritual se exprese libremente en cualquier espacio en el que todos puedan ser bendecidos. Del mismo modo en que los miembros del Dios trino desinteresadamente vierten su vida el uno en el otro, también los miembros de la iglesia han de hacer lo mismo en sus encuentros.

En este sentido, participar en una iglesia de las del Nuevo Testamento significaba más que simplemente recibir. A diferencia de las prácticas populares de hoy en día, los cristianos primitivos no asistían a «servicios» para recibir una clase de parte de los especialistas religiosos a los que se denomina «el clero». Se encontraban para *servir* a sus hermanos y hermanas, ministrándoles algo de la vida del Señor. Al hacerlo, buscaban edificar a la iglesia (Romanos 12:1-8; 1 Corintios 14:26; Hebreos 10:24-25).

La cuestión de la fuerza de sustentación

En la típica institución eclesial, la maquinaria religiosa del programa de la iglesia es la fuerza que alimenta e impulsa el servicio eclesial. Por lo tanto, si alguna vez el Espíritu de Dios abandonara una típica iglesia institucional, su ausencia pasaría desapercibida.

El programa seguiría adelante «lo mismo que siempre». El programa de culto no se vería afectado. La liturgia continuaría marchando sin interrupciones. Se predicaría el sermón y se cantaría la doxología. Como el Sansón de la antigüedad, la congregación seguiría adelante con su programa religioso, sin saber «que el SEÑOR lo había abandonado» (Jueces 16:20).

En contraste con esto, la única fuerza sustentadora de las reuniones de la iglesia primitiva era la vida del Espíritu Santo. Los cristianos primitivos no eran clericales, ni litúrgicos, ni estaban ceñidos a un programa, ni se mostraban ritualistas. Descansaban por completo en la vida espiritual de cada uno de sus miembros, en forma individual, para que se mantuviera existiendo la iglesia y para que sus encuentros fueran de calidad.

De manera que, si la vida espiritual de la iglesia estaba en un punto bajo, todos lo notarían durante el encuentro. No podrían pasar por alto el escalofrío que les producía el silencio. Lo que es más, si el Espíritu de Dios abandonaba definitivamente las reuniones, la iglesia colapsaría en forma total.

Dicho sencillamente, la iglesia del primer siglo no conocía otra influencia sustentadora más que la vida del Espíritu Santo. No confiaban en un sistema dirigido por el clero, programado por hombres, planificado humanamente, e impulsado desde lo institucional para preservar su empuje.

El tabernáculo de Moisés constituye un espejo perfecto de aquellas iglesias que se mantienen en pie en base a una institución más que por la presencia de Dios. Cuando la presencia de Dios abandonó la tienda sagrada, esta se convirtió en nada más que una estructura vacía a la que acompañaba una apariencia exterior impresionante. Aunque la gloria del Señor se había alejado, los adoradores continuaron ofreciendo sus sacrificios en un tabernáculo vacío, sin darse cuenta jamás de que Dios no estaba allí (1 Crónicas 16:39-40; 2 Crónicas 1:3-5; Jeremías 7:12-14).

De esta manera, el vicio de la iglesia institucional radica en que su confianza está puesta en el sistema religioso, humanamente ideado e impulsado por programas, que sirve como andamiaje para sostener la estructura de la «iglesia» cuando el Espíritu de Dios está ausente. Este sistema enmohecido traiciona la realidad de la iglesia primitiva y sus asambleas, es decir que cuando la vida espontánea de Jesucristo se ha desvanecido en medio de una asamblea cristiana, esta deja de operar como una iglesia en cualquiera de los sentidos bíblicos, aun cuando puede preservar las formas externas.

La objeción clerical

En el Nuevo Testamento vemos que las reuniones de la iglesia primitiva fueron abiertas, participativas y espontáneas. Pero hoy en día muchos clérigos modernos se rehúsan a aprobar este tipo de encuentros. Con frecuencia el pensamiento clerical sobre el tema es algo así: «Si le permitiera a mi congregación ejercer sus dones en una reunión abierta, eso se convertiría en puro caos. No tengo otra opción más que ejercer el control de los servicios; de otro modo, la gente se descontrolaría».

Otros han confesado: «He intentado llevar a cabo reuniones abiertas con *mi* gente una vez. Y no funcionó».

Estas objeciones dejan traslucir una gran falta de comprensión acerca de la eclesiología de Dios. En primer lugar, la noción de que un clérigo tenga la autoridad para «permitir» o «prohibir» a sus hermanos el funcionar en un encuentro del pueblo de Dios se fundamenta en una comprensión torcida de la autoridad. (Analizaremos este aspecto más a fondo en la segunda parte). Ningún ser humano tiene el derecho de permitir o prohibir al sacerdocio de los creyentes el ejercicio de los dones con los que han sido dotados por el Espíritu. Además, nadie tiene el derecho a referirse al pueblo de Dios como «mi gente».

En segundo lugar, la presunción de que si se eliminara el control clerical el resultado sería un caos delata una falta de confianza en el Espíritu Santo. También revela una falla en la confianza hacia el pueblo de Dios, algo que viola el punto de vista del Nuevo Testamento (Romanos 15:14; 2 Corintios 2:3; 7:6; 8:22; Gálatas 5:10; 2 Tesalonicenses 3:4; Filemón 21; Hebreos 6:9).

En tercer lugar, la idea de que las reuniones de la iglesia se convertirían en un tumulto donde *vale todo* simplemente no es verdad. Pero eso depende de un ingrediente muy importante: *El pueblo de Dios debe estar equipado adecuadamente para funcionar bajo la conducción de Cristo.*

Habiendo dicho eso, haré una observación franca: Si un pastor decide implementar reuniones abiertas en su iglesia, puedo entender perfectamente que no funcionen. La razón es sencilla: Probablemente él no haya preparado al pueblo de Dios para funcionar bajo la conducción de Jesucristo.

Los cristianos no se preparan a través de escuchar sermones semana tras semana, mientras permanecen mudos y sentados en un banco. En lugar de eso, se equipa al pueblo de Dios a través de obreros cristianos que son capaces de enseñarles *cómo* desarrollar una comunión con el Señor y *cómo* funcionar dentro del marco de un grupo. Esos obreros capacitan a los santos (Efesios 4:11-16). Y entonces hacen algo que pocos pastores contemporáneos se atreverían a hacer: *dejan que la iglesia funcione por sí misma* (Hechos 13–20).

Admito que las reuniones abiertas y participativas no siempre serán tan correctas y formales como los servicios de una iglesia tradicional que se desarrollan impecablemente según lo que se publica en el boletín semanal de la iglesia. Sin embargo, revelan mucho más de la plenitud de Cristo que lo que cualquier planificación humana puede lograr.

En una reunión al estilo del primer siglo habrá momentos en que algunos puedan brindar un ministerio que no sea provechoso. Esto es así particularmente durante los primeros estados de vida de una iglesia. Pero el antídoto para eso no es impedir la participación abierta. Aquellos que sobreactúan y transmiten un ministerio que no edifica necesitan ser instruidos. En la etapa fundacional, esto mayormente recae sobre las espaldas de aquellos que están dando inicio a la iglesia. Más adelante se trasladará a aquellos que sean mayores y más maduros dentro de la asamblea (Véase el capítulo 9).

Recordemos lo que sucedió cuando Pablo se enfrentó con el frenético desorden de Corinto. El apóstol no clausuró las reuniones ni les ordenó una liturgia en su lugar. Tampoco introdujo oficiantes humanos. En lugar de ello, les proveyó a sus hermanos una cantidad de pautas amplias que les facilitaron el orden y la edificación en las reuniones (1 Corintios 14:1).

Y aun más: Pablo tenía confianza en que la iglesia se apegaría a esas pautas. Esto establece un principio importante. Cada iglesia del primer siglo tenía a su disposición un obrero apostólico itinerante que la ayudaba a atravesar sus problemas habituales. A veces la ayuda del obrero llegaba en forma de cartas. En otras ocasiones llegaba durante las visitas personales de aquel obrero.

Los obreros de hoy en día les proporcionan pautas similares a las iglesias que se encuentran en dificultades con sus reuniones. Y esos lineamientos han sido pensados para colocar las reuniones de nuevo en las manos del Espíritu Santo, más que bajo el dominio de personalidades fuertes.

Cuando se dan esas pautas y se les presta atención, no hay necesidad de un clérigo, liturgias fijas, o servicios en base a un guión. Otra vez digo, la tendencia a rechazar las reuniones de la iglesia al estilo de las del primer siglo descubre una falta de confianza en el Espíritu Santo.

Perdonen que use una ilustración personal, pero en todos los años en que he trabajado con iglesias orgánicas, ni siquiera una vez me he sentido obligado a recurrir a la liturgia, el ritual o una figura clerical determinada. Una gran parte de mi ministerio ha tenido que ver con capacitar al pueblo de Dios para funcionar. Eso incluía ayudar a aquellos que participaban por demás a dar un paso atrás e infundirles valor a aquellos que participaban muy poco para que lo hicieran con mayor frecuencia.

En Números 11, vemos la primera aparición del clericalismo en la Biblia. Dos siervos del Señor, Eldad y Medad, recibieron el Espíritu de Dios y comenzaron a profetizar (vv. 26-27). En una reacción apresurada, un joven fanático instó a Moisés a «detenerlos» (v. 28). Moisés reprobó las palabras del joven represor, diciéndole que *todo* el pueblo de Dios debería recibir el Espíritu y profetizar.

El deseo de Moisés se cumplió en Pentecostés (Hechos 2:17-18). Y continuó encontrando su cumplimiento a través del primer siglo (Hechos 2:38-39; 1 Corintios 14:1, 31). Desafortunadamente, al reino de Dios no le faltan aquellos que desean detener nuevamente a Eldad y Medad para que no ministren en la casa del Señor.

Conducción versus señorío

La Biblia traza una cuidadosa distinción entre la conducción o jefatura de Cristo y su señorío. A través de todo el Nuevo Testamento, la *conducción* de Cristo prácticamente siempre tiene en vista la relación del Señor con su cuerpo (Efesios 1:22-23; 4:15; 5:23; Colosenses 1:18; 2:19). El *señorío* de Cristo prácticamente siempre tiene en vista su relación con sus discípulos en forma individual (Mateo 7:21-22; 10:24-25; Lucas 6:46).

Lo que el señorío es para el *individuo*, la conducción lo es para la *iglesia*. Conducción y señorío son dos dimensiones de la misma cosa. La conducción o jefatura es el señorío llevado a la vida comunitaria del pueblo de Dios.

Es importante captar esta distinción porque arroja luz sobre el problema de la práctica de la iglesia en el día de hoy. Es muy común que los cristianos conozcan el señorío de Cristo y sin embargo no sepan nada de su conducción. Un creyente puede someterse al señorío de Jesús en su vida personal. Puede obedecer lo que comprende en la Biblia. Puede orar con fervor. Puede vivir sacrificando su yo. Sin embargo, al mismo tiempo puede no saber nada acerca del ministerio compartido, la sumisión mutua, la auténtica comunidad, o el testimonio conjunto.

En el análisis final, estar sujetos a la conducción de Jesús significa responder a su voluntad con respecto a la vida y la práctica de la iglesia. Significa someternos nosotros mismos a la manera en que Dios diseñó a la iglesia, y entregarnos a ese diseño.

La sumisión a la conducción de Cristo encarna la realidad neotestamentaria de que Jesús no solo es el Señor del creyente individual, sino también la cabeza en funciones de su iglesia.

Mi amigo y mentor Stephen Kaung lo señaló de la mejor manera cuando dijo:

> *La gente cree que la Palabra de Dios les muestra cómo vivir individualmente delante de él, pero piensan que en lo que tiene que ver con su vida comunitaria, el Señor les dice: «Queda librado a ustedes; hagan como quieran». Y es eso lo que encontramos en el cristianismo de hoy; no existen principios rectores en cuanto a la vida corporativa; cada uno hace lo que le parece correcto ante sus propios ojos. Pero, amados hermanos y hermanas, nosotros somos salvos de forma individual, pero somos llamados comunitariamente. Hay*

muchas enseñanzas y ejemplos en la Palabra de Dios que reglamenta nuestra vida comunitaria, como los hay en lo referido a nuestra vida personal.

Por esta razón, creo que el evangelicalismo ha sostenido la doctrina del sacerdocio de los creyentes de un modo solo intelectual. Pero ha fracasado en cuanto a aplicarla de una manera práctica, debido a la trampa sutil de las tradiciones profundamente arraigadas.

¿Cómo se ven las cosas hoy?

Durante los pasados veinte años he tenido el privilegio de asistir a cientos de reuniones de la iglesia orgánica, reuniones abiertas y participativas. Algunas de ellas fueron en extremo gloriosas. Esas reuniones han sido grabadas a fuego en mi mente. Otras fueron aceptables. Otras, horribles. ¡Y aun de otras ni se puede hablar!

En tanto que los «servicios» de la iglesia institucional son en esencia impecables, las reuniones de la iglesia orgánica varían según la condición y la preparación espiritual de cada miembro.

Allí es donde cuenta una de las tareas de un obrero apostólico. Capacitar al pueblo de Dios para funcionar todos juntos dentro de una reunión libre pero ordenada que exprese a Cristo en su plenitud.

Durante todos los años en los que he dado inicio a iglesias orgánicas y me he reunido en ellas, he descubierto que no hay forma de explicar cabalmente la impresión que produce una reunión que se desarrolla bajo la conducción de Cristo en aquellos que nunca han visto algo como eso antes. Sin embargo, haré el intento de describir el cuadro de una de esas reuniones, a fin de que pueda permitirles saborear lo que una reunión gloriosa puede llegar a ser.

Hace unos diez años una iglesia compuesta por alrededor de veinticinco cristianos se reunió en una casa una noche. Yo había dedicado un año y medio a ministrar a Jesús a este grupo en «reuniones apostólicas» dos veces a la semana. La meta de esa ministración era capacitar a esta nueva iglesia para que pudiera funcionar por sí misma, sin ningún liderazgo humano.

Llegó el día. La iglesia iba a tener la primera reunión por su cuenta. Yo no iba a estar presente. Sin embargo, me deslicé a hurtadillas dentro del salón sin que nadie lo notara y me escondí detrás de un sofá. (Sentía que de ser visible en esa reunión podría afectar la forma de funcionar de los creyentes. Generalmente eso es lo que sucede cuando la persona que da inicio a una iglesia se encuentra presente durante sus reuniones, en especial durante los primeros años de su vida).

Los creyentes se reunieron y comenzaron la reunión cantando. Cantaban *a capella*. Una hermana cristiana comenzó la reunión entonando una canción. Y todos los demás cantaron con ella. Luego uno por uno fueron elevando oraciones espontáneas. Entonces un hermano en Cristo dio comienzo a otra canción. A estas alturas, todos estaban parados. Se elevaron más oraciones. Más cánticos. Durante el canto, varias personas compartieron cortas exhortaciones en base a las letras de las canciones. La palabra *conmovedor* no alcanza a describir bien lo que sucedía. No había allí ningún líder de alabanza. Todos participaban elevando alabanzas a Dios libre y espontáneamente.

Luego de cantar por un rato, todos se sentaron. Inmediatamente, una hermana se puso de pie y comenzó a compartir algo. Habló sobre la forma en que había descubierto a Cristo como el agua viva durante esa semana. Leyó unos pocos versículos de Juan 4. Cuando comenzó a hablar sobre ese texto, otras dos hermanas la interrumpieron y compartieron perspectivas de su propia experiencia concernientes al mismo pasaje y el mismo tema. Sin embargo, lo que ellas comunicaron acerca de Cristo era diferente.

Cuando la primera hermana hubo terminado, se puso de pie un hermano y comenzó a hablar. También habló del Señor como el agua de vida, pero hizo referencia a un pasaje en Apocalipsis 22. Habló durante varios minutos, y entonces una hermana se puso de pie y comenzó a agregar cosas a lo que él había comentado. Eso continuó por más de una hora. Uno por uno, sin pausa, los hermanos y las hermanas en Cristo se pusieron de pie y compartieron su experiencia espiritual con el Señor Jesucristo. Todos lo revelaron como el agua viva.

Algunos recitaron poemas; otros entonaron canciones; otros contaron historias; otros leyeron pasajes de las Escrituras; otros elevaron oraciones.

Al escuchar todo eso desde atrás del sofá, no pude evitar las lágrimas. Me sentí tan tocado que comencé a llorar. Esa reunión fue electrizante. Como si en esa sala un río hubiera comenzado a fluir y a derramarse sin que se pudiera detener. Podía percibir la presencia y la gracia del Señor. Lo que se había compartido era rico, pleno, vivo y vibrante. Deseaba haber tenido un bolígrafo y un bloc de papel para haber tomado nota de las cosas gloriosas que se estaban diciendo. Muchas de ellas estaban repletas de perspectivas fundamentales. Pero me limité a escuchar, muy sorprendido.

Lo increíble fue que nadie conducía esa reunión. Ninguno la coordinaba tampoco. (Ningún ser humano, quiero decir). Y estuvo increíblemente centrada en Cristo.

Finalmente la reunión fue disminuyendo, y alguien se puso de pie y comenzó una canción. El resto de la iglesia se puso de pie y se unió a él. Mientras cantaban, me deslicé fuera del salón. Solo una pocas personas me descubrieron. Cuando me encontré con la iglesia a la siguiente semana, les di a conocer que había estado presente. La iglesia se había preparado para ese encuentro. Se habían reunido de a dos y buscado al Señor durante la semana en preparación para la reunión. Como resultado se produjo una explosión conjunta de vida espiritual que permitió ver al Señor Jesucristo a través de todos los miembros de su cuerpo.

Por favor, comprendan que ese grupo de cristianos no podría haber llevado a cabo una reunión como esa al principio, cuando yo comencé a trabajar con ellos. En ese tiempo, la mayoría estaba habituada a mantenerse callada y pasiva. Algunos, de una personalidad más fuerte, dominaban el tiempo en que se reunían. Pero luego de un año y medio de recibir un ministerio espiritual y práctico, estaban capacitados para conocer juntos al Señor, funcionar de un modo coordinado, abrir sus bocas y compartir al Cristo viviente de un modo ordenado. Y como resultado, el Señor fue magnificado.

Podría multiplicar los ejemplos de este tipo de reuniones y de la amplia variedad que se expresa dentro de ellas. Confío, sin embargo, en que ahora ustedes ya tendrán una noción de cómo puede ser una reunión de la iglesia bajo la conducción activa del Señor en nuestros días.

Preguntas que debemos encarar

- Nuestros modernos servicios eclesiales, que se desarrollan mayormente alrededor de los sermones de un hombre y del programa de culto de un «equipo de alabanza», ¿reflejan los principios centrales de la iglesia del Nuevo Testamento, o están enfrentados con ellos? Explica.

- ¿Por qué razón las reuniones abiertas y participativas pueden haber sido buenas para los cristianos primitivos, pero hoy en día resultan de alguna manera impracticables para nosotros? Explica.

- ¿Nuestra iglesia promueve alguna reunión en la que tengamos un espacio que nos permita compartir con nuestros hermanos y hermanas lo que Dios nos ha mostrado, dentro de un ambiente que no esté controlado ni coordinado por un ser humano? Explica.

- ¿Son las prácticas actuales de la iglesia la expresión de una conducción completa de Jesucristo o de algún ser humano? Explica.

CAPÍTULO 3
RECONFIGURACIÓN DE LA CENA DEL SEÑOR

La forma más visible y profunda en que la comunidad le da expresión física a su comunión es a través de una comida llevada a cabo en conjunto. La palabra «deipnon» (1 Corintios 11:20), que significa «cena» no indica que se tratara de una comida simbólica (tal como llegó a ser después), ni de parte de una comida (como algunas veces se la considera), sino de una comida común y completa.

—Robert Banks

La Cena del Señor en el Nuevo Testamento es una comida. El marco apropiado para este sacramento es una mesa, y la postura adecuada, según nuestra cultura occidental, es la de sentados.

—I. Howard Marshall

Consideremos cómo se leva a cabo la Cena del Señor en nuestras iglesias. (Puede ser que la llamemos la Eucaristía, la Santa Comunión, o el partimiento del pan). Según el trasfondo religioso que tengamos, participaremos de la Cena del Señor semanal, mensual, o periódicamente. Entre los cristianos protestantes, la cena por lo general consta de un pequeño vasito de jugo de uva (o vino) y una oblea o galletita del tamaño de un bocado.

En este capítulo analizaremos la manera en que los cristianos primitivos llevaban a cabo la Cena del Señor y el significado que tenía para ellos. El hecho de que la Cena ocupara un lugar muy especial en la vida de la iglesia primitiva va más allá de toda discusión. Lo refleja el hecho de que la celebraban de una manera regular. La iglesia de Troas la celebraba de forma semanal (Hechos 20:7). La iglesia de Jerusalén y la iglesia de Corinto participaban de ella regularmente (Hechos 2:42; 1 Corintios 11:20-21, 33). Y Jesús mismo hizo de no descuidar la Cena un punto importante (Lucas 22:19-20).

La razón por la que la Cena del Señor mantenía un lugar tan significativo en la iglesia primitiva era porque encarnaba las principales características de la vida cristiana. Analicemos algunas de ellas ahora.

El pan partido

La Cena del Señor incluye el partimiento del pan (Mateo 26:26; 1 Corintios 10:16). El pan partido señala hacia la humanidad de Jesús. El Hijo glorioso tomó sobre sí la forma de un siervo. El Todopoderoso se humilló a sí mismo haciéndose hombre.

El pan, al ser la más básica y humilde de todas las comidas, apunta hacia la humildad y disponibilidad de nuestro Señor. Al asumir nuestra humanidad, Jesucristo se volvió accesible a todos nosotros, así como el pan está disponible para cada uno, tanto ricos como los pobres.

El partimiento del pan también nos recuerda la cruz en la que el cuerpo de nuestro Señor fue quebrantado. El pan está hecho de trigo molido. El vino se hace aplastando las uvas. Ambos elementos representan la muerte.

Sin embargo, el partimiento del pan no solo describe la muerte de Cristo. También proclama su resurrección. Es el grano de trigo que cayó en tierra. Pero ahora vive con el fin de producir muchos granos como él mismo (Juan 12:24). Al comer la carne de Cristo y beber su sangre a través de la Cena, recibimos su vida (Juan 6:53). Ese es el principio de la resurrección: vida de la muerte.

La revelación del Cristo resucitado también está ligada con el pan partido. Cuando el resucitado Señor comió con sus discípulos, fue pan lo que él partió estando entre ellos (Juan 21:13). De igual modo, el Cristo resucitado se les apareció a dos personas en el camino a Emaús. Pero sus ojos no lo reconocieron hasta que él partió el pan (Lucas 24:30-32).

El testimonio de la unidad del cuerpo de Cristo también se encarna en el partimiento del pan. Recordemos que los cristianos primitivos partían un solo pan. Pablo escribe: «Hay *un solo* pan del cual todos participamos; por eso, aunque somos muchos, formamos *un solo* cuerpo» (1 Corintios 10:17).

El banquete del Señor

Contrariamente a la práctica de hoy, la iglesia primitiva celebraba la Cena del Señor dentro del contexto de una comida normal. Cuando Jesús instituyó la Cena, se llevó a cabo como parte de la Fiesta de Pascua (Lucas 22:15-20). De hecho, la Pascua fue precursora de la Cena del Señor.

En 1 Corintios 11 se deja en claro que los cristianos primitivos se reunían para participar de la Cena como una comida. Algunos en la iglesia de Corinto no esperaban a que sus hermanos se presentaran en la reunión. Como resultado, aquellos que comían primero se llenaban y los que se presentaban después se quedaban con hambre. Además, los cristianos de Corinto se emborrachaban en la Cena (1 Corintios 11:21-22, 33-34). Ahora pensemos en esto: ¿Es posible emborracharse con un dedal de jugo de uva y satisfacer el hambre con una galletita del tamaño de un bocado?

La palabra que el Nuevo Testamento utiliza para «cena» significa literalmente una comida, una cena o un banquete. Y la palabra griega para «mesa» hace referencia a una mesa en la cual se ha dispuesto una comida completa (Lucas 22:14; 1 Corintios 10:21). Para los cristianos del primer siglo, la Cena del Señor era justamente eso: una *cena*. Se trataba de un banquete, de una comida preparada en colectivo que incluía pan y vino. Era la mesa de comunión de los santos. Un festival de la familia. Una comida compartida.

A través de ella, los cristianos que tenían un mejor pasar económico mostraban su amor y preocupación por sus hermanos menos afortunados. Eso iba en contra de las normas grecorromanas, en las que las distinciones de clase eran claramente delimitadas durante los banquetes. Pero no era así con los cristianos. En la Cena, los creyentes primitivos mostraban su unión y unidad, ignorando las diferencias sociales de clase y raza. Quizá sea por eso que la iglesia primitiva se refería a la Cena como el *Ágape*, o la «fiesta de amor» (2 Pedro 2:13; Judas 12).

Lamentablemente, siglos de tradición eclesiástica han llevado a la versión truncada que hoy tenemos de la Cena, como un evento que se ha alejado mucho de lo que fue durante el primer siglo[1]. Tal como lo hace notar el eminente erudito Eduard Schweizer: «Una práctica que separa el sacramento de la comida de hermandad, convierte al primero en un rito extraño, casi pagano, al que le falta totalmente su expresión como "cuerpo", dentro del contexto de la vida total de los participantes»[2].

Por consiguiente, el significado comunitario del partimiento del pan mayormente se ha perdido para nosotros. Ya no es la «Cena del Señor». Sería mejor llamar a la versión de hoy «una muestra del Salvador», «un pedacito del Nazareno», o el «aperitivo del Señor». Perdonen el humor, pero ¿podemos realmente llamarle cena a un trocito de galleta y un vasito minúsculo de jugo de uva?

Una comida de pacto

Las memorias compartidas son en gran parte lo que consolida a un pueblo. Al compartir un conjunto de memorias, los grupos de personas obtienen un sentido de identidad y pertenencia. Una de las vías a través de las cuales un grupo vuelve a recordar sus memorias en común es por medio de una comida compartida. El día de Acción de Gracias que festejan los estadounidenses constituye un ejemplo. También las reuniones familiares, los aniversarios y los cumpleaños. Todas esas ocasiones van acompañadas de una comida compartida.

En el Antiguo Testamento, la comida de la Pascua se instituyó como una forma de que el pueblo de Dios repasara la memoria compartida de la liberación que había operado Dios en su fidelidad. La comida de la Pascua les daba un sentido de identidad y pertenencia. Pero producía algo más que eso: consolidaba la unión de sus vidas.

Consideren que entre los antiguos judíos una comida se veía como un acto sagrado que unía a aquellos que la compartían. El comer establecía lazos sagrados entre las personas que participaban.

La Pascua también era una comida de pacto. Un pacto es un acuerdo vinculante entre dos partes. A través de todo el Antiguo

Testamento, cuando dos personas establecían un pacto, este pacto era sellado compartiendo una comida.

Por ejemplo, después que Dios le dio a Moisés las palabras de la Ley, se hicieron ofrendas y Moisés roció sangre sobre el pueblo, diciendo: «Esta es la sangre del pacto que, con base en estas palabras, el SEÑOR ha hecho con ustedes» (Éxodo 24:8). Entonces Moisés y los setenta ancianos ascendieron a una montaña y vieron a Dios. Y ellos comieron y bebieron en su presencia (Éxodo 24:9-11, RVR 1960).

Cuando Jesús celebró la Pascua, que fue la primera Cena del Señor, les ofreció la copa de vino a sus discípulos con estas palabras: «Esta copa es el nuevo pacto en mi sangre» (Lucas 22:20). A través de esa acción, el Señor quería señalar este hecho: la Cena era una comida de pacto en la que sus discípulos rememoraban los recuerdos que tenían en común, mientras compartían y celebraban su nueva identidad en el Mesías.

Hoy, cuando celebramos la Cena del Señor como una comida, estamos recordando el pacto que tenemos con Dios en Cristo. Participamos de la memoria compartida de lo que Jesús ha hecho por nosotros. Y proclamamos nuestra nueva identidad en él.

El bautismo en agua es, según las Escrituras, la manera de *iniciarnos* en la fe cristiana. Pero la Cena del Señor constituye una *reafirmación* de nuestra entrega inicial a Cristo. A través de ella reafirmamos nuestra fe en Jesús y nuestra identidad en él como parte de la nueva creación.

La fiesta de bodas que vendrá

La Cena también señala hacia la futura venida de Cristo en gloria. Al final de las edades, el Novio celestial presidirá una opípara fiesta de bodas y cenará con su amada novia en el reino de su Padre (Mateo 26:29). La Cena del Señor, por lo tanto, tiene matices escatológicos. Es una fiesta de los últimos días. Una figura del banquete mesiánico que tendrá lugar durante la futura venida de Cristo (Mateo 22:1-4; 26:29; Lucas 12:35-38; 15:22-32; Apocalipsis 19:9).

En relación con esto, tengamos en cuenta que la Cena del Señor nunca tuvo la intención de ser un recordatorio morboso de los sufrimientos de Cristo. Tampoco una ocasión sombría en la que los cristianos se lamentaran de sus pecados. En lugar de eso, la Cena constituye un recordatorio alegre de quién es Jesucristo y de lo que él ha hecho. Es tanto un recordatorio como una proclamación de su gloriosa victoria en el Calvario, que se consumará con su futura venida.

Por lo tanto, la Cena del Señor es una celebración. Un banquete gozoso cuyas marcas son la participación y la acción de gracias (Lucas 22:17; Hechos 2:46; 1 Corintios 10:16). Es un anticipo de la fiesta de bodas por venir. Más específicamente, la Cena del Señor constituye el pedido visible de la novia a su Novio de que regrese por ella.

La Cena trasciende el tiempo

La Cena del Señor tiene implicaciones pasadas, presentes y futuras. Es una nueva proclamación de la muerte expiatoria del Señor por nosotros en el *pasado*. Es una redeclaración de su permanente y perdurable cercanía con nosotros en el *presente*. Y es una reafirmación de nuestra esperanza de gloria: su venida en el *futuro*.

Dicho de otra manera, la Cena d el Señor constituye un testimonio vivo de las tres virtudes principales: fe, esperanza y amor. A través de la Cena, nos volvemos a cimentar en esa gloriosa salvación que es nuestra por la *fe*. Volvemos a expresar nuestro *amor* por los hermanos al reflexionar en que somos un cuerpo. Y nos regocijamos en la *esperanza* de que nuestro Señor regresará pronto. Al seguir llevando a cabo la Cena, nosotros «proclamamos [presente] la muerte del Señor [pasado] hasta que él venga [futuro]» (1 Corintios 11:26).

Los católicos han hecho de la Cena del Señor algo literal y expiatorio. Cada vez que reciben la Eucaristía, creen que el sacrificio de Jesús se vuelve a presentar en favor de nuestros pecados. Los protestantes han reaccionado ante esa perspectiva al hacer de la Cena algo meramente simbólico y conmemorativo.

Pero la Cena del Señor no es ni un sacrificio literal, ni un ritual vacío.

La Cena del Señor es una realidad espiritual. A través de la Cena, el Espíritu Santo revela al Cristo vivo en nuestros corazones de un modo nuevo y fresco. A través de ella, reafirmamos nuestra fe en Jesús y nuestra membresía con respecto a su cuerpo. A través de la Cena, comemos con Cristo y su pueblo.

Una sombra del Trino Dios

Como con todos los aspectos de la vida de una iglesia orgánica, la Cena fue anticipada y experimentada previamente por la Comunidad Trinitaria. Una cuidadosa lectura de las Escrituras nos mostrará que Dios el Padre es comida para Dios el Hijo (Mateo 4:4; Juan 4:31ss.; 6:27, 57, y otros). También es bebida (Juan 4:10; 6:53; 1 Corintios 10:4; 12:13; Apocalipsis 22:17).

A través de toda la eternidad, el Padre y el Hijo han coparticipado de la vida divina que comparten. El Padre es la porción del Hijo, y el Hijo es la porción del Padre[3]. En la Divinidad, cada miembro coparticipa en la vida divina que fluye entre ellos.

No sorprende entonces que la imagen que la Biblia nos transmite en cuanto a esta coparticipación sea la de la comida y la bebida. A través de la Cena del Señor representamos esa divina participación que se da en el Dios trino y la hacemos visible sobre la tierra. Según el teólogo Stanley Grenz, nosotros somos «copartícipes de la comunión del Dios trino»[4]. La Cena, por lo tanto, está arraigada en una actividad eterna del mismo Dios. Y es una manera en que nosotros participamos de esa actividad y la reflejamos.

Estas son apenas unas pocas preciosas verdades que se relacionan con la Cena del Señor. Y nos ayudan a explicar por qué los cristianos primitivos hicieron de ella una parte importante de sus encuentros. Baste decir que el Señor Jesucristo mismo instituyó la Cena (Mateo 26:26). Y sus apóstoles nos la pasaron a nosotros (1 Corintios 11:2).

Un ejemplo tomado del día de hoy

Desde 1988 he estado en cantidad de reuniones en las que se ha participado de la Cena del Señor «al estilo del primer siglo». Algunas de ellas fueron más bien simples. En esencia, se trató de comidas compartidas en las que cada uno trajo algo, incluyendo pan sin levadura y jugo de uva o vino. Aquellos que no tenían posibilidad de traer comida ayudaron a cocinarla. La comida generalmente se iniciaba con alguien que decía algunas palabras sobre el cuerpo del Señor Jesús. Luego el pan sin levadura se partía y se pasaba a todos. Entonces se daba comienzo a la comida.

Todos compartíamos la comida mientras comulgábamos con Cristo y hablábamos de sus riquezas. Hacia el final de la cena, alguien levantaba un vaso de vino (o de jugo de uva) y decía algunas palabras sobre la sangre de nuestro Señor. Si se trataba de vino, se pasaba el vaso alrededor de la mesa y cada uno tomaba un sorbo. Si era jugo de uva, se vertía el jugo en los vasos de cada uno[5]. A veces hacíamos un brindis y bebíamos todos al mismo tiempo.

He estado en otras reuniones para celebrar la Cena del Señor que fueron mucho más elaboradas. Se dedicaban varios meses a planearlas. En esas reuniones cada uno se vestía con ropa formal. La iglesia proporcionaba un hermoso banquete, a menudo en un salón de fiestas alquilado. La mesa se cubría con mantelería blanca. La comida se preparaba con anticipación y se colocaba sobre la mesa antes de que la mayoría de los hermanos de la iglesia llegaran. Tengo una memoria muy vívida de una de esas reuniones.

Ese encuentro en particular se inició mientras todos estaban parados junto a sus asientos, cantando alabanzas a Dios. Luego, dos personas, a las que se había seleccionado previamente, compartieron algunos pensamientos sobre el significado del pan, mientras el resto de la iglesia tomaba asiento. Después de eso, se partió el pan. Se pasó alrededor de la mesa, y comenzó la comida.

Mientras empezaban a comer, uno por uno, hombres y mujeres, se pusieron de pie y compartieron algo acerca del Señor Jesucristo. Una mujer joven se puso de pie y habló sobre la forma en que la sangre de Cristo había limpiado su conciencia. Toda su culpa había desaparecido. Un hombre se paró y compartió un poema acerca del pan partido. Otro caballero, que había traído su guitarra, cantó una canción acerca del cuerpo quebrantado y la sangre preciosa. Después de él, una hermana en Cristo se puso de pie y habló sobre recordar la muerte del Señor.

Entonces alguien inició una canción que hablaba de la comida y bebida que eternamente se había estado llevando a cabo dentro del

Dios trino desde antes que el tiempo fuese. Y todos se añadieron al canto. No fueron pocas las ocasiones en que la gente lagrimeó. Otros se regocijaban. A veces aplaudimos mientras alabábamos al Señor juntos. Durante todo ese tiempo la iglesia estuvo disfrutando de una comida espléndida y copiosa. Luego de varias horas de comer, beber y compartir de esta manera, dos personas se pusieron de pie y hablaron sobre la copa. La comida concluyó con la gente bebiendo la copa y adorando al Señor Jesús.

Preguntas que debemos encarar

- ¿Las enseñanzas y ejemplos del Nuevo Testamento deberían darle forma a la manera en que celebramos la Cena del Señor hoy? Si se considera que no, ¿qué es lo que debería darle forma a nuestra celebración de la Cena?
- ¿Nos hemos sentido conmovidos de alguna manera por la descripción de los elementos centrales de la comunión que se llevaba a cabo durante la Cena? ¿Alguna vez hemos experimentado alguno de estos elementos mientras participábamos de la Cena del Señor? Explica.
- ¿No violentamos la coparticipación del Dios trino que la Cena intenta describir cuando eliminamos de ella la comida y la convertimos en un ritual sombrío? Explica.
- ¿Tenemos en realidad el derecho, desde el punto de vista espiritual y bíblico, a cambiar la forma de celebrar la Cena del Señor que Jesús y los apóstoles originalmente nos transmitieron? Explica.

CAPÍTULO 4
RECONFIGURACIÓN DEL LUGAR DE REUNIÓN

La elección de la palabra «ekklesia» para designar a la comunidad cristiana sugiere que los creyentes del Nuevo Testamento no visualizaban a la iglesia ni como un edificio ni como una organización. Eran un pueblo, un pueblo reunido por el Espíritu Santo, un pueblo en el que estaban vinculados unos con otros a través de Cristo.

—Stanley Grenz

Dios desea que lo que marque los encuentros de sus hijos sea la intimidad del «aposento alto» y no la formalidad almidonada de un imponente edificio público. Es por eso que en la Palabra de Dios encontramos que sus hijos se reunían en la atmósfera familiar y privada de un hogar.

—Watchman Nee

¿A qué iglesia asiste usted? Esta es una pregunta común hoy. Pero dice mucho.

Supongamos que se ha contratado a un nuevo empleado en nuestro lugar de trabajo. Descubrimos que es cristiano. Al preguntarle a qué iglesia asiste, él nos responde diciendo: «Asisto a una iglesia que se reúne en un hogar».

Seamos sinceros. ¿Qué pensamientos se agolpan en nuestra mente. Probablemente pensemos: «Bueno, eso es bastante extraño. Debe ser algún religioso inadaptado de alguna especie». O quizá: «Probablemente forme parte de una secta o algún excéntrico grupo marginal». O: «Debe pasarle algo. Si no fuera así, asistiría a una iglesia *corriente*». O tal vez: «Seguramente es un rebelde de algún tipo, una bala perdida incapaz de sujetarse a la autoridad. De otra manera asistiría a una iglesia normal, de aquellas que se reúnen en un edificio».

Desafortunadamente, esas son las reacciones de muchos cristianos cuando se enfrentan con la idea de una «iglesia hogar». Pero he aquí un punto clave: el lugar de reuniones de ese empleado es idéntico al de todos los cristianos mencionados en el Nuevo Testamento. De hecho, la iglesia de Jesucristo se reunía en las casas de sus miembros durante los primeros trescientos años de existencia[1].

El testimonio de los cristianos primitivos

El lugar corriente de reuniones de los cristianos primitivos no era otro que su propio hogar. Cualquier otro sitio constituía la excepción. Y la iglesia del primer siglo lo hubiera considerado como *fuera* de lo común. Notemos los siguientes pasajes:

> *De casa en casa partían el pan y compartían la comida con alegría y generosidad (Hechos 2:46).*

> *Ustedes saben que no he vacilado en predicarles nada que les fuera de provecho, sino que les he enseñado públicamente y en las casas (Hechos 20:20).*

> *Saluden a Priscila y a Aquila [...] Saluden igualmente a la iglesia que se reúne en la casa de ellos (Romanos 16:3, 5).*

> *Aquila y Priscila los saludan cordialmente en el Señor, como también la iglesia que se reúne en la casa de ellos (1 Corintios 16:19).*

> *Saluden a los hermanos que están en Laodicea, como también a Ninfas y a la iglesia que se reúne en su casa (Colosenses 4:15).*

> *A la hermana Apia, a Arquipo nuestro compañero de lucha, y a la iglesia que se reúne en tu casa (Filemón 2).*

Las escrituras citadas más arriba muestran que los cristianos primitivos llevaban a cabo sus reuniones en los acogedores hogares de sus hermanos. (Véanse también Hechos 2:2; 9:11; 10:32; 12:12; 16:15, 34, 40; 17:5; 18:7; 21:8). Resulta interesante que la iglesia primitiva no supiera nada de lo que tiene que ver con el edificio de la «iglesia» de nuestros días. Tampoco tuvo noticias sobre las casas convertidas en basílicas. ¡O sea que ninguna de sus iglesias tenía bancos de madera atornillados al piso y un púlpito que acompañara a los muebles de la sala de la casa! Estas rarezas que están presentes en nuestro tiempo eran extrañas para los cristianos primitivos.

Los creyentes del primer siglo se congregaban en casas comunes y corrientes. No sabían de «edificios de la iglesia». Solo conocían la «iglesia en la casa».

¿Qué hizo la iglesia cuando creció demasiado como para reunirse en un simple hogar? Por cierto que no levantó un edificio. Sencillamente, al multiplicarse, se reunió en otros hogares, siguiendo el principio «de casa en casa» (Hechos 2:46; 20:20).

Los eruditos en el Nuevo Testamento están de acuerdo en cuanto a que la iglesia primitiva estaba conformada en esencia por una red de reuniones realizadas en las casas. Así que si existe algo como una iglesia *normal*, esa era la iglesia que se reunía en las casas. O, como Howard Snyder lo mencionó en una ocasión: «Si existía alguna forma de iglesia en el Nuevo Testamento, era la iglesia hogar».

Los defensores de los edificios de la «iglesia» han intentado argumentar que los cristianos primitivos hubieran erigido edificios religiosos si no hubiesen estado bajo persecución. Dicen que los creyentes primitivos se encontraban en las casas para ocultarse de sus perseguidores. Aunque esta idea es popular, se arraiga en puras conjeturas. Y esas conjeturas no coinciden con la historia verdadera.

Consideremos estos hechos: La iglesia primitiva disfrutaba de paz y del favor del pueblo (Hechos 2:46-47; 9:31), y no guardaba en secreto el lugar en que se reunían; los inconversos podían encontrarlos muy fácilmente (Hechos 8:3; 1 Corintios 14:23). La verdad es que con anterioridad al año 250 d. C. la persecución de los cristianos se volvió esporádica y muy localizada. En general, como resultado de una hostilidad callejera en áreas locales. No era algo llevado a cabo por el Imperio Romano. (Eso sucedió mucho después).

Dicho esto, al leer el Nuevo Testamento con una mirada comprensiva acerca de la manera en que los cristianos del primer siglo se relacionaban unos con otros, muy pronto descubrimos por qué se reunían en los hogares.

(1) El hogar testifica que el pueblo constituye la casa de Dios

La noción actual de «iglesia» se asocia frecuentemente con un edificio. (Al edificio comúnmente se le llama el «templo» o «la casa de Dios»). Según la Biblia, sin embargo, es a la comunidad del pueblo de Dios a la que se debe llamar iglesia. De la comunidad de los creyentes se dice que es «la casa de Dios», y nunca se refiere a los ladrillos y la mezcla.

Una de las señales más sorprendentes que mostraba la iglesia primitiva era la ausencia de edificios religiosos especiales. En el judaísmo, el templo era el lugar santo de reuniones. En el cristianismo, la comunidad de los creyentes constituye el templo (1 Corintios 3:16; 2 Corintios 6:16; Efesios 2:21-22). Tanto el judaísmo como el paganismo enseñan que debe haber un lugar santificado para el culto divino. Por consiguiente, los antiguos judíos erigieron edificios especiales para llevar adelante las funciones espirituales (las sinagogas). Igualmente los paganos (los santuarios). Pero no fue de ese modo en el cristianismo.

Los creyentes primitivos comprendían que Dios santifica a la gente y no a los objetos. De esa manera, la ubicación espacial de los encuentros de los cristianos primitivos cortó por completo con las costumbres religiosas del primer siglo.

De hecho, la iglesia primitiva fue el único grupo religioso del primer siglo que se reunía exclusivamente en los hogares de sus miembros. Les hubiera resultado completamente natural a los cristianos de Judea continuar con su herencia judía, levantando edificios para satisfacer sus necesidades. Pero deliberadamente evitaron hacerlo. Lo mismo ocurrió con los cristianos gentiles. Ninguno de ellos erigió santuarios o templos «cristianos». Por lo menos, no durante el primer siglo.

Quizá los cristianos primitivos tenían conocimiento de la confusión que crearían esos edificios santificados. Así que evitaron construirlos para preservar el testimonio de que los miembros del *pueblo del Señor* eran las piedras vivas que constituían el lugar de la habitación de Dios.

Solo pensemos en la confusión generalizada que la práctica corriente de llamar «iglesia» a un edificio ha llegado a crear hoy. Los cristianos consideran a los edificios como «la casa del Señor» y como si tuvieran algún tipo de elemento sagrado. Pero nada más lejos de la verdad. La iglesia de Dios nunca ha sido un edificio.

(2) El hogar constituye el marco natural para relacionarnos unos con otros

Las instrucciones apostólicas con respecto a las reuniones de la iglesia se adaptan mejor al marco de un pequeño grupo como el que se da en un hogar. Las actividades orgánicas de la iglesia, tales como la participación mutua (Hebreos 10:24-25); el ejercicio de los dones espirituales (1 Corintios 14:26); la edificación conjunta del pueblo de Dios con la intención de formar una comunidad que se relacione cara a cara (Efesios 2:21-22); la comida comunitaria (1 Corintios 11); el amor mutuo de los miembros unos hacia otros (Romanos 15:14; Gálatas 6:1-2; Santiago 5:16, 19-20); la libertad para compartir de un modo interactivo (1 Corintios 14:29-40); y la *koinonia* (la vida compartida) del Espíritu Santo (2 Corintios 3:17; 13:14), todo ello funciona mejor dentro del marco de un pequeño grupo, como el de una casa.

Agregado a eso, las cincuenta y ocho exhortaciones acerca de ministrarnos «unos a otros» que aparecen en el Nuevo Testamento solo pueden encarnarse en un medioambiente semejante al de una casa[2]. Por esta razón, la reunión de la iglesia hogar resulta muy propicia para la realización del propósito final de Dios. Un propósito que se centra en «ser edificados juntos» como piedras *vivas* para crear una casa para el Señor (Efesios 2:19-22).

(3) La casa representa la humildad de Cristo

El hogar representa la humildad, la naturalidad y la simplicidad pura: las marcas más destacadas de la iglesia primitiva (Hechos 2:46; 2 Corintios 11:3). Tenemos que admitirlo. El hogar es un lugar mucho más humilde que los majestuosos edificios religiosos de nuestros días, con sus altos campanarios y su decoración elegante. De ese modo, la mayoría de los modernos edificios de la «iglesia» reflejan la jactancia de este mundo más que al manso y humilde Salvador cuyo nombre llevamos. Rodney Stark confirma este punto, diciendo:

> *Por demasiado tiempo los historiadores han aceptado la afirmación de que la conversión del emperador Constantino (alrededor de 285-337) fue la causa del triunfo del cristianismo. Por el contrario, él destruyó sus aspectos más dinámicos y atractivos, y convirtió a un movimiento muy intenso y militante en una institución arrogante controlada por una elite que con frecuencia se las ha arreglado para ser al mismo tiempo brutal y laxa [...] El «favor» de Constantino fue la decisión tomada por él de desviar hacia los cristianos el tremendo financiamiento estatal del que habían dependido siempre los templos paganos. De la noche a la mañana, el cristianismo se convirtió en «el receptor más favorecido de los casi ilimitados recursos del favor imperial». Una comunidad de fe que se había venido reuniendo dentro de estructuras humildes de pronto se vio albergada en magníficos edificios públicos; la nueva iglesia de San Pedro en Roma fue diseñada sobre el modelo de la basílica, propia de los salones del trono imperial[3].*

Además, los elevados gastos generales de un edificio religioso le han causado al pueblo de Dios una enorme pérdida económica. Como George Barna y yo lo señalamos en nuestro libro *Paganismo, ¿en tu cristianismo?*, las iglesias institucionales solo en los Estados Unidos tienen un patrimonio de más de doscientos treina mil millones de dólares en bienes inmuebles. Y una gran parte de ese dinero le ha sido prestado (es una deuda). Los cristianos dan entre nueve y once mil millones de dólares por año para esos edificios. ¿Cuánto más libres estarían sus manos para apoyar a los pobres y necesitados, y para extender el evangelio si no tuvieran que llevar una carga tan pesada?

(4) El hogar refleja la naturaleza familiar de la iglesia

Los escritos de Pablo están saturados de la afinidad natural que existe entre las reuniones en el hogar y el tema de la familia en la iglesia. Porque el hogar es el medioambiente natural de la familia, le proporciona naturalmente a la *ekklesia* una atmósfera familiar, la misma atmósfera dominante en la vida de los cristianos primitivos.

En marcado contraste, el medioambiente artificial del edificio de la «iglesia» promueve un clima impersonal que inhibe la intimidad y la participación. El formalismo rígido del edificio va en sentido inverso al aire refrescante y extraoficial que se respira en una reunión de hogar.

Además, resulta bastante fácil «sentirse perdido» en un edificio grande. Debido a la naturaleza espaciosa y remota de la «iglesia» estilo basílica, las personas fácilmente pasan inadvertidas. O lo que es peor, se pueden esconder en sus pecados. Pero no es así en un hogar. Todos nuestros defectos salen a relucir. Y es bueno que así sea. Todos y cada uno es conocido en esos encuentros, y también aceptado y animado.

En este sentido, la manera formal en que se llevan a cabo las cosas en la «iglesia» tipo basílica tiende a desalentar la interrelación mutua y la espontaneidad que caracterizaban a los encuentros de los cristianos primitivos. Winston Churchill dijo con mucha sabiduría: «Primero nosotros les damos forma a nuestros edificios. De ahí en más, ellos nos dan forma a nosotros». Hagamos una exégesis de la arquitectura del típico edificio de una iglesia y rápidamente descubriremos que le enseña eficazmente a la iglesia que se mantenga pasiva.

La estructura interior del edificio no ha sido diseñada para la comunicación interpersonal, el ministerio mutuo o la comunión espiritual. En lugar de eso, está diseñada para que se dé una comunicación unidireccional rígida, en un sentido púlpito-bancos, o líder-congregación.

De esta forma, el edificio típico de la «iglesia» resulta incuestionablemente similar a un salón de conferencias o un cine. Hay una disposición cuidadosa de la congregación en bancos (o sillas) para que vean y escuchen al pastor (o al sacerdote) hablar desde el púlpito.

La gente se concentra en un solo punto de atención: el clérigo líder y su púlpito. (En las iglesias litúrgicas, la mesa del altar toma el lugar del púlpito como punto central de referencia. Pero en ambos casos, el edificio promueve una centralidad y dependencia del clero).

Sin embargo, eso no es todo. El lugar en el que se sientan el pastor y los miembros del equipo normalmente se eleva por encima de los asientos del resto de la congregación. Semejante disposición refuerza, sin bases bíblicas, el abismo que existe entre el clero y el laicado. (Véase la parte 2 de este libro para obtener más detalles). Esto también alimenta la mentalidad de espectadores que aqueja a muchos dentro del cuerpo de Cristo hoy.

Por contraste, los cristianos primitivos conducían sus reuniones en los hogares para expresar el carácter único de la vida de la iglesia. Se encontraban en las casas para alentar la dimensión familiar de la adoración, la comunión y el ministerio. Las reuniones de hogar naturalmente llevaban al pueblo de Dios a sentir que los intereses de la iglesia eran sus propios intereses. Promovían una sensación de cercanía entre las personas y la iglesia, más que distanciarlas. La situación hoy es muy diferente. La mayor parte de los cristianos contemporáneos asisten a la «iglesia» como espectadores remotos, y no como participantes activos.

Agregado a eso, las reuniones de hogar le proporcionaban al pueblo de Dios un espacio en el cual demostrar su hospitalidad, virtud básica de una auténtica vida de iglesia (Romanos 12:13; 1 Timoteo 3:2; Tito 1:8; 1 Pedro 4:9). La reunión de una iglesia hogar proporcionaba tanto conectividad entre unos y otros como relaciones firmemente arraigadas, que era lo que caracterizaba a la *ekklesia*. Les proveía a los cristianos una atmósfera tipo familiar en la que la verdadera comunión se producía codo a codo, cara a cara, y mirándose a los ojos. Proporcionaba un clima que propiciaba la comunicación abierta, la cohesión espiritual y el poder comulgar sin reservas, todos rasgos necesarios para el pleno florecimiento de la *koinonia* (la comunión compartida) con el Espíritu Santo.

(5) Autenticidad espiritual de los modelos de hogar

La iglesia en la casa también sirve como un testimonio fructífero de la realidad y la autenticidad espiritual. Para muchos constituye un testimonio reconfortante al compararla con esas instituciones religiosas que equiparan los edificios glamorosos y los presupuestos multimillonarios al éxito.

De igual modo, muchos no cristianos no asistirían a un servicio religioso moderno de los que se llevan a cabo en una «iglesia» tipo basílica, en la que se espera que cada uno vista como para el espectáculo. Pero no se sienten intimidados o inhibidos al reunirse en el ambiente natural y confortable del hogar de alguna persona donde pueden ser ellos mismos.

La atmósfera para nada profesional que se respira en un hogar, contrapuesta a lo que sería un edificio frío, resulta mucho más acogedora. Comparados con los hogares, los edificios resultan impersonales y no aptos para relacionarse. Quizá esta sea otra de las razones por la que los cristianos primitivos escogieron reunirse en hogares en lugar de erigir santuarios, templos o sinagogas, como lo hacían otras religiones de sus días.

Además, la reunión de una iglesia hogar desafía la desconexión, contraria a la Biblia, entre lo secular y lo sagrado. No existe tal desconexión en las Escrituras. El reunirse con un propósito «religioso» dentro de un edificio «religioso» simplemente remarca esa mentalidad contraria a las Escrituras. Pero el reunirse en un hogar demuestra que lo sagrado y lo secular se integran[4].

Consideremos la comunión que existe dentro del Dios trino. No se encuentra allí una desconexión entre lo espiritual y lo secular. El Padre es la morada *natural* del Hijo, y el Hijo es la morada *natural* del Padre (Juan 10:30, 38; 14:10-11; 17:21-23). El Padre, el Hijo y el Espíritu habitan inseparablemente el uno en el otro. Esta mutua inhabitación es íntima, natural y constante. Y nos permite echar un vistazo a las normativas de la «vida de hogar» del mismo Dios. En palabras de Kevin Giles: «La comunión de las personas divinas es tan completa, que de cada una se podría decir que mora enteramente en la otra. En un completo intercambio de vida divina»[5].

El encontrarse dentro de la naturalidad de un hogar con el propósito de expresar al Dios viviente refuerza aun más esta realidad espiritual. El reunirse en un edificio «sagrado», utilizado para eventos «sagrados», la distorsiona.

Irónicamente, muchos cristianos creen que si una iglesia no es propietaria de un edificio, su testimonio ante el mundo se ve inhibido y se reprime su crecimiento. Pero nada está más alejado de la verdad. El hecho es que la fe cristiana creció descomunalmente durante los primeros trescientos años de vida, ¡todo sin la utilización de edificios «eclesiales»[6].

De todas estas maneras, las reuniones de las iglesias en el hogar demuestran ser fundamentalmente bíblicas. También prácticas en cuanto a lo espiritual. Y están en total desacuerdo con los servicios modernos al estilo púlpito-bancos, en los que los creyentes se sienten forzados a tener comunión con la parte de atrás de una cabeza ubicada frente a ellos durante una o dos horas.

El emplazamiento social de la iglesia

Lo dicho hasta aquí se puede reducir a esta simple y profunda observación: El lugar de emplazamiento social de la reunión de la iglesia expresa e influye sobre el carácter de la propia iglesia.

Dicho de otro modo, el marco espacial de la iglesia tiene una significación teológica. En el típico templo o capilla, con su púlpito, bancos (o filas de sillas), e inmenso espacio, se respira un aire formal que inhibe la interacción y las relaciones.

Los rasgos peculiares de un hogar producen el efecto opuesto. La poca cantidad de asientos. La atmósfera informal. El marco de convivencia en el que se comparten las comidas. Las fotografías de la familia colgadas en las paredes. El espacio personalizado de mullidos sofás y almohadones confortables. Todas estas características nos ofrecen una lectura entre líneas referida a lo relacional, que tiene mucho que ver con el ministerio mutuo.

Para expresarlo con simpleza, la iglesia primitiva se reunía en los hogares de sus miembros por razones espiritualmente viables. La iglesia institucional moderna altera esas razones. Howard Snyder lo señala de una manera hermosa:

El Nuevo Testamento nos enseña que la iglesia es una comunidad en la que todos han sido dotados y todos tienen un ministerio. La iglesia de la que enseñan las Escrituras constituye una nueva realidad social que nos presenta un modelo, y lo encarna, en cuanto al respeto y la preocupación por la gente, que es el que vemos en el mismo Jesús. Ese es nuestro más alto llamado. Y sin embargo la iglesia, de hecho, con frecuencia traiciona ese llamado. Las iglesias en el hogar nos ofrecen, en gran parte, una vía de escape a esta traición y esta paradoja. Una comunidad que se mira a la cara alimenta el respeto mutuo, la responsabilidad mutua, la sumisión mutua y el ministerio mutuo. La sociología de la iglesia hogar propicia un sentido de la igualdad y el valor mutuo, aunque no lo garantiza, tal como la iglesia de Corinto lo demuestra.

Los principios neotestamentarios del sacerdocio de los creyentes, los dones del Espíritu y el ministerio desarrollado en mutualidad se dan de forma natural dentro de este contexto.

Las iglesias hogar son algo revolucionario debido a que encarnan la enseñanza radical de que todos han sido dotados y todos son ministros. Nos ofrecen algo de esperanza en cuanto a librar al cuerpo de Cristo de algunas de sus peores herejías, como que algunos creyentes son más valiosos que otros, que solo algunos cristianos son ministros, y que los dones del Espíritu ya no están en funcionamiento en nuestra época. Estas herejías no se pueden subsanar teóricamente ni solo a través de la teología. Tienen que subsanarse en la práctica y las relaciones, dentro del formato social de la iglesia[7].

Dos tipos de reuniones

Que el lugar de reunión *normativo* para la iglesia es el hogar, según yo creo, no se discute. Pero, ¿sugiere eso que *nunca* resulta apropiado que una iglesia se reúna en otro lugar? No, no lo implica.

En ocasiones especiales, cuando era necesario que «toda la iglesia» se reuniera, la iglesia de Jerusalén se encontraba en espacios mayores, tales como los atrios abiertos del templo y el Pórtico de Salomón (Hechos 2:46a; 5:12).

Pero esos encuentros de grupos grandes no rivalizaban con la localización normativa de las reuniones regulares de la iglesia, que era la casa (Hechos 2:46b). Ni siquiera establecieron un precedente para que los cristianos erigieran sus propios edificios.

Los atrios del templo y el Pórtico de Salomón eran lugares públicos, espacios al aire libre que ya existían *antes* de la aparición de los primeros cristianos. Esos escenarios apropiados para grupos grandes proveían la capacidad para que se encontrara «toda la iglesia» cuando resultaba necesario juntarla con algún propósito en particular.

En los primeros días de la existencia de la iglesia, los apóstoles utilizaban estos lugares para llevar a cabo reuniones apostólicas con el vasto número de creyentes e inconversos de Jerusalén (Hechos 3:11-26; 5:20-21, 25, 42).

No deberíamos confundir las reuniones de la iglesia con aquellas instancias en las que encontramos a los apóstoles concurriendo a las sinagogas. Estas últimas eran reuniones *evangelísticas* pensadas para predicarles el evangelio a los judíos que aún no eran salvos. Señalo otra vez: las reuniones de la iglesia eran principalmente para la edificación de los creyentes. Las reuniones evangelísticas estaban primordialmente dirigidas a la salvación de los incrédulos. (Véase el capítulo 2).

Siguiendo esta línea, Pablo alquiló un edificio, llamado la escuela de Tirano, en el que llevó a cabo reuniones *apostólicas* durante dos años. Pero, lo señalo de nuevo, esas reuniones se realizaban de modo temporal. Estaban planeadas para evangelizar, establecer una iglesia o entrenar a los obreros cristianos (Hechos 19:9-10). No continuaron llevándolas a cabo de forma permanente. Tales reuniones serían semejantes a los seminarios, talleres y conferencias ocasionales de hoy en día.

Quizá el Espíritu Santo haya dirigido y aún continúe dirigiendo a algunos a congregarse en un edificio con una finalidad especial. (Más allá de un propósito ministerial, se pueden utilizar edificios para tareas del reino tales como alimentar a los pobres, albergar a los que no tienen hogar, vestir a los necesitados y cosas semejantes). Quizás él haya guiado y aún guíe en el futuro a otros a comprar un edificio para propósitos especiales. Pero el Espíritu solo lo hará si verdaderamente encaja con los propósitos del *Señor*.

Dejemos en claro que si Dios guía a una iglesia en esa dirección, eso no debe ser impulsado por un celo humano, una tradición o una presión para que se realice; tampoco se debe revestir de una retórica religiosa que justifique la decisión.

Dicho esto, ¿no deberíamos cuidarnos de la tendencia carnal a practicar algo simplemente porque representa la última moda espiritual del día? El Señor nos libre de caer en el peligro que corrió el antiguo Israel cuando, perdido el rumbo, pidió ser «como las otras naciones» (1 Samuel 8:5, 20; 2 Reyes 17:15). Y que él nos libre también de adoptar irreflexivamente el actual «complejo edilicio» solo porque hacerlo es lo convencional.

Preguntas que debemos encarar

- Cuando vemos o escuchamos la expresión *iglesia hogar* o *iglesia en el hogar*, ¿qué viene a nuestra mente? Explica.
- ¿No deberían ser las reuniones de la iglesia de hogar más la regla que la excepción debido a los beneficios espirituales que están estrechamente relacionados con ellas? Explica.
- Luego de leer este capítulo, ¿no creemos que la pregunta que se impone no es tanto: «Por qué algunas iglesias se reúnen por las casas», sino más bien: «Por qué hay tantas iglesias que *no* se reúnen por las casas»?
- ¿Nos molesta que los cristianos gasten entre nueve y once mil millones de dólares por año en edificios de la iglesia, y que muchos de esos edificios ni siquiera sean de propiedad completa de la iglesia, sino que representan una gran deuda existente? Explica.

CAPÍTULO 5
RECONFIGURACIÓN DE LA FAMILIA DE DIOS

La comunidad está profundamente arraigada en la naturaleza de Dios. Fluye de la persona que es Dios. Porque él es comunidad, crea comunidad. Es su manera de regalarse a los seres humanos. Por lo tanto, la creación de una comunidad no puede ser considerada opcional por los cristianos. Se trata de una necesidad imperiosa e irrevocable, de un mandato divino vinculante para todos los creyentes de todas las épocas. Es posible que los seres humanos rechacen o alteren la comisión que Dios les ha dado en cuanto a edificar la comunidad y estar dentro de una comunidad. Pero esto solo puede suceder a costa de abandonar al Creador de la comunidad y traicionar su imagen en nosotros; este costo será enorme, dado que su imagen en nosotros constituye el atributo esencial que define nuestra humanidad.

—Gilbert Bilezikian

Desafortunadamente, la metáfora que domina en la mayor parte del cristianismo norteamericano no nos ayuda mucho; solemos visualizar a la iglesia como una corporación. El pastor es el CEO (presidente o director ejecutivo), hay comités y consejos. La evangelización constituye el proceso de manufactura a través del que elaboramos nuestro producto, y las ventas pueden ser diagramadas, comparadas y predichas. Por supuesto, este proceso de manufacturación se produce dentro de una economía en crecimiento, de modo que cualquier iglesia-corporación cuya cifra de ventas anuales están por debajo de las del año anterior se encuentra en problemas. Los norteamericanos tienen una determinación inquebrantable en cuanto a seguir cautivos de la metáfora de la corporación. Y esto ni siquiera es bíblico.

—Hal Miller

Resulta sorprendente que la Biblia nunca defina a la iglesia. En lugar de eso, la presenta a través de una cantidad de diferentes metáforas.

Una de las razones por las que el Nuevo Testamento nos provee tan numerosas metáforas para describir a la iglesia es porque ella es demasiado amplia y rica como para ser captaba a través de una sola definición o imagen. Desafortunadamente, nuestra tendencia es a encerrarnos en una metáfora en particular y entender la *ekklesia* solo a través de ella.

Pero al apegarnos solo a una metáfora (sea el cuerpo, el ejército, el templo, la esposa, la viña o la ciudad) perdemos el mensaje que nos transmiten todas las otras. Como resultado, nuestra percepción de la iglesia se vuelve limitada, en el mejor de los casos, o torcida en el peor.

La metáfora principal

¿Saben cuál es la metáfora referida a la iglesia que domina en el Nuevo Testamento?

La de la familia.

Los escritos de Pablo, Pedro y Juan están particularmente salpicados de un lenguaje e imágenes relacionados con la familia.

Por lo tanto, siempre que tengamos la oportunidad, hagamos bien a todos, y en especial a los de la familia de la fe (Gálatas 6:10).

Porque a los que Dios conoció de antemano, también los predestinó a ser transformados según la imagen de su Hijo, para que él sea el primogénito entre muchos hermanos (Romanos 8:29).

Por lo tanto, ustedes ya no son extraños ni extranjeros, sino conciudadanos de los santos y miembros de la familia de Dios (Efesios 2:19).

No reprendas con dureza al anciano, sino aconséjalo como si fuera tu padre. Trata a los jóvenes como a hermanos; a las ancianas, como a madres; a las jóvenes, como a hermanas, con toda pureza (1 Timoteo 5:1-2).

Para que, si me retraso, sepas cómo hay que portarse en la casa de Dios, que es la iglesia del Dios viviente, columna y fundamento de la verdad (1 Timoteo 3:15).

Deseen con ansias la leche pura de la palabra, como niños recién nacidos. Así, por medio de ella, crecerán en su salvación (1 Pedro 2:2).

Les escribo a ustedes, queridos hijos, porque sus pecados han sido perdonados por el nombre de Cristo. Les escribo a ustedes, padres, porque han conocido al que es desde el principio. Les escribo a ustedes, jóvenes, porque han vencido al maligno. Les he escrito a ustedes, queridos hijos, porque han conocido al Padre (1 Juan 2:12-13).

En tanto que los autores del Nuevo Testamento describen a la iglesia con una variedad de imágenes diferentes, la imagen favorita es la de la *familia*. Términos relacionados con la familia como «nuevo nacimiento», «hijos de Dios», «hermanos», «padres», «hermanas» y «casa» saturan los escritos del Nuevo Testamento.

En todas las cartas de Pablo a las iglesias, él les habla a los «hermanos», término que incluye tanto a los hermanos como a las hermanas en Cristo. Pablo usa ese término tomado de la familia más de ciento treina veces en sus epístolas. Así que el Nuevo Testamento está incuestionablemente lleno de un lenguaje e imágenes referidos a la familia.

En marcado contraste con ello, la metáfora dominante que se elabora para la iglesia hoy es la de una corporación de negocios. El pastor es el CEO (presidente o director ejecutivo). El clero o el equipo constituyen la primera línea de directores administrativos o de gestión. La evangelización tiene que ver con la venta y la mercadotecnia. La congregación es la clientela. Y se establece una competencia con las otras corporaciones («iglesias») de la misma ciudad.

Pero la metáfora de la corporación se enfrenta con un problema no menor. No solo está absolutamente ausente en el Nuevo Testamento, sino que violenta el espíritu de la cristiandad. Porque desde el punto de vista de Dios, la iglesia es principalmente una familia. De hecho, *su* familia.

Lamentablemente, la sociedad de hoy en día está plagada de lo que los sociólogos llaman «familias disfuncionales». Esa es una familia que de alguna manera ha sido profundamente quebrantada. Puede que se la vea intacta por afuera, pero ha sido dañada por dentro. A decir verdad, muchas de nuestras iglesias modernas son, en el sentido cabal de la palabra, «familias disfuncionales».

Muchos cristianos no tienen problema en asentir fácilmente al concepto de que la iglesia es una familia. Sin embargo, consentir solo mentalmente con que la naturaleza de la iglesia es la familia es por completo diferente a encarnar con seriedad sus implicancias. Nos haría bien considerar cuidadosamente la metáfora de la familia y analizar las implicaciones prácticas que esto tiene. Examinaremos seis aspectos relacionados con lo que significa que la iglesia sea una familia. A medida que vayamos leyendo cada uno de los aspectos, deseo plantearles el desafío de comparar a su iglesia con ellos. Háganse la pregunta: *¿Mi iglesia vive la realidad de ser la familia de Dios?*

(1) Los miembros se cuidan los unos a los otros

Debido a que la iglesia es una familia, sus miembros se cuidan los unos a los otros. Consideremos la familia natural (suponiendo que sea sana). Las familias cuidan de los suyos. ¿No es verdad que nosotros cuidamos de nuestra propia sangre en lo natural? ¿Y no cuidan ellos de nosotros? Cuando nuestro padre, madre, hermano, hermana, hijo o hija tienen un problema, ¿decimos: «Lo lamento, pero no me molesten», o nos ocupamos de ellos?

Una verdadera familia cuida de los suyos, ¿o no? La familia disfuncional no lo hace. Una familia disfuncional es egoísta, individualista y profundamente independiente. Se caracteriza por la indiferencia y la desconexión. Los miembros no se toman el tiempo para conocerse los unos a los otros. Ni parece importarles demasiado los demás.

Hermanos míos, ¿de qué le sirve a uno alegar que tiene fe, si no tiene obras? ¿Acaso podrá salvarlo esa fe? Supongamos que un hermano o una hermana no tienen con qué vestirse y carecen del alimento diario, y uno de ustedes les dice: «Que les vaya bien; abríguense y coman hasta saciarse», pero no les da lo necesario para el cuerpo. ¿De qué servirá eso? Así también la fe por sí sola, si no tiene obras, está muerta (Santiago 2:14-17).

Este pasaje apunta su dedo al significado de lo que es una fe genuina. La fe real se expresa en acciones de amor hacia nuestros hermanos y hermanas en Cristo. Parafraseando a Santiago: «Si dices tener fe, pero descuidas a tu hermano o a tu hermana que tiene alguna necesidad física... entonces la tuya es una fe muerta».

La «acción» de la que Santiago habla no se refiere a la oración o un estudio bíblico, sino a actos de amor hacia nuestros hermanos y hermanas en Cristo. Consideremos las palabras de Pablo:

El que robaba, que no robe más, sino que trabaje honradamente con las manos para tener qué compartir con los necesitados (Efesios 4:28).

Notemos la última frase: «Que trabaje honradamente con las manos». ¿Para qué? «Para tener qué compartir con los necesitados».

Sin duda hemos oído acerca de la «ética protestante del trabajo». Efesios 4:28 es la «ética protestante del trabajo». Nosotros no trabajamos solo para suplir nuestras propias necesidades; trabajamos para suplir las necesidades de otros. Esa es una forma muy diferente de considerar el trabajo, ¿no es verdad? El Nuevo Testamento visualiza a la iglesia como la familia que cuida de sus miembros. No solo en cuanto a lo espiritual, sino a lo físico y financiero: de todas las maneras en que una familia nuclear o una familia extendida cuida de los suyos.

De hecho, cuando leemos los primeros seis capítulos del libro de los Hechos, rápidamente descubrimos que la iglesia de Jerusalén llevaba las cargas de los hermanos y hermanas menos afortunados (Hechos 4:34). ¿Por qué? Porque se veían entre ellos como una familia extendida, una comunidad con una vida compartida.

Los cristianos primitivos consideraban a cada miembro como «suyo propio». Se veían como «miembros los unos de los otros» (Romanos 12:5; Efesios 4:25). Como resultado, se cuidaban unos a otros (Romanos 12:13; 1 Corintios 12:25-26; 2 Corintios 8:12-15). ¿Y por qué? Porque la iglesia es una familia.

Recordemos lo que Pablo les dijo a los cristianos de Galacia: «Ayúdense unos a otros a llevar sus cargas, y así cumplirán la ley de Cristo» (Gálatas 6:2). La ley de Cristo es la ley interior del amor que ha sido escrita en el corazón de cada creyente. Ese amor se arraiga en el amor del Calvario (Juan 15:12-13). Y por naturaleza circula hacia nuestros hermanos y hermanas en Cristo. «Nosotros sabemos que hemos pasado de la muerte a la vida porque amamos a nuestros hermanos» (1 Juan 3:14).

Dicho esto, si pertenecemos a una iglesia que no se ocupa de las necesidades de sus miembros, entonces esa iglesia no está encarnando la visión neotestamentaria de la familia. Lo digo otra vez: la iglesia no es una empresa, es una familia.

(2) Los miembros pasan tiempo juntos

Debido a que la iglesia es una familia, los miembros se toman el tiempo para conocerse. Es decir, pasan tiempo juntos más allá de las reuniones programadas.

Dentro de una familia disfuncional, los hijos apenas conocen a sus padres. Y los padres apenas conocen a sus hijos. Lo mismo ocurre entre los hermanos. Pueden vivir bajo el mismo techo, pero llevan vidas separadas. El único momento en que se encuentran es cuando hay una reunión programada: «Todos tenemos que ir a la boda de la tía Felicia este sábado; así que toda la familia estará junta allí». Pero luego de ese acontecimiento, los miembros raramente se ven.

Pregunto: ¿Los miembros de nuestra iglesia se ven los unos a los otros solo durante los servicios programados? ¿Estamos en contacto con ellos durante la semana? ¿Compartimos algunas comidas juntos? Consideremos la forma orgánica instintiva en que funcionaba la iglesia de Jerusalén:

Se mantenían firmes en la enseñanza de los apóstoles, en la comunión, en el partimiento del pan y en la oración [...] No dejaban de reunirse [...] ni un solo día. De casa en casa partían el pan y compartían la comida con alegría y generosidad (Hechos 2:42, 46).

Los cristianos primitivos llevaban vidas que interactuaban con la de los demás. Ese era el ADN de una iglesia en funcionamiento. Si seguimos nuestra intuición espiritual, tendremos el deseo innato de reunirnos con frecuencia. ¿Por qué? Porque el Espíritu Santo actúa como una especie de imán que atrae orgánicamente a los cristianos para que estén juntos. El Espíritu Santo coloca dentro del corazón de todos los creyentes genuinos el deseo de una comunión auténtica.

Como dice Gilbert Bilezikian: «La pasión por la comunidad resulta contagiosa. Nuestra necesidad innata de comunidad es tan intensa que una vez que se enciende una chispa de interés y se capta un atisbo del sueño comunitario de Dios, la pasión intensa por la comunidad se propaga como un fuego arrasador»[1].

La Biblia dice que la iglesia de Jerusalén se encontraba a diario. Resulta interesante que la asamblea de Jerusalén no fuera la única iglesia que se reunía en forma cotidiana. Unos treinta años después, el escritor de Hebreos exhortaba a los cristianos diciendo: «Anímense unos a otros *cada día*» (Hebreos 3:13). Y sin embargo hoy, en la mayoría de las iglesias contemporáneas, el único tiempo de comunión con que uno cuenta son los dos minutos en que el pastor dice: «Dese vuelta y salude a las personas que están detrás de usted».

Admito que se puede llegar a tener un poquito más de tiempo en el estacionamiento mientras uno se dirige hacia su automóvil. ¿Pero, realmente podemos llamarle a eso comunión? Seamos sinceros: Para muchos cristianos, la iglesia es tan solo un evento al que uno asiste una o dos veces por semana, y eso es todo.

En verdad, algunos de nosotros, los cristianos occidentales del siglo veintiuno, le tememos a intimar. Esa es la razón por la que mucha gente nunca se interesaría en una iglesia que se reúne en un hogar. Se sienten mucho más seguros sentados en un banco, inspeccionando la parte de atrás de la cabeza de alguien durante dos horas y volviendo a su casa luego.

Pero la iglesia de Jesucristo es una familia. No un teatro. Y en una familia (una familia sana) todos saben lo que sucede en la vida del otro. *Papá tiene problemas con su jefe en el trabajo, así que oramos por él. Nuestra hermana tiene dificultades con los cálculos en su clase de matemáticas. Nuestro hermano logró un aumento en su nuevo trabajo.*

Mamá está aprendiendo a cocinar comida gourmet. Sabemos lo que pasa en la vida de los otros porque pasamos tiempo juntos fuera de los eventos programados. La iglesia es un hogar extendido, y es profundamente relacional.

En contraste con esto, ¿de qué manera podemos encarnar verdaderamente las exhortaciones del Nuevo Testamento acerca de la relación «entre unos y otros» si la iglesia a la que pertenecemos no actúa como una familia? ¿Cómo vamos a gastar las suelas de los zapatos caminando con ellos si ni siquiera conocemos a la gente con la que estamos en la iglesia?

(3) Los miembros se demuestran afecto los unos a los otros

Dado que la iglesia es una familia, sus miembros se saludan los unos a los otros con afecto. Pensemos en esto: Cuándo vemos a nuestro padre, a nuestra madre, a nuestros hijos, o a nuestros parientes de otra localidad, ¿simplemente los saludamos a la distancia? ¿No intercambiamos abrazos y tal vez besos?

Si nuestra familia es sana, diremos que sí. Es lo mismo con respecto a la iglesia. ¿Por qué? Porque los miembros de la iglesia están relacionados. Por esa razón, los apóstoles alentaban a los cristianos primitivos de este modo: «Saluden a todos los hermanos con un beso santo» (1 Tesalonicenses 5:26; 1 Corintios 16:20; 2 Corintios 13:12; Romanos 16:16; 1 Pedro 5:14). A ellos les parecía muy importante que los miembros de cada iglesia se expresaran su amor los unos a los otros de manera visible.

Me he encontrado con algunos cristianos que han reaccionado a lo que menciono arriba diciendo: «No me siento cómodo abrazando a nadie de mi iglesia; apenas los conozco». Esa reacción simplemente fortalece el punto que he tratado de subrayar en este capítulo. A saber, que la iglesia institucional y la iglesia orgánica son dos criaturas muy diferentes.

Vivir como la familia de Dios significa conocer a nuestros hermanos hasta el punto en que les mostramos afecto instintivamente. (La forma específica que tome ese afecto —sean abrazos, besos en la mejilla, u otras cosas— diferirá, dependiendo de la cultura de uno).

En contraste, la familia disfuncional no muestra afecto hacia sus miembros. Los padres jamás tocan a sus hijos. Y los hijos crecen sin sentirse amados ni aceptados. Ellos reciben pocas o ninguna expresión de amor, ya sea verbal o gestual.

(4) La familia crece

Debido a que la iglesia es una familia, crecerá. Una iglesia crece de dos maneras. Una de las formas es a través de la división y multiplicación. O sea, si una iglesia se vuelve demasiado grande, puede dividirse y multiplicarse en dos círculos de comunión. Nuestros cuerpos crecen de esa manera. Las células se dividen y luego se multiplican.

Otra forma es a través de la adición. O sea, dando a luz hijos espirituales. Ese es el principio de la reproducción.

Si el Señor obra en una iglesia, crecerá. Tal vez no inmediatamente. Quizá tome tiempo. Pero si la iglesia está viva y es saludable, crecerá tanto internamente (en lo espiritual) como externamente (en lo numérico).

Las iglesias que viven como familias crecen. Las iglesias que funcionan como corporaciones comerciales en general no conservan a sus convertidos. Pueden lograr convertidos, pero estos en raras ocasiones se transforman en discípulos y miembros del cuerpo en funcionamiento. ¿Cuál es la razón? La comunidad cristiana resulta indispensable para una formación y desarrollo espiritual adecuados. La iglesia que es una familia con vida producirá transformación en sus miembros. La iglesia que no lo es, no lo hará.

En este sentido, el fantasma del individualismo protestante persigue a las típicas iglesias evangélicas posteriores a la guerra. Y hasta que no se exorcice ese espíritu, se continuará viendo muy poca formación espiritual en su feligresía.

Debemos enfrentarlo: Las personas de nuestro mundo posmoderno buscan una familia. Van en procura de una comunidad auténtica. Quieren un grupo de cristianos que se amen y se cuiden entre ellos de una manera genuina. En otras palabras: *Están buscando un cristianismo orgánico.*

Mucha gente de nuestros días ha sido entrenada a través de malos ejemplos. Por lo tanto, cuando ven a un grupo de personas que en verdad ponen su vida las unas por las otras, que se aceptan mutuamente de manera incondicional, y que se aman con libertad a pesar de sus defectos, se sienten atraídos como un ciervo sediento al agua. De esta manera, la iglesia como familia responde al clamor más profundo que existe en el corazón humano.

(5) Los miembros comparten las responsabilidades

Si consideramos una familia humana, veremos que cada miembro tiene un rol diferente. No les pedimos a los niños pequeños que salgan a ganarse la vida, ¿verdad? No esperamos que los padres consulten a los bebés en busca de sabiduría. Cada miembro juega un rol diferente: los abuelos, el padre, la madre, los hijos, los niños pequeños y los bebés. Todos cooperan juntos para el bien común de la familia.

Es lo mismo que sucede con la familia de Dios. En 1 Juan 2:13-14, Juan habla a los padres, los jóvenes y los hijitos. Y les encarga distintas responsabilidades. Al considerar a la iglesia a través de la metáfora del cuerpo, cada miembro (los ojos, los oídos, las manos y los pies) tiene una función diferente.

En una familia disfuncional, los miembros no asumen muy bien que digamos sus propias responsabilidades. Los padres descuidan a sus hijos o abusan de ellos. (En algunos casos, los padres los adoran). No educan a los niños. No les brindan consuelo ni guía.

En la casa de Dios, hay padres y madres espirituales. Son hombres y mujeres mayores que han conocido al Señor por un largo tiempo. Su rol y responsabilidad ante Dios es proveer guía y ser mentores de sus hermanos y hermanas más jóvenes. También contribuyen a la iglesia con su sabiduría.

En la familia de Dios no se asumen estas responsabilidades por tener un puesto o un oficio. Tampoco son jerárquicas. Son orgánicas, y operan según la vida espiritual.

Pero he aquí la tragedia: A causa de que muchos de nosotros hemos sido condicionados por la iglesia institucional, nos hemos visto obligados a sentarnos en un banco y escuchar sermones en actitud pasiva semana tras semana. Y es por eso que muchísimos cristianos asocian la «iglesia» con una audiencia que escucha una disertación semanal.

¿Cuál es el resultado? Multitud de padres espirituales no están haciendo lo que deberían hacer. Muchos de ellos me han confesado que no ven que haya lugar para hacer su contribución dentro de la iglesia tradicional. Sienten que su larga historia espiritual con el Señor y las lecciones que han aprendido morirán con ellos. Muchos sienten que su experiencia espiritual está siendo desperdiciada.

Pero en una iglesia que funciona según la naturaleza orgánica de la *ekklesia*, cada uno de los miembros funciona en las reuniones de la iglesia. También funcionan en la vida comunitaria fuera de las reuniones. Los padres y madres espirituales están muy activos en esta forma de iglesia. Los padres son mentores de los hombres jóvenes y les proporcionan sabiduría durante las crisis. Las madres les enseñan a las mujeres más jóvenes a ser sabias y desempeñarse adecuadamente como esposas y madres (Tito 2:3-4).

Los hombres jóvenes aportan entusiasmo y fortaleza a la iglesia. Pero necesitan la estabilidad de los mayores, que los moderará. Los hijitos espirituales le inyectan su fervor, recientemente adquirido, a la comunidad de los creyentes. Pero necesitan ser nutridos. Precisan que los demás los chequeen, los alimenten, les cambien los pañales y los enseñen a caminar con el Señor.

(6) Los miembros reflejan al Dios trino en sus relaciones

Como ya lo hemos establecido, la iglesia prevista en el Nuevo Testamento es una comunidad eclesial que sigue el modelo del Dios trino. El Padre, el Hijo y el Espíritu se relacionan entre ellos. Su comunión familiar es la fuente y la meta de la iglesia (1 Juan 1:1-3).

La Divinidad vive en una reciprocidad eterna con cada uno de sus miembros. Por esa razón, a la iglesia se le denomina, por sobre toda otra cosa, una comunidad recíproca. En otras palabras, una familia.

Debido a que hemos sido hechos a la imagen y semejanza de Dios, solo somos en verdad humanos cuando vivimos en comunidad. Una iglesia estructurada jerárquicamente, o que relega la comunión a un servicio religioso semanal, violenta esa realidad espiritual.

Por lo tanto, la Trinidad le da la forma a nuestra comprensión de lo que es la iglesia. Resulta significativo que los antiguos cristianos describieran la comunión dentro de la Trinidad como una danza eterna. Las tres personas de la Trinidad eternamente se dan ellas mismas la una a la otra. Cada persona divina vive en una rueda eterna de amor que implica sacrificio propio. La iglesia ha sido llamada a reflejar esta danza de comunión y de auto entrega. Pero más que eso, ¡ha sido introducida en esa danza como un nuevo participante!

¿Por qué? Porque la iglesia es una familia, la familia de Dios.

Es interesante que los cristianos primitivos utilizaran el término *perichoresis* para describir la danza de comunión divina que se produce entre el Padre, el Hijo y el Espíritu. (El prefijo *peri* significa «alrededor», y la palabra *choresis* significa literalmente «bailar»).

El fin último de la humanidad es ser completamente acogida en esa danza trinitaria, ser introducida por entero en el círculo de ese amor superabundante que fluye dentro de la Divinidad (1 Corintios 15:24-28; Efesios 1:10). La buena noticia es que podemos vivir un anticipo de esa realidad futura ahora. Como Miroslav Volf lo dice: «La participación dentro de la comunión del Dios trino, no solo es objeto de esperanza por parte de la iglesia, sino también su experiencia presente»[2].

Lamentablemente, debido a que durante tanto tiempo hemos conformado a la iglesia siguiendo un lineamiento institucional, hemos sido condicionados a dar algunos pasos equivocados en esa danza. Pero visualizar a la iglesia como familia arraiga firmemente nuestra identidad en el Dios trino y nos lleva de nuevo hacia ese círculo.

¿Comunidad o corporación?

Repito, los escritores del Nuevo Testamento nunca usaron la imagen de una corporación comercial para definir a la iglesia. A diferencia de muchas «iglesias» modernas, los cristianos primitivos no sabían nada de gastar cifras colosales en programas y proyectos de edificios a expensas de no poder sobrellevar las cargas de sus hermanos.

De esa manera, muchas iglesias contemporáneas en esencia se han convertido en nada más que empresas de alto nivel que se parecen más a General Motors que a la comunidad apostólica. Una gran cantidad de iglesias han sucumbido a la seducción embriagante de una sociedad individualista, materialista, orientada hacia los negocios y el consumo y que se sirve a sí misma. Y al fin y al cabo, el éxito de la empresa descansa sobre los hombros del CEO: el pastor.

Como lo señala el afamado novelista Frederick Buechner:

> *La iglesia a menudo muestra un incómodo parecido con la familia disfuncional. Allí está la presencia autoritaria del ministro (el profesional que conoce todas las respuestas y toma la mayoría de las decisiones) que muy pocos se atreven a desafiar, tal vez porque sienten que no serviría de nada el hacerlo. Allí, en la congregación, se da la camaradería exterior y la soledad interior. Allí existen reglas tácitas y agendas ocultas, dudas y desacuerdos que por amor al decoro se mantienen más o menos encubiertos. Allí hay gente que muestra entusiasmo y creatividad, de los que no se hace buen uso a menudo, y que a veces ni siquiera se reconocen, porque la tendencia es no querer remover las aguas, sino seguir haciendo las cosas del mismo modo en que siempre se han hecho[3].*

Resumiendo, la iglesia que se nos presenta en las Escrituras es un hogar lleno de amor y no un negocio. Se trata de un organismo vivo, y no de una organización estática. Es la expresión corporativa de Jesucristo, y no una corporación religiosa. Es la comunidad del Rey, y no una aceitada máquina jerárquica.

Como tal, cuando la iglesia funciona según su naturaleza, ofrece:

- interdependencia en lugar de independencia
- integridad en lugar de fragmentación
- participación en lugar de permanecer como espectadores
- conexión en lugar de aislamiento
- solidaridad en lugar de individualismo
- espontaneidad en lugar de institucionalización
- relaciones en lugar de programas
- servicio en lugar de dominio
- enriquecimiento en lugar de inseguridad

- libertad en lugar de cautiverio
- comunidad en lugar de corporación
- vínculos en lugar de indiferencia.

En el lenguaje de los apóstoles, la iglesia se compone de bebés, niños pequeños, jóvenes, hermanos, hermanas, madres y padres, es decir, los términos y las imágenes de la familia (1 Corintios 4:15; 1 Timoteo 5:1-2; Santiago 2:15; 1 Juan 2:13-14).

La iglesia como familia en el siglo veintiuno

Yo solía pertenecer a una de las iglesias pentecostales más grandes del estado de Florida. Era increíblemente rica. En ese tiempo había desarrollado amistad con una familia que asistía allí. Ellos eran muy pobres.

La siguiente escena quedó grabada a fuego en mi mente para siempre. Estaba sentado en la sala de mi amigo, en medio de la oscuridad, con él, su esposa y cuatro niños. Conversábamos a la luz de una linterna y algunas velas. ¿Por qué estábamos sentados en la oscuridad? Porque ellos no habían podido pagar la cuenta de la electricidad ese mes y les habían cortado la corriente.

La iglesia pudiente a la que todos pertenecíamos no les dio a este hombre y su familia ni un centavo. En ese tiempo, yo pensaba que eso era vergonzoso. Lo gracioso es que todavía lo sigo pensando. Ese incidente fue el último clavo del ataúd para mí. Poco tiempo después dejé el cristianismo institucional para nunca más retornar a él. Y comencé mi travesía dentro de la vida de la iglesia orgánica.

Cuando retrocedo en mi pensamiento a las iglesias orgánicas con las que me he reunido durante las últimas dos décadas, muchas escenas se agolpan en mi mente. Me recuerdan la fidelidad con que los miembros de esas iglesias le dieron cuerpo a la familia de Dios. Puedo recordar tiempos en que una de esas iglesias apoyó financieramente a una pareja y sus niños durante varios meses a causa de que el marido había sufrido una herida, no tenía seguro de salud, y no pudo trabajar durante una temporada.

Otra escena viene a mi mente cuando una hermana cayó enferma y estaba imposibilitada de conducir su automóvil. Los hermanos solteros se turnaban para llevarla a ver al doctor y a otros lugares en los que debía cumplir con recados necesarios. Las hermanas le preparaban las comidas. Eso duró semanas.

Pienso en otra ocasión en que una iglesia lloró y se dolió junto con un hermano que había experimentado una tragedia familiar. Todos los creyentes estuvieron a su lado durante muchas semanas, ocupándose de sus necesidades.

Me acuerdo de otro momento en que una hermana sufrió una depresión y otras hermanas fueron a su casa y la limpiaron del piso al techo, entretuvieron a los niños, lavaron la ropa, prepararon las comidas y llevaron a cabo muchas otras cosas hasta que ella se pudo poner de pie de nuevo. Pienso en otra ocasión en que la iglesia se rehusó a abandonar a un hermano descarriado y lo amó hasta traerlo de regreso al Señor. Tengo memorias muy vívidas sobre la forma en que los miembros de esas iglesias se encontraban unos con otros varias veces por semana: comían, se divertían, reían, jugaban, trabajaban y conseguían sacar adelante juntos cuestiones personales y compartir sus vidas.

Hay aún otras escenas que llenan mi mente. Algunos hermanos solteros que se ofrecían voluntariamente para cuidar a los niños de las parejas jóvenes de la iglesia a fin de que ellos pudieran relajarse y disfrutar de una cena tranquila. Los niños de la iglesia que jugaban unos con otros en la playa, picnics y los patios de las casas de los creyentes. Las comidas compartidas en las que los niños escuchaban las conversaciones de sus padres cuando hablaban con entusiasmo entre ellos sobre el Señor; niños que regresaban a sus hogares preguntándoles a sus papás y mamás acerca de lo que habían oído.

Al acercarnos al fin de este capítulo, sin embargo, pensé en transmitirles una historia en particular, que refleja la manera en que una iglesia orgánica puede mostrar el amor por sus miembros en formas muy creativas. Lo que sigue es un informe dado por un grupo de mujeres en la primera iglesia orgánica que establecí. Cuentan la historia de un Día de San Valentín muy especial, en el que los hermanos de la iglesia procuraron recordarles el amor de Cristo por ellas.

En este Día de San Valentín, los hermanos prepararon un festejo con bombos y platillos para nosotras, las hermanas. Nos pidieron que nos vistiéramos formalmente y los esperáramos en el hogar de una de las hermanas. Eso iba a convertirse en una ocasión elegante. Aparecieron tres de los hermanos. Llegaron vestidos formalmente con traje y corbata. Trajeron un jarrón lleno de tulipanes blancos. Nos dieron a cada una un tulipán blanco para que lleváramos en la mano. Nos dijeron que esos tulipanes nos representaban a nosotras. El blanco tenía que ver con la pureza de Cristo; el tallo verde se relacionaba con la vida de Cristo que había en nosotras.

Entonces nos tomaron una fotografía a todas para que recordáramos esa noche. Nos acompañaron hasta otra casa. Esperamos afuera. Lo que iba a suceder a continuación era una sorpresa. No teníamos ni la más mínima idea. Nos dijeron que había un artista en la ciudad, y que él había abierto su galería de arte para nosotras. Finalmente, se abrieron las puertas y nosotras entramos. Hubo un tour guiado por la casa. La primera parada fue una muestra: había un árbol en una maceta. De él pendía un poema que hablaba sobre lo que cada una de nosotras, las hermanas, representábamos para el Señor. El poema nos identificaba a cada una con las diferentes partes de un árbol. Encontramos fotografías de todas nosotras en las hojas. Fue muy conmovedor.

En cada lugar de exhibición, varios hermanos jugaban distintos papeles, contándoles a los demás de qué se trataba lo exhibido. Asumieron sus roles todo el tiempo. Estaban en un museo de arte.

La siguiente muestra fue un collage de hermanos que sostenían las partes de un cartel. Cada cartel contenía una palabra. Las palabras juntas formaban un poema romántico que expresaba el amor de Cristo por su iglesia.

La siguiente muestra era un corazón dentro de un marco. Un gran corazón rojo. Recortados sobre el corazón había un hombre y una mujer tomados de la mano. Dentro de la silueta del hombre estaban, recortadas, las caras de todos los hermanos de la iglesia, formando un collage que configuraba la imagen del hombre. Dentro de la imagen de la mujer estaban los rostros de todas las hermanas, recortados para armar el collage. Encima de todo eso había rayos de colores que se irradiaban desde el corazón: *rosa, verde y azul. El rosa representaba el amor del Señor; el verde, su gozo; y el azul, su vida. El hombre y la mujer representaban a Cristo y su esposa.*

La última muestra consistió en un espejo inmenso. Colgaba suspendido del techo. Encima del espejo estaban las palabras «la esposa». El guía turístico nos hizo parar a todas delante del espejo, y le dio un ángulo como para que todas las hermanas pudiéramos vernos en él. El guía señaló que en el espejo había una mancha roja. Representaba la sangre de Cristo. Y el versículo: «Ahora vemos de manera indirecta y velada, como en un espejo; pero entonces veremos cara a cara» había sido colocado encima. Fue algo muy conmovedor para todas nosotras.

Una vez acabado el tour, nos acompañaron afuera de la casa. Dos hermanos salieron y nos cantaron una serenata. Uno de ellos tenía una guitarra, y los dos entonaron una canción cuya letra habían escrito. Ellos habían reelaborado la canción «Aún cuando no tengo dinero, estoy muy enamorado de ti, querida». Rescribieron la letra para que expresara cuánto nos amaban en Cristo.

Grabaron en vídeo todo el evento. Nos cantaron más canciones.

Entonces nos invitaron a entrar a la casa de nuevo. El lugar se había transformado de pronto en un restaurante. Había largas mesas con manteles blancos y arreglos elegantes. Utilizaron porcelana fina con bordes dorados. Los cubiertos hacían juego. Colocaron vasos de cristal. Nos dijeron que nos sentáramos dejando un espacio intermedio para ellos, de modo que pudieran sentarse a nuestro lado después. Habían importado una mantequilla gourmet orgánica única, que era tremenda.

Los hermanos prepararon una comida espléndida, y nos atendieron a nosotras, las hermanas. Luego se sentaron a comer a nuestro lado. Los hermanos cocinaron todo. Los cuatro platos. Y fue una genuina comida gourmet. Dos hermanos distintos nos volvieron a dar otra serenata mientras comíamos.

Esa noche nuestros hermanos honraron a las hermanas. Y se superaron a ellos mismos. Nos hicieron sentir muy especiales y amadas. Nos trataron como reinas, así como Cristo trata a su esposa. Nunca olvidaremos ese día.

Cuando una iglesia funciona según su naturaleza orgánica, demuestra que *realmente* es la familia de Dios. Y así se cumplen las palabras de nuestro Salvador: «De este modo todos sabrán que son mis discípulos, si se aman los unos a los otros» (Juan 13:35).

Preguntas que debemos encarar

- ¿Nos sorprendió descubrir que la metáfora favorita de los autores del Nuevo Testamento para referirse a la iglesia fuera la familia? ¿Qué nos enseña eso?
- Se ha sugerido que la razón principal por la que tanta gente joven abandona la iglesia típica es debido a que no funciona como una genuina familia. ¿Estás de acuerdo o en desacuerdo con esa afirmación? Explica.
- ¿Es en verdad honesto llamarle «familia» a una iglesia en particular cuando sus miembros apenas se conocen unos a otros? Explica.
- ¿Tienes deseos de formar parte de una auténtica comunidad de creyentes que está aprendiendo lo que significa ser la familia de Dios? Explica.

CAPÍTULO 6
RECONFIGURACIÓN DE LA UNIDAD DE LA IGLESIA

El Nuevo Testamento contiene instrucciones completas no solo acerca de lo que debemos creer, sino también de lo que debemos hacer y sobre cómo hacerlo. Cualquier desviación de esas instrucciones constituye una negación del señorío de Cristo. Digo que la respuesta es simple pero no fácil, porque requiere que obedezcamos a Dios antes que a los hombres, y eso nos acarreará la ira de una mayoría religiosa. No es una cuestión de saber lo que hay que hacer; eso lo podemos descubrir fácilmente en las Escrituras. Es cuestión de si tenemos o no el coraje para hacerlo.

—A. W. Tozer

El que come de todo no debe menospreciar al que no come ciertas cosas, y el que no come de todo no debe condenar al que lo hace, pues Dios lo ha aceptado [...] Por tanto, acéptense mutuamente, así como Cristo los aceptó a ustedes para gloria de Dios.

—Pablo de Tarso en Romanos 14:3; 15:7

La iglesia es el cuerpo de Jesucristo (1 Corintios 12:12, 27). Más específicamente, la iglesia es el cuerpo de Cristo en una localidad dada. Correctamente entendida, una iglesia local *incluye* a todos los miembros del cuerpo de Cristo de ese lugar en particular.

Siguiendo esa línea de pensamientos, Pablo le escribe a la iglesia en Roma exhortando a los cristianos: «Acéptense mutuamente, así como Cristo los aceptó a ustedes» (Romanos 15:7). Según Pablo, la iglesia está formada por todos aquellos a los que Dios ha aceptado.

Y quienquiera sea aquel al que Dios acepta, nosotros no lo podemos rechazar. Nuestra aceptación de otros no los hace miembros de la iglesia. Nosotros los aceptamos *porque* ellos ya son miembros. Por lo tanto, si Dios te ha aceptado, entonces tú perteneces a la iglesia y yo debo aceptarte.

La conclusión de esto es que todos los cristianos que viven en nuestra ciudad deberían ser considerados miembros de la casa de Dios. Y deberían estar dispuestos a tener comunión con nosotros. ¿Por qué? Porque compartimos la misma vida que cualquier otro creyente.

La mayoría de los cristianos estaría de acuerdo con el principio que acabo de señalar. Sin embargo, su práctica es un asunto totalmente distinto. El problema hoy es que multitud de cristianos no han hecho de la aceptación de Dios la base para su comunión. Han agregado o quitado algo a ese estándar básico. No son pocas las «iglesias» contemporáneas que han ensanchado o disminuido el fundamento bíblico para la unidad cristiana, que es el cuerpo de Cristo. Permítanme desarrollar esto.

Supongamos que un grupo de cristianos se encuentra de manera regular en nuestra ciudad. Se llaman a ellos mismos la «Primera Iglesia Comunitaria Presbicarisbautista». Preguntamos acerca de cómo puede alguien hacerse miembro de ella, y rápidamente nos entregan su declaración de fe, que enumera todas las creencias teológicas de la iglesia. Muchas de las doctrinas que aparecen en esa lista van bastante más allá del fundamento esencial de la fe que distingue a los genuinos cristianos (tales como la fe en Jesucristo, su obra salvadora, su resurrección corporal y otras cosas).

Al continuar asistiendo a la «Primera Presbicarisbautista» pronto descubrimos que para ser plenamente aceptados por sus miembros, debemos sostener *su misma* perspectiva con respecto a los dones espirituales. También debemos adherirnos a *su* visión acerca de la elección y la Segunda Venida de Cristo. Si sucede que estamos en desacuerdo con ellos en cualquiera de esos puntos, nos harán sentir que sería mejor que asistiéramos a otro lugar.

¿Ven cuál es el problema? En tanto que la «Primera Presbicarisbautista» declara ser una iglesia, no cumple con los puntos de referencia bíblicos que indican lo que es una iglesia. Consciente o inconscientemente, ha menoscabado las bases bíblicas requeridas para la comunión, que son *tan solo* estar en el cuerpo de Cristo. El Nuevo Testamento utiliza un término que describe a tales grupos. Es la palabra *secta*.

Las personas son aceptadas por Dios debido a que se han arrepentido y confiado en el Señor Jesucristo. Repito, si una persona pertenece al Señor, es parte del cuerpo de Cristo. Y sobre esa base solamente es que debemos aceptarlos para tener comunión.

Si un grupo de cristianos demanda algo más que la aceptación que hace una persona de Cristo para admitirla en la comunión, entonces ese grupo no es una iglesia en el sentido bíblico de la palabra. Se trata de una secta. (La excepción la constituye el que un cristiano esté pecando voluntariamente y se rehúse a arrepentirse)[1]. Lo repito: Todos aquellos a los que Dios ha recibido forman parte del cuerpo de Cristo.

El problema del sectarismo

Consideremos el significado de la palabra *secta* tal como aparece en las Escrituras. La palabra griega traducida por secta es *hairesis*. Aparece usada nueve veces en el Nuevo Testamento, y ha sido traducida como «secta», «partido», «facción» y «herejía».

Una secta es una división o un cisma. Se refiere a un cuerpo de personas que han elegido separarse de un todo mayor para seguir sus propios principios. El ejemplo clásico del pecado del sectarismo es el que encontramos en la primera carta de Pablo a los Corintios:

> *Digo esto, hermanos míos, porque algunos de la familia de Cloé me han informado que hay rivalidades entre ustedes. Me refiero a que unos dicen: «Yo sigo a Pablo»; otros afirman: «Yo, a Apolos»; otros: «Yo, a Cefas»; Y otros: «Yo, a Cristo». ¡Cómo! ¿Está dividido Cristo? ¿Acaso Pablo fue crucificado por ustedes? ¿O es que fueron bautizados en el nombre de Pablo? (1 Corintios 1:11-13).*

Según el pensamiento de Dios, la iglesia de Corinto incluía a todos los cristianos que vivían en la ciudad de Corinto (1 Corintios 1:2). Sin embargo, algunos estaban trazando un círculo alrededor de ellos mismos que era más pequeño que el cuerpo de Cristo en Corinto.

En lugar de hacer del cuerpo de Cristo el fundamento para la unidad cristiana, algunos en Corinto hacían de su obrero apostólico favorito el fundamento para la comunión. Con una severidad amorosa, Pablo reprendió a la iglesia por su espíritu sectario, condenándolo como una obra de la carne (1 Corintios 3:3-4; Gálatas 5:19-20; Judas 19).

Si no le hubieran prestado atención a la reprensión de Pablo, habrían surgido cuatro diferentes sectas en Corinto, todas ellas declarando ser iglesias: «la iglesia de Pedro», «la iglesia de Apolos», «la iglesia de Pablo» y «la iglesia de Cristo». (Este último grupo probablemente declarara: «Somos los únicos que seguimos a Cristo. No necesitamos que nos ayuden obreros apostólicos como Pablo, Pedro o Apolos. Solo necesitamos a Jesús. Somos *de Cristo*»).

Por favor, comprendan. Cada vez que un grupo de cristianos socava el fundamento bíblico para la comunión al excluir a aquellos a los que Dios ha aceptado, sea explícita o implícitamente, se constituye en una secta. Puede tener un cartel en su edificio que diga «iglesia». Puede haberse constituido con un «status de iglesia». Pero está por debajo de lo que es una definición bíblica de iglesia. ¿Cuál es la razón? Sus miembros están tomando una postura sectaria.

Eso no significa que los miembros de una secta no pertenezcan al cuerpo de Cristo. En la mayoría de los casos sí pertenecen. Pero eso indica que la institución que han construido para representar a la iglesia está por debajo de las especificaciones.

Dicho esto, señalo que los cristianos nunca deberían unirse a las sectas, porque ellas son inherentemente divisivas. Y Dios no es su dueño. Para decirlo lisa y llanamente, la única iglesia que nosotros como creyentes podemos reivindicar es aquella a la que Jesucristo dio inicio: su cuerpo en una expresión local. Y el cuerpo recibe y acepta a todos los que han confiado en Jesús. En tanto que no son pocos los cristianos que han *reducido* el ámbito del cuerpo de Cristo, otros lo han *ensanchado*. En un intento por ser absolutamente incluyentes, esos grupos han buscado ser uno con los incrédulos. Pero esta clase de unidad es ajena a la Biblia. Porque solo aquellos a los que Cristo ha aceptado pertenecen a su cuerpo. Y solo ellos conforman su iglesia.

Recibir a incrédulos como miembros de la familia es convertir a la iglesia en algo terrenal y humano (1 Corintios 5:6; Gálatas 2:4; 2 Timoteo 3:6; 2 Pedro 2:1; Judas 4, 12). Por supuesto, eso no significa que los cristianos les prohíban a los no creyentes asistir a sus *encuentros*. No se los deberíamos prohibir (1 Corintios 14:23-24). Pero sí implica que no los aceptemos como nuestros *hermanos*. La unidad de la iglesia, entonces, se limita al cuerpo de Cristo. Y no se le puede dar una dimensión mayor o menor que la del cuerpo.

Cómo fue que perdimos el rumbo

Resulta interesante que los cristianos del primer siglo no podían concebir el hecho de tener más de una iglesia en una ciudad. Por esa razón, cada vez que los autores del Nuevo Testamento se refieren a una iglesia en particular, la identifican por el nombre de la ciudad (Hechos 8:1; 13:1; 18:22; Romanos 16:1; 1 Tesalonicenses 1:1; 1 Corintios 1:2; Apocalipsis 2:1, 8, 12, 18; 3:1, 7, 14).

Si hubiéramos vivido en la ciudad de Jerusalén en el año 40 d. C., nos habríamos considerado parte de la iglesia de Jerusalén, aunque nos reuniéramos en una casa con veinte creyentes (Hechos 2:46). También tendríamos una conexión espiritual con el resto de la iglesia de la ciudad. Y nos habríamos reunido con ellos periódicamente (Hechos 15:4ss.).

Hoy la situación es muy diferente. Existen cientos de «iglesias» en la misma ciudad. Cada una toma un nombre distinto para distinguirse de las demás.

Una pregunta importante que raramente nos hacemos es: ¿De qué manera se produjo esta división? ¿Cómo fue que los cristianos pasaron de considerarse parte de la única iglesia de la ciudad a ser una cantidad incontable de sectas dentro de esa misma ciudad?

Creo que la división de la iglesia cristiana tiene sus raíces en la evolución de una distinción de clases entre el clero y el laicado. La distinción comenzó a cristalizarse alrededor del tercer siglo. Fue el surgimiento de este sistema jerárquico, que desgarró violentamente el sacerdocio de todos los creyentes en dos clases, una clerical y la otra laica, lo que produjo la primera gran división conocida dentro del cuerpo de Cristo[2].

Una vez que se marcó esa línea defectuosa entre el clero y el laicado, varios clérigos comenzaron a dividirse entre ellos sobre cuestiones teológicas. Eso engendró un movimiento autoperpetuado que ha reproducido un montón de nuevas sectas en cada generación[3]. La característica notable de estas sectas es que la gente que está dentro de ellas se reúnen en torno a su líder favorito (o doctrina preferida) en lugar de hacerlo solo en torno a Jesucristo.

Quizá una analogía moderna nos ayude a ilustrar esta lamentable cadena de eventos. Supongamos que Bob, un mal denominado laico, se siente llamado a enseñar las Escrituras. En la mayoría de las iglesias institucionales, Bob tendría que «entrar en el ministerio» y establecer una iglesia por sí mismo para cumplir con su llamado. Ni pensar en que el pastor comparta su púlpito con un laico con cierta continuidad, aun si ese laico tuviera el don de la enseñanza. (Véase 1 Corintios 14:26 para descubrir la insensatez de esta mentalidad).

Luego de recorrer los canales institucionales debidos, Bob se convierte en pastor. Y comienza una nueva iglesia en su vecindario. En realidad, la «iglesia de Bob» no es nada más que una extensión de su propio ministerio (y muy probablemente también de su propia personalidad). Además, constituye un añadido innecesario a la cantidad interminable de sectas que ya existen en esa ciudad, todas las cuales compiten entre ellas por reclutar miembros.

Esta es la raíz del problema: La iglesia institucional a la que Bob asistía no le permitió ejercer libremente su don de enseñanza en los encuentros de la iglesia. Por lo tanto, él no vio otra alternativa más que comenzar una congregación propia. (De paso, creo que muchas, si no la mayoría, de las iglesias modernas existen para proveerle al pastor una plataforma a través de la cual ejercer su don de enseñanza).

De esta manera, la distinción entre el clero y el laicado se ha convertido en el semillero para la interminable producción de incontables cismas dentro del cuerpo de Cristo. Porque cuando a las personas dotadas no se les permite cumplir el llamado que Dios les ha hecho, se sienten obligadas a comenzar con sus propias iglesias, aunque Dios nunca los haya llamado a hacer semejante cosa.

Esa situación no solo ha engendrado numerosas sectas, sino que ha obligado a miles de cristianos dotados a cumplir con un perfil de tarea que el Nuevo Testamento no prevé en ningún sitio: la moderna función pastoral. (Véase el capítulo 9).

Contrastemos el panorama mencionado más arriba con la forma en que se llevaban a cabo las cosas durante el primer siglo. Si Bob hubiera sido miembro de una iglesia del primer siglo, no habría habido necesidad de que se hubiera aventurado a comenzar por su cuenta una institución que Dios nunca habría aprobado. Como miembro de una iglesia orgánica, Bob habría tenido la libertad de funcionar libremente dentro de su don de enseñanza. (Véase el capítulo 2). La iglesia tomaría las decisiones por consenso, así que Bob tendría derecho a hacer oír su voz en cuanto a todas las determinaciones de la iglesia. (Véase capítulo 10).

Bob solo habría dejado la iglesia bajo una de estas cinco condiciones: (1) si se hubiera rehusado a dejar de cometer un pecado manifiesto que había sido corregido por la iglesia, (2) si se hubiera trasladado a otra ciudad, (3) si hubiera tenido la ambición de comenzar un ministerio propio de forma independiente, (4) si la iglesia a la que pertenecía hubiera dejado de ser una auténtica *ekklesia* para convertirse en una organización comercial o una secta, o (5) si Dios lo hubiera llamado a una labor genuinamente apostólica, en cuyo caso la iglesia lo habría enviado. Tengamos en cuenta que los apóstoles del primer siglo no fueron enviados a edificar sus propias franquicias espirituales. Ellos establecieron iglesias orgánicas en las que ninguno de los mismos estaba presente.

En suma, el sectarismo moderno encuentra sus raíces en la distinción de clases entre el clero y el laicado. En este sentido, Diótrefes (al que Juan describió como que amaba tener «la preeminencia») no es el único en la historia de los hombres hambrientos por ocupar el centro del escenario en la iglesia (3 Juan 9-10). Lamentablemente, Diótrefes todavía les sigue prohibiendo a los miembros del cuerpo de Cristo que ministren dentro de la casa del Señor.

Unidad a través de la organización

La mayor parte de los cristianos está de acuerdo en que la iglesia se encuentra gravemente dividida en nuestros días. Los miembros del cuerpo de nuestro Señor han sido masacrados, fragmentados, cortados en trozos y hecho pedacitos al convertirlos en denominaciones, movimientos y organizaciones paraeclesiales.

Al ver el problema del sectarismo, algunos han propuesto la *unidad organizacional* como solución. Este estilo de unidad prevé que todas las diversas corrientes dentro de la cristiandad trabajen juntas y se relacionen entre ellas bajo la bandera de una asociación unificada. Este tipo de ecumenismo, sin embargo, normalmente se expresa solo en los niveles más altos. Los pastores de las distintas iglesias se encuentran con regularidad y forman una especie de «asociación de ministros».

En tanto que una expresión de tal de unidad es buena, resulta inadecuada. Solo toca un segmento del cuerpo de Cristo (al clero), pero fracasa en llegar a la raíz del problema del sectarismo. Por esa razón, en cierta manera es como tomarse de las manos a través de la cerca.

Aunque es un paso noble el aceptar a aquellos que forman parte de tradiciones cristianas distintas, al hacerlo no se llega lo suficientemente lejos. Las denominaciones son divisiones establecidas por los hombres. Son organizaciones que se encuentran en torno a un denominador común que no es el Señor Jesucristo. Como tales, las denominaciones socavan los principios bíblicos y fragmentan el cuerpo de Cristo. Por esa razón, la iglesia primitiva no sabía nada de denominaciones. A mí me parece, entonces, que el ideal de Dios sería que se derribara la «cerca» por completo.

El único fundamento para la comunión cristiana es el cuerpo de Cristo, y nada más. El cuerpo de Cristo, y nada menos. El cuerpo de Cristo solamente. Por esta causa, el profesor de teología sistemática John Frame dice que la Biblia «requiere la abolición del denominacionalismo»[4]. Frame aun consideró titular a uno de sus libros *La maldición del denominacionalismo*[5].

Desafortunadamente, una gran cantidad de creyentes hoy, en especial un creciente número de clérigos, no están dispuestos a tocar ese punto tan delicado. Resulta mucho más fácil para nuestra carne permanecer en una comunión cercana con aquellas creencias que coinciden con las nuestras. Es bastante más difícil convivir con aquellos que difieren en la doctrina en cuanto a personalidad, estilo de culto, prácticas espirituales o cosas semejantes.

Aunque muchos cristianos están dispuestos a abandonar en cierta medida su zona segura, el punto más lejano al que la mayoría de nosotros se atrevería a llegar es a una expresión de unidad a medias. Como resultado, descubrimos que lo *bueno* con frecuencia se vuelve enemigo de lo *mejor.*

Esto me recuerda a los reyes de Israel que limpiaron el templo pero dejaron los lugares altos intactos. La verdadera unidad requiere que el poder de la cruz opere profundamente en nuestras vidas. Por esa razón, Pablo les señala amorosamente a los hermanos de la iglesia de Éfeso que sean «pacientes, tolerantes unos con otros en amor». Y les manda: «Esfuércense por mantener la unidad del Espíritu mediante el vínculo de la paz. Hay un solo cuerpo» (Efesios 4:2-4).

Semejante exhortación tendría muy poco sentido si aquellos a los que Pablo les escribió estuvieran divididos en sectas y solo tuviesen comunión unos con otros cuando les resultara conveniente. Pero era todo lo contrario; la iglesia prevista por el Nuevo Testamento no sabía de la separación entre cristianos según bandos denominacionales, franquicias cristianas, partidismos religiosos o unidad por tribus espirituales. Tampoco sabían nada de formar alguna asociación de clérigos.

Más bien, todos los miembros del cuerpo de Cristo de una determinada localidad pertenecían a la misma iglesia. No solo en el espíritu, sino en la expresión práctica también. Cada creyente veía a sus compañeros cristianos como órganos del mismo cuerpo. Ladrillos del mismo edificio. Hermanos de la misma familia. Soldados del mismo ejército.

Como John W. Kennedy lo señala:

Una pila desparramada de ladrillos no constituye una casa, aunque aparenten estar unidos; un ladrillo se parece mucho a otro. Del mismo modo, una compañía dispersa de personas regeneradas en la que todas declaran estar unidas en Cristo no es una iglesia. Deben «estructurarse juntos de la manera adecuada», cada uno haciendo su contribución desde su propio lugar dentro del edificio espiritual, y consciente del vínculo de vida y la responsabilidad mutua que los une a todos[6].

Cuando es este el caso, un cristiano puede abandonar una secta o una organización religiosa que se llama a sí misma «iglesia». Pero no es lo mismo salir de una iglesia que se reúne basada solamente en Cristo.

Unidad a través de la doctrina

La unidad doctrinal es otra idea que algunos han sugerido como solución para enmendar las divisiones de la iglesia. Los cristianos que abogan por este tipo de unidad hablan mucho sobre la necesidad de una «pureza doctrinal». Pero hacer de la pureza doctrinal la base para la comunión generalmente acaba escindiendo aun más el cuerpo de Cristo.

Señalaré el problema en forma de pregunta: ¿Sobre qué doctrinas estamos dispuestos a dividir al cuerpo de Cristo? Si decimos «las doctrinas de la Biblia», eso nos llevaría a preguntarnos: ¿Cuáles doctrinas y qué interpretaciones y hechas por quiénes?

Recordemos: El arrepentimiento y la fe en Jesucristo son lo que conduce a la aceptación por parte de Dios.

Según yo observo, aquellos que enfatizan la unidad doctrinal a menudo van por la vida mostrando muchas sospechas sobre sus hermanos y hermanas en Cristo que pertenecen a otras tradiciones. Creo que el discernimiento espiritual es una de las necesidades más apremiantes entre los cristianos hoy. Y resulta fundamentalmente antibíblico y profundamente anticristiano andar por ahí escrutando a nuestros hermanos con ojos críticos.

La Biblia nos advierte acerca de aquellos que se rigen por un espíritu orgulloso y proclive a buscar las fallas. Ese es el mismo espíritu que signa al acusador de los hermanos, el maestro divisor del cuerpo de Cristo (Judas 16; Apocalipsis 12:10). Si hacemos del Señor nuestra única búsqueda, él nos mostrará la falsedad cuando esta se haga presente. Pero si siempre estamos procurando oler el tufillo del error en los demás, podemos estar seguros de que no podremos escuchar al Señor cuando él hable a través de alguno de sus pequeñitos.

Así que más que buscar activamente enfocar los errores de otros cristianos, sugiero que busquemos encontrar algo de Cristo siempre que algún hermano o hermana abra su boca. Reitero, la interpretación incorrecta de la Biblia no provee un terreno como para dividir al cuerpo de Cristo. Si Jesucristo te ha aceptado, yo también debo hacerlo (a pesar de lo falto de luz que puedas estar o de lo incorrectas que sean tus perspectivas acerca de la Biblia). Y tú también debes aceptarme a mí sobre la misma base.

Si una perfecta interpretación de la Biblia constituyera el parámetro para la comunión cristiana, ¡entonces yo no habría podido tener comunión conmigo mismo quince años atrás! Todavía estoy aprendiendo, gracias a Dios, y mis interpretaciones de las Escrituras están madurando. Ninguno de nosotros tiene el monopolio de la verdad. Y si una persona lo cree, está engañada. Según las palabras de Pablo, «conocemos [...] de manera imperfecta» (1 Corintios 13:9).

En relación con eso, me debo preguntar qué sucederá cuando Jesús regrese. Puedo imaginarme a todos los cristianos que se especializaron en pasarle a los demás la doctrina perfecta cuando descubran quiénes fueron los que lograron entrar en el reino. ¡Los ángeles andarán corriendo de un lugar al otro con sales para reanimar a muchos!

Unidad a través de un organismo

Si comenzamos con la comunidad trinitaria, podemos concluir que la anatomía de la unidad cristiana no es ni organizacional ni doctrinal. *Es orgánica*. La cuestión crucial con respecto a la comunión y a ser uno es lo que tiene que ver con la vida de Cristo.

Por lo tanto, las preguntas centrales que deben regir nuestra comunión son simplemente estas: ¿Ha aceptado Dios a esta persona? ¿La vida de Cristo reside en él o ella? ¿Este individuo ha invocado el nombre del Señor que salva (Romanos 10:12-13)? ¿Es parte del cuerpo de Cristo?

La vida de Jesucristo que mora en nosotros es el único requerimiento para la unidad en el Espíritu. Y lo que resulta sorprendente es que los cristianos podemos detectar ese Espíritu que compartimos cuando nos encontramos unos con otros. Instantáneamente se da un sentido de parentesco que testifica que tenemos el mismo Padre.

Con certeza, aquellos que han nacido del Espíritu vivirán de una manera coherente con ese hecho. Pero pueden no tener claridad sobre muchas cosas espirituales. Su personalidad puede estar en conflicto con la nuestra. Su estilo de rendir culto puede resultarnos desagradable. Pueden ser inmaduros y tener luchas en áreas que nosotros ya hemos superado. Pueden ser terriblemente excéntricos. Su comprensión de la Biblia puede resultar muy pobre. Pueden cometer errores que luego lamentan. Y pueden hasta sustentar algunas ideas falsas. Sin embargo, el hecho de que Cristo more en ellos nos obliga a aceptarlos como miembros de la familia. No solo «de palabra ni de labios para afuera, sino con hechos y de verdad» (1 Juan 3:18).

Restauremos nuestra unidad común

Hoy la expresión práctica de la unidad de la iglesia se encuentra severamente estropeada. El pueblo de Dios se ha separado en montones de congregaciones desconectadas y desunidas, todas ellas funcionando independientemente de las demás. Aunque el Señor opera a través de su pueblo sin tomar en cuenta sus divisiones, no creo que las apruebe.

Durante la era neotestamentaria, cada iglesia estaba completamente unificada. Todos los creyentes de una determinada localidad vivían como miembros de una familia. Por ejemplo, si tú y yo hubiéramos vivido en la ciudad de Jerusalén, habríamos pertenecido a la misma iglesia, aunque nos reuniéramos en diferentes hogares de la ciudad. (Resulta interesante que la iglesia primitiva siempre tomara el nombre de la ciudad. No tenían ningún otro nombre, como se ve en Hechos 8:1; 13:1; 18:22; Romanos 16:1 y otros).

Si yo me entretuviera con el pensamiento de hacer de mi apóstol favorito la base para la unidad y me aventurara a encontrarme con otros que tuvieran el mismo pensamiento para formar la «iglesia de Pablo», sería corregido de mi tendencia sectaria (1 Corintios 3:3-4).

Resulta irónico que estemos haciendo las mismas distinciones partidistas sin siquiera pestañear cuando decimos: «Soy bautista», «Soy pentecostal», «Soy carismático», «Soy calvinista», «Soy presbiteriano». Convenientemente olvidamos que Pablo puso a todos los corintios al mismo nivel con una fuerte reprimenda cuando comenzaron a denominarse de esta misma manera (1 Corintios 1:11-13).

Para serles completamente sincero, el moderno sistema denominacional va en sentido contrario a la naturaleza orgánica de la iglesia de Jesucristo. Esa naturaleza se mueve hacia la completa unidad del pueblo del Señor, así como el Padre, el Hijo y el Espíritu son uno dentro de la Divinidad.

Según palabras de Leonardo Boff: «En esta vida, la iglesia vive sobre la comunión de la Trinidad; su unidad se deriva de la *perichoresis* (compenetración) que existe entre las tres personas divinas». Prestemos nuevamente atención a la oración de nuestro Señor en el Evangelio de Juan:

> *No ruego solo por estos. Ruego también por los que han de creer en mí por el mensaje de ellos, para que todos sean uno. Padre, así como tú estás en mí y yo en ti, permite que ellos también estén en nosotros, para que el mundo crea que tú me has enviado. Yo les he dado la gloria que me diste, para que sean uno, así como nosotros somos uno: yo en ellos y tú en mí. Permite que alcancen la perfección en la unidad, y así el mundo reconozca que tú me enviaste y que los has amado a ellos tal como me has amado a mí (Juan 17:20-23).*

Existe una diversidad unificada en el Dios trino: una pluralidad en unidad. Dios es un Ser en tres personas, todas estas son diversas, pero no están separadas.

La palabra griega *koinonía* (que significa comunión) nos conduce al mismo corazón de la eclesiología neotestamentaria. La *koinonia* refleja la diversidad unificada inherente a la Trinidad. Y es lo que caracterizaba a la iglesia del primer siglo. Tal como lo dice Kevin Giles: «Esta comunión no apunta a superar toda diversidad, sino más bien a abrazarla dentro de un creciente lazo de amor y comprensión, de un modo relacional y dinámico»[7]. Debido a que existe una diversidad unificada dentro de la Divinidad, existe una diversidad unificada dentro de la iglesia. El denominacionalismo quebranta esta realidad espiritual. Y hace que la división del cuerpo de Cristo se vuelva aceptable.

Un ejemplo de nuestros días

Quizá te preguntes si yo creo que el sistema denominacional va a desaparecer algún día y que los cristianos en todas partes comenzarán a expresar en forma práctica su unidad en Cristo. Desafortunadamente, no veo que un día como ese vaya a llegar durante mi vida. Pero espero que aquellos de ustedes que leen este libro apliquen el mensaje a su propia vida y actúen de acuerdo con él.

Personalmente, nunca llegué a saber hasta qué punto era posible la unidad cristiana antes de salir de la iglesia institucional. Desde entonces he tenido el privilegio de ser parte de una cantidad de iglesias orgánicas que *solo* estaban unidas en torno a Jesucristo.

Imaginemos una iglesia en la que los miembros se hallan increíblemente juntos, y sin embargo no les preocupa mucho la filiación política de los demás. Imaginemos una iglesia en la que los miembros no conocen la postura de los demás con respecto al rapto. Imaginemos una iglesia en la que los miembros ignoran las teorías de los otros con respecto al milenio, y no se preocupan por conocerlas, Imaginemos una iglesia que solo busca una cosa, que solo tiene una obsesión, una meta y un tremendo propósito: *conocer y amar al Señor Jesucristo.*

Esto no significa que haya tópicos diversos que sean intocables o estén más allá de una posible discusión. Pero sí implica que estos no se convertirán en un punto central para la iglesia, ni constituirán una base de división dentro del pueblo de Dios.

Permítanme contarles una historia real en este sentido. En 1992 presencié la forma en que dos grupos diferentes de cristianos se juntaron para expresar la unidad del cuerpo de Cristo. Uno de los grupos tenía un trasfondo carismático. El otro, un trasfondo como Iglesia de Cristo. (Yo formaba parte del grupo con un bagaje carismático).

Luego de algunas pocas reuniones conjuntas, ambos grupos decidieron hacer algo humanamente imposible. Resolvimos reunirnos juntos como una sola iglesia. Poco después de tomar esa decisión, empezaron a saltar las chispas.

Recuerdo vívidamente aquellos días. Nos reuníamos por los hogares. Nuestras reuniones eran abiertas y participativas. Sin embargo, cada encuentro que teníamos era como caminar sobre un campo

minado. En el ambiente flotaba una carga emocional altamente inflamable. La tensión de ir a un encuentro en el que la mitad del grupo
estaba acostumbrado a funcionar de cierta manera (en los dones espirituales) y la otra mitad de otra manera, resultaba casi intolerable.

Podría extenderme hablando sobre los detalles de esta historia de
guerra, pero les evitaré la molestia. Solo permítanme decir que pocos
meses después de habernos integrado, fuimos testigos de una escisión
en la iglesia. Ni nuestros más denodados esfuerzos por lograr establecer
una paz preventiva ni nuestra diplomacia espiritual pudieron evitarla.

Antes del cisma, mantuvimos algunas discusiones más bien inten-
sas con respecto a nuestras diferencias. Pero ninguna de ellas nos llevó
a una resolución del asunto. La mayoría de esas discusiones se diluye-
ron en un bullicio. Lo único que elevaron fue la presión sanguínea.

Como consecuencia, algunos abandonaron el grupo. Pero con
nuestra ropa aún chamuscada, aquellos que permanecimos juntos recibimos iluminación de parte del Señor. Se presentó una propuesta
sobre la que todos estuvimos de acuerdo. Según creo, nuestra decisión
demostró valer su peso en oro.

¿Cuál fue aquella decisión? Que todos colocaríamos nuestra
comprensión de los dones espirituales a los pies de la cruz. Y así lo
hicimos. Cada uno de nosotros estuvo de acuerdo en abandonar cualquier pensamiento o experiencia que tuviéramos con respecto al obrar
del Espíritu Santo. Morimos a ello completamente. Lo entregamos.
Y le pedimos al Señor que nos enseñara de nuevo como si fuéramos
niños pequeños (Mateo 18:3).

A partir de ese momento, el enfoque central pasó de lo que pensábamos que conocíamos acerca del Espíritu Santo a centrarse en el
Señor Jesucristo mismo. Resolvimos ceñirnos solamente a Cristo, y
pusimos nuestros ojos exclusivamente en él.

Después de alrededor de un año, sucedió algo milagroso. Los
dones del Espíritu resurgieron, resucitaron de la muerte, salieron de la
tumba a una novedad de vida. Pero no tenían la misma apariencia de
nada que hubiéramos visto dentro del movimiento carismático o pentecostal. Y con toda certeza tampoco se parecían a nada que tuviera
que ver con la tradición de la Iglesia de Cristo. (Todas las cosas se ven
diferentes en la resurrección).

Aquellos que nos quedamos y nos comprometimos a capear la tormenta fuimos genuinamente edificados juntos. Y yo experimenté algo de lo que solo había leído en la Biblia: pude ver dos distintos grupos de cristianos amarse los unos a los otros saltando por encima de sus diferencias. El resultado tuvo que ver con lo que Pablo les había dicho a los Corintios: «Les suplico, hermanos, en el nombre de nuestro Señor Jesucristo, que todos vivan en armonía y que no haya divisiones entre ustedes, sino que se mantengan unidos en un mismo pensar y en un mismo propósito» (1 Corintios 1:10). Esta experiencia, aunque nos hizo sangrar en un principio, me llevó a entender con total claridad que la unidad de la fe es más que un ideal piadoso.

La vida de una iglesia orgánica saludable no es sectaria, elitista o exclusivista. Estas iglesias se reúnen tan solo sobre una base: Cristo. Por lo tanto, si los cristianos de las iglesias orgánicas están dispuestos a ir a la cruz y se rehúsan a dividirse unos de otros por diferencias doctrinales, Dios puede entretejer sus corazones y mentes en uno.

Esto puede requerir paciencia, tolerancia y el estar dispuestos a morir muchas veces. Pero ese es el precio del que habló Pablo para poder preservar la unidad del Espíritu: «Siempre humildes y amables, pacientes, tolerantes unos con otros en amor. Esfuércense por mantener la unidad del Espíritu mediante el vínculo de la paz» (Efesios 4:2-3).

Preguntas que debemos encarar

- ¿Realmente tomamos en serio la oración del Señor por la unidad de su pueblo cuando nos dividimos por cuestiones de creencias teológicas, escatología, política, raza, versiones de la Biblia, educación de los hijos y cosas semejantes? ¿Puedes agregar alguna otra línea de división a esta lista?

- A la luz de 1 Corintios 1:12-13, ¿estás de acuerdo o en desacuerdo con la declaración de que el denominacionalismo ha convertido en aceptable la división dentro del cuerpo de Cristo? Explica.

- ¿Podemos imaginarnos una iglesia en la que cada miembro se centre solo en Cristo y no en una cantidad de cuestiones periféricas que crean cismas entre los creyentes? Explica.

CAPÍTULO 7
LA PRÁCTICA DE LA IGLESIA Y EL PROPÓSITO ETERNO DE DIOS

Visualizada dentro del contexto del Dios trino, la iglesia es comunidad. Finalmente, la comunidad que debe caracterizar a la iglesia es el resultado de nuestra comunión con el Espíritu. Para comprenderlo, debemos revisar el gran alcance del propósito eterno de Dios según el modo en el que se relaciona con su propia naturaleza trinitaria. El Padre envió al Hijo para la realización del designio eterno de Dios de llevar a la humanidad y a la creación a participar de su propia vida. Solo a través de esa cualidad colectiva producida por el Espíritu es que en verdad reflejamos ante toda la creación la tremenda dinámica que hay en el mismo corazón del Dios trino. Nuestra comunión no es nada más que nuestra participación común en la divina comunión que se da entre el Padre y el Hijo, mediada por el Espíritu Santo.

—Stanley Grenz

Los norteamericanos ven al individuo en forma aislada y lo consideran como la fuente de toda virtud moral, y a la sociedad como nada más que una colección compuesta por esos individuos. El evangelicalismo implícitamente concordó con eso. Este ha hablado con elocuencia de salvar individuos, pero no ha tomado con seriedad el ámbito dentro del cual esos individuos eran salvados. Ellos han predicado el evangelio del individuo con bastante corrección; pero, como verdaderos norteamericanos, no han considerado que Dios podría tener la intención de ir más allá y formar un pueblo con esas personas. El evangelicalismo ha buscado transformar a la gente y de ese modo transformar al mundo. No han visto que puede estar faltando algo dentro de esa visión, algo que al asumir su individualismo norteamericano les ha quedado oculto. La verdadera visión cristiana es transformar a la gente, convertirla en pueblo, y entonces transformar al mundo. Los evangélicos han pasado por alto la frase del medio. Ellos no han podido ver a la iglesia como un anticipo de la nueva sociedad; la han considerado un club para los nuevos individuos. Los evangélicos simplemente han vestido al individualismo norteamericano de ropas cristianas. Acabaron teniendo nuevos individuos aislados, pero dentro de la vieja sociedad.

—Hal Miller

En el transcurso de los años, una gran cantidad de personas me ha preguntado: «Frank, la iglesia no es importante, ¿verdad? La vida cristiana es lo principal; la iglesia es secundaria, ¿no es cierto?».

Mi respuesta a esa pregunta ha sido: «La iglesia cuenta mucho, porque es muy importante para Dios. Y nunca debería permanecer aislada de la vida cristiana».

Por consiguiente, detrás de la práctica de la iglesia se esconde un propósito enorme e increíble. Pablo lo llama el «eterno propósito» (Efesios 3:11)[1].

La misión de Dios

A través del libro de Efesios, Pablo ha gastado una buena cantidad de tinta intentando develar el eterno propósito de Dios ante los cristianos de Asia Menor. Toda la carta resulta un imponente despliegue del propósito divino. En ella, Pablo pone las verdades más sublimes en palabras humanas. En Efesios, el propósito último y la pasión que Dios tiene en su corazón desde las edades pasadas son expuestos con toda su riqueza.

Efesios nos enseña que el propósito de Dios va mucho más allá de los alcances de la redención. En la eternidad pasada, Dios el Padre ya estaba en la búsqueda de una esposa y un cuerpo para su Hijo, y de una casa y una familia para él mismo. Esas cuatro imágenes (la esposa, el cuerpo, la casa y la familia) comprenden la gran narrativa de toda la Biblia[2]. Están allí, en el centro de los latidos del corazón de Dios. Son su pasión última, su propósito eterno y su intención rectora. Dicho de otra manera, el propósito eterno de Dios está íntimamente ligado con la iglesia.

En el momento de escribir este libro se hablaba mucho acerca de la *Missio Dei* (misión de Dios) en los círculos cristianos. Creo que ese puede ser un énfasis saludable. ¿Pero exactamente cuál es la misión de Dios? Sugiero que no es otra que el propósito eterno de Dios.

Desde que soy cristiano he venido haciendo esta simple observación: Nuestro moderno evangelio se centra enteramente en las necesidades humanas. El argumento de ese evangelio tiene que ver con un Dios benevolente cuyo principal propósito es bendecir y sanar a un mundo caído. Por lo tanto, nuestro evangelio está centrado en salvar el espíritu/alma del hombre (evangelización) y en salvar su cuerpo (sanidad de los enfermos, liberación de los cautivos, ayuda a los pobres, apoyo a los oprimidos, cuidado de la tierra y otras cosas). En resumen, el evangelio que comúnmente se predica hoy está «centrado en lo humano». Se enfoca en las necesidades de la humanidad, sean estas espirituales o físicas.

Sin embargo, hay un propósito en Dios que es *para* Dios. Ese propósito ya existía en Cristo antes aun de que ocurriera la caída. Suplir las necesidades humanas es un subproducto, un fluir espontáneo, de tal propósito. Pero no el producto primario.

Resulta revelador que Dios no creara a los seres humanos con una necesidad de salvación. Si nos remontamos al proyecto creador de Génesis 1 y 2, descubrimos que el propósito de Dios precedió a la caída. Eso nos debería llevar a una pregunta muy incisiva: ¿Qué habría hecho Dios con los seres humanos si estos nunca hubiesen caído?

A través de todos mis años como cristiano me relacioné con movimientos que se especializaban en la evangelización, con otros que se especializaban en el activismo social, y aun con otros que se especializaban en los dones espirituales. Cada uno de ellos se convirtió en un «fin en sí mismo». Ninguno se integró al propósito último de Dios. De hecho, nunca mencionaban «el propósito eterno». El resultado fue que esas actividades, aunque buenas y nobles, fracasaron en cuanto a satisfacer el corazón de Dios.

Permítanme explicar el último párrafo dándoles una ilustración. Imaginemos que un contratista general compra veinte acres (ocho hectáreas) de tierra para construir un complejo habitacional. Luego de construir las casas, él desea diseñar un jardín a la entrada del complejo. Esa es su meta. Así que contrata a alguien que plante hermosos árboles. Luego le encarga a otro que instale algunas rocas grandes. Emplea a otro para que coloque hermosas flores. Y aun a alguien más que plante matas y arbustos.

La persona que planta los árboles lo hace al azar, esparcidos por todo el complejo. El que instala las rocas hace lo mismo. También el que coloca las flores. E igual el que planta las matas y arbustos.

Cuando el contratista observa lo que todos ellos han hecho, queda muy decepcionado. Su meta era un bello jardín con un diseño. En lugar de eso, él ve que las flores, rocas, árboles, matas y arbustos se hallan desconectados entre sí y desparramados por todo el complejo al azar.

¿Es bueno plantar árboles? Sí. ¿Colocar flores es algo positivo? Ciertamente. Pero esas cosas «en ellas mismas» no constituyen la meta del contratista. *Lo que él quiere es un jardín panorámico.*

Esto describe el reino de Dios hoy. Muchas buenas obras, pero una abrumadora desconexión de todo con la meta última de Dios, que precisamente es de él, por él y para él (Romanos 11:36; Colosenses 1:16-18; Efesios 1:5).

Cómo percibir el punto principal

¿Por qué no hemos percibido el gran propósito de Dios en medio de todos nuestros libros, revistas, sitios web, blogs, CDs, DVDs, conferencias y seminarios?

Si conociera la respuesta, sería el doble de sabio de lo que fue Salomón. Pero haré un intento educado por señalarlo. Creo que parte de la razón es porque los cristianos evangélicos han construido su teología mayormente sobre Romanos y Gálatas. Y muchos cristianos no evangélicos la han construido a partir de los Evangelios (en particular de los sinópticos: Mateo, Marcos y Lucas). Y para ambos grupos, Efesios y Colosenses han sido apenas notas el pie.

Pero, ¿qué tal si iniciamos con la intención y el propósito de Dios en lugar de con las necesidades humanas? ¿Qué tal si tomamos como punto de partida la actividad eterna de Dios mismo antes de las limitaciones del tiempo físico, en lugar de la tierra después de la caída?

En otras palabras, ¿qué tal si construimos nuestra teología sobre Efesios y Colosenses y permitimos que los otros libros del Nuevo Testamento sigan en la misma línea? ¿Por qué Efesios y Colosenses? Porque Efesios y Colosenses nos proporcionan la perspectiva más clara del evangelio de Pablo, para el cuál Cristo lo había comisionado. Esas dos cartas no comienzan con las necesidades de los seres humanos posteriores a la caída, sino con el propósito intemporal de Dios antes de la creación. Ellas también nos presentan a Cristo en su estado previo a la encarnación.

Afirmo que si lo hiciéramos, los Evangelios y el resto del Nuevo Testamento (sin mencionar todo el Antiguo Testamento) encajarían en un lugar muy diferente para nosotros. Y la centralidad y supremacía de Jesucristo y su contraparte, la iglesia, dominarían nuestra comprensión de todas las cosas, espirituales y físicas.

Contrariamente a la opinión popular, los Evangelios no son el punto de inicio de la fe cristiana. Tampoco el Antiguo Testamento. Ambos nos transmiten la historia del medio. Efesios, Colosenses y el Evangelio de Juan constituyen la introducción y los capítulos iniciales de la historia. Esos escritos nos permiten captar un atisbo del Cristo anterior al tiempo y saber en qué consiste su misión. Su vida terrenal descrita en Mateo, Marcos y Lucas debe ser entendida sobre ese telón de fondo.

En este sentido, podemos comparar al evangelio con lo que la mayoría de nosotros hemos experimentado al mirar los episodios IV, V y VI de *La guerra de las galaxias* primero (que es la forma en que aparecieron en los cines). Pero para entender lo que sucede en esa saga, debemos comenzar en el lugar apropiado, es decir, con los episodios I, II y III.

Digo de nuevo, los seres humanos no llegaron a este mundo con una necesidad de salvación. Salvar almas, alimentar a los pobres y aliviar el sufrimiento de la humanidad no formaban parte de la primera movida de Dios en la eternidad pasada, porque la caída todavía no había tenido lugar.

Por favor, no me entiendan mal. No estoy en contra de ninguna de esas cosas. Por el contrario, las apoyo firmemente. Pero Dios tiene un propósito, un propósito *eterno* que los hombres tenían que cumplir antes de que el pecado entrara en escena. Y nunca renunció a él. Todo lo demás debe considerarse en relación con este propósito. Como lo dice DeVern Fromke:

> Lo que vemos en Efesios es lo que el Padre tenía la intención de realizar en su Hijo, y esto nunca resultó afectado por el pecado, la caída o el tiempo. Era ese propósito, que anteriormente había sido un misterio, lo que el apóstol Pablo estaba ahora revelando. Porque el Padre en sí mismo tenía un maravilloso propósito desde la eternidad, el que, por supuesto, incluía al hombre. La redención no es el fin, sino solo un programa de recuperación. No es sino un paréntesis incorporado dentro del tema principal[3].

A decir verdad, se requeriría de otro libro para develar el propósito eterno de Dios de una manera adecuada. (Estoy en proceso de escribir ese libro. Se llama *From Eternity to Here: Rediscovering the Ageless Purpose of God* [De la eternidad hasta aquí: Redescubriendo el propósito eterno de Dios])[4]. En este capítulo presentaré brevemente algunos de sus principales elementos.

El trazo de un hilo que nunca ha sido cortado

Uno de los lugares en los que más fácilmente se descubre el propósito eterno de Dios es en los dos primeros capítulos de la Biblia (Génesis 1 y 2) y en los dos últimos (Apocalipsis 21 y 22). La razón es porque esos cuatro capítulos son los únicos en los Escritos Sagrados que no han sido tocados por el pecado. Permítanme explicarlo.

Génesis 1 y 2 tienen que ver con sucesos *previos* a la caída. Apocalipsis 21 y 22 tienen que ver con acontecimientos *posteriores* a que la caída sea borrada. La caída comienza inmediatamente después que termina Génesis 2, y acaba justo antes de Apocalipsis 21. Génesis 3 se inicia con el diablo engañando a Eva. Apocalipsis 20 acaba con el diablo siendo arrojado al lago de fuego.

Debido a su calidad de únicos, Génesis 1 y 2 y Apocalipsis 21 y 22 nos enseñan mucho sobre el propósito eterno de Dios. Los cuatro capítulos están llenos de muchos temas gloriosos que se pueden trazar a lo largo de todo el Antiguo Testamento y del Nuevo también. Se extienden como un hilo que no se corta desde Génesis 1, y a través de todo el resto de la Biblia, hasta el clímax de Apocalipsis 22.

Este hecho por sí mismo nos dice que Dios nunca ha renunciado a su propósito eterno. Aun en medio de la caída el Señor seguía trabajando en él.

Un ejercicio que bien vale la pena es identificar todas las cosas en común que aparecen en Génesis 1 y 2 y en Apocalipsis 21 y 22. Nos sorprenderá descubrir todas las que hay. Una vez descubiertas, tracemos cada una a través de toda la Biblia. Hacerlo exhaustivamente podría tomarnos años. Pero nos dará una tremenda perspectiva del propósito último de Dios.

Por amor al tiempo y al espacio, haré una breve lista de las diez cosas más importantes que aparecen en esos cuatro capítulos. Si las vinculamos unas con otras, lograremos echarle un vistazo con bastante claridad al propósito divino. Son:

1. Un Dios corporativo. En Génesis 1:26, el Señor dice: «*Hagamos* al ser humano a nuestra imagen y semejanza». Es la Divinidad la que habla. Y no solo habla, sino que planifica. El Dios trino se asesora consigo mismo y concibe un plan eterno. «Hagamos», dice. Esto es corporatividad divina y comunidad divina: un intercambio de comunión divina. La Divinidad está dando a luz su propósito eterno.

2. El hombre. Hay un hombre en Génesis 1 y 2, y hay un hombre en Apocalipsis 21 y 22. La Biblia es una historia de dos hombres. Un viejo hombre y un nuevo hombre. Y esos dos hombres han estado en una tremenda batalla desde los albores de la caída hasta ahora.

Adán era el hombre nuevo, pero rápidamente se convirtió en el viejo hombre. Todos los que a partir de allí nacieron de Adán forman parte del linaje del viejo hombre. Jesucristo es la Cabeza del nuevo hombre. Y ese nuevo hombre tiene un cuerpo.

El viejo hombre es el fundador de la religión organizada. La religión organizada se construye sobre rituales y jerarquías humanas. Por contraste, el cristianismo comenzó siendo orgánico. Pero con el paso del tiempo, adoptó la estructura jerárquica del Imperio Romano. Todas nuestras denominaciones han adoptado la misma estructura organizacional. Esa estructura se puede trazar hasta el viejo hombre. Originalmente provino de los babilonios y luego fue pasada a las otras culturas, incluyendo la romana.

El nuevo hombre es un organismo espiritual, no una organización institucional. Es un cuerpo orgánico. Por lo tanto, el eterno propósito de Dios está envuelto en la creación de un hombre nuevo.

3. Una humanidad corporativa. Génesis 1:26-27 dice: «Hagamos al ser humano [...] que tenga dominio [...] lo creó a imagen de Dios. Hombre y mujer los creó». «*Hagamos* [plural] al hombre [...] que *tenga* dominio [...] hombre y mujer los creó [pluralidad]». Dentro de la Divinidad aparece un propósito enorme, que es corporativo. Y en el centro de ese propósito hay una humanidad creada para vivir y actuar en forma corporativa para Dios y no para sí misma. Así que hay colectividad en Dios y hay colectividad en el hombre. El propósito eterno de Dios es intensamente colectivo.

4. Alguien que porta una imagen. Génesis 1:26 dice: «Hagamos al ser humano a *nuestra imagen*». Dios deseaba que el hombre fuera portador de su imagen sobre la tierra. El Todopoderoso Creador, que es invisible, creó una imagen visible de sí mismo para que la vieran los ángeles, los animales y él mismo. La imagen de Dios se puede trazar a través de toda la Biblia, desde Génesis hasta Apocalipsis.

Notemos que la tarea de portar la imagen de Dios no le fue dada a un individuo. Le fue dada al género humano. Dios deseaba una expresión colectiva de sí mismo en la tierra. Estaba decidido a llevar su imagen a la esfera física. Dicho de otra forma, Dios deseaba tener una comunidad que le correspondiera sobre la tierra y que reflejara la comunidad de la Deidad. Y dado que Dios es corporativo, solo un pueblo corporativo podía hacer eso. Según las palabras de Stanley Grentz: «Solo en nuestra colectividad, producida por el Espíritu, reflejamos verdaderamente ante toda la creación la tremenda dinámica que reside en el corazón del Dios Trino»[5].

5. El dominio. Génesis 1:26, 28 sigue diciendo: «Hagamos al ser humano a nuestra imagen [...] *dominen*...» Este hombre corporativo de Génesis 1 debía ejercer dominio sobre la creación, incluyendo las cosas que se arrastran (Génesis 3:1ss.; Lucas 10:9; Apocalipsis 12:9). Dios deseaba gobernar la tierra a través de una humanidad colectiva. Y ese dominio se extendía hasta al propio enemigo de Dios. (La serpiente se arrastra sobre el suelo).

6. Un jardín. En Génesis 2:8 aparece un jardín. El jardín es un punto de contacto entre dos esferas. Un lugar de encuentro. El hombre visible y el Dios invisible caminan juntos en el jardín. Tenemos en el jardín dos esferas que se tocan. Es el lugar en el que el espacio de Dios y el espacio del hombre forman una intersección.

Allí se da un importante principio espiritual: Desde el principio Dios determinó que se produjera un matrimonio entre las dos esferas. Estaba decidido a tener algo sobre la tierra que llevara su imagen y ejerciera su dominio[6]. Y en su tiempo lo tendrá. Habrá una unión de lo espiritual con lo físico... de lo visible con lo invisible... de lo visto con lo no visto... de la divinidad con la humanidad... de Dios con el hombre. Él tuvo este matrimonio en Jesucristo, y lo tendrá en su iglesia.

El jardín también es una barraca de maderas. Contiene los materiales con los que Dios construye. Hay un árbol especial en el jardín, cuyo nombre es el Árbol de la Vida. Y los seres humanos han sido llamados a comer de ese árbol y vivir a través de la vida que comunica desde su interior. También hay un río que fluye en el jardín. Y ese río arrastra materiales para la construcción: oro, perlas (bedelio) y piedras preciosas.

Podemos trazar el jardín, el árbol, el río, el oro, las perlas y las piedras preciosas a través de toda la Biblia, desde el Antiguo Testamento al Nuevo. Todos esos objetos tienen mucho que ver con el propósito eterno de Dios.

Cuando llegamos al final de la Biblia, descubrimos que la casa de Dios está construida con oro, perlas y piedras preciosas. El jardín ha sido transformado en una gloriosa ciudad. Y el árbol y el río reaparecen con un esplendor magnífico.

7. Una mujer. También hay una mujer en Génesis 1. Pero está oculta. No hace su aparición hasta Génesis 2. ¿Dónde se oculta la mujer? Está oculta dentro del hombre. En Génesis 2, Dios hace caer un sueño profundo sobre Adán y saca a una mujer de dentro de él.

Consideremos el hecho de que el hombre fue hecho a la imagen de Dios. Por lo tanto, así como había una mujer escondida dentro de Adán, también había una mujer escondida dentro de Dios.

La esposa de Cristo fue elegida en Cristo antes de los tiempos (Efesios 1:4-5). Y cuando la plenitud del tiempo llegó, el Hijo de Dios entró en la tierra. Luego de completar su ministerio sobre la tierra, Dios el Padre llevó a su Hijo a un profundo sueño sobre un monte llamado Calvario. Entonces, en su resurrección, él liberó a esa mujer en la tierra, y su nombre es *ekklesia* (Romanos 5:14; Efesios 5:23-33). Ella es la iglesia del Dios viviente, la novia de Cristo. ¡Y la noticia maravillosa es que tú y yo formamos parte de esa mujer!

Podemos trazar el rastro de esa mujer desde Génesis 1 y 2 a través de toda la Biblia. De hecho, el evangelio de Jesucristo comienza con esa mujer. En Juan 3, un profeta llamado Juan el Bautista declara ser «el amigo del novio» (Juan 3:29). El propósito eterno de Dios, por lo tanto, tiene algo que ver con un misterio oculto en Dios desde las edades pasadas; y ese misterio es una mujer (Efesios 3:1-9; 5:32; Colosenses 1:26-27). Esta mujer reaparece en Apocalipsis 21 y 22 en su estado glorioso.

8. Una tierra. En Génesis 1 encontramos la primera mención del planeta y la tierra. A través de la historia bíblica se ha desarrollado una batalla por el planeta y la tierra. La batalla ha sido entre Dios y su enemigo. La cuestión central de esa lucha es esta: *¿Quién obtendrá el dominio?*

Esa batalla se relaciona con el reino de Dios, que es un tema mayor dentro de las Escrituras. El propósito eterno, por lo tanto, tiene mucho que ver con que Dios gobierne el planeta a través de una humanidad corporativa.

Desafortunadamente, muchos evangélicos han enseñando que cuando Adán y Eva cayeron, Dios decidió desechar a la tierra y redimir solo a un pequeño grupo de personas que iba a sacar de allí para llevárselas al cielo. Pero Dios ama a la tierra y desea redimirla (Salmo 78:69; Eclesiastés 1:4; Romanos 8:20ss.). Él ha prometido llenar la tierra de su gloria como las aguas cubren el mar (Isaías 11:9; Habacuc 2:14). Finalmente, Dios traerá el cielo a la tierra (Apocalipsis 22), tal como fue en el jardín del Edén.

En este sentido, uno de los propósitos de la iglesia, posterior a la caída, es continuar el ministerio de Jesús bosquejado en Lucas 4:18, que consiste en predicar las buenas nuevas del reino a los pobres, sanar a los quebrantados de corazón, pregonar libertad a los cautivos, poner en libertad a los oprimidos y dar vista a los ciegos.

El cuerpo de Cristo no solo ha sido llamado a formar comunidades locales que sirvan como proyectos piloto del nuevo cielo y la nueva tierra; también ha sido llamado a ser el agente redentor de Dios para sanar a este mundo caído. La iglesia está llamada a cumplir la promesa hecha a Abraham de que «en él serán bendecidas todas las naciones de la tierra» (Génesis 18:18; 22:18; Gálatas 3 y 4). En todas estas maneras, la oración del Señor acerca de que la voluntad de Dios sea hecha «en la tierra como en el cielo» adquiere una expresión visible a través de la iglesia.

9. La filiación como hijos. Existen tres formas en que una persona puede convertirse en un hijo. Una es por creación. Otra es por adopción. Y otra es a través del nacimiento. Adán es llamado hijo de Dios (Lucas 3:38). Pero Adán era hijo de Dios por creación. No tenía otro padre más que Dios.

Sin embargo, Dios deseaba que Adán participara de su vida divina a través del Árbol de la Vida, que lo convertiría en un hijo por nacimiento. Adán falló en cuanto a esto. Pero Jesucristo vino a la tierra como el segundo Adán, y todos los que aceptan su invitación hoy se convierten en auténticos hijos de Dios (Juan 1:12; 6:57). Podemos rastrear el tema de la filiación como hijos a través de todo el Antiguo Testamento y el Nuevo. El propósito de Dios es hacer de su Hijo unigénito el primogénito entre muchos hermanos, y llevar muchos hijos a su gloria (Romanos 8:28-29; Hebreos 2:10). En otras palabras, Dios desea una familia.

10. La unidad. Finalmente, hay unidad en Génesis 1 y 2. Génesis 2 termina con el hombre y la mujer siendo uno. Podemos rastrear el tema de la unidad a través de todas las Escrituras. Este tema alcanza su clímax en Apocalipsis 21 y 22, cuando la novia de Cristo se convierte en la esposa de Dios, y los dos se hacen uno.

Reuniéndolo todo

Todos los elementos mencionados más arriba nos enseñan mucho con respecto al propósito eterno de Dios. Desde el principio Dios deseaba una novia con la que casarse, una casa en la cual habitar, una familia para disfrutar, y un cuerpo visible a través del cual expresarse. Todas esas imágenes —la novia, la casa, la familia y el cuerpo— señalan en dirección a la iglesia del Señor Jesucristo, que es de él, por él y, finalmente, para él (Romanos 11:36).

La gloria, Señor, no es para nosotros; no es para nosotros sino para tu nombre (Salmo 115:1).

Como lo dice Miroslav Volf: «La iglesia vive a partir de algo y hacia algo que es mayor que la iglesia misma»[7]. Ese algo es Dios y su propósito eterno.

La iglesia, entonces, no solo ha sido llamada a proclamar el evangelio, sino a encarnarlo a través de su vida comunitaria. Desafortunadamente, la iglesia en occidente está dominada por fuerzas individualistas y anticomunitarias. Su obsesión con el consumismo, el individualismo y el materialismo le ha impedido cumplir con la intención última de Dios.

En lo que a esto se refiere, Gilbert Bilezikian dice: «Cristo no murió solo para salvarnos de nuestros pecados, sino para reunirnos en una comunidad. Luego de venir a Cristo, nuestro siguiente paso es involucrarnos con una comunidad. Una iglesia que no experimenta la comunidad es una parodia, una farsa»[8].

Dicho simplemente, la finalidad de la iglesia es representar el propósito eterno de Dios. Está llamada a vivir en la anticipación de Apocalipsis 21 y 22. Por lo tanto, desde el punto de vista del propósito eterno de Dios, la iglesia existe para ser:

- la encarnación y la manifestación de la pasión suprema de Dios
- la expresión orgánica y la extensión física de la Comunidad Trinitaria
- la portadora de la imagen corporativa del Señor Jesucristo en la tierra
- la familia de Dios
- el edificio divino en el que cada piedra viva está siendo transformada, reformada y adecuada para encajar con otras y formar el templo del Señor
- el puesto de avanzada colonizador del reino que viene
- la obra maestra de Dios
- la «Betania» espiritual en la que se recibe, obedece y adora a Jesús de Nazaret en medio de un mundo que lo rechaza[9]
- el vaso en el que el poder de la vida de resurrección de Cristo se exhibe de un modo visible
- el objeto del afecto y el deleite supremo de Dios
- el vehículo dispuesto para manifestar la presencia de Cristo
- la portadora de la antorcha del testimonio de Jesús
- el «nuevo hombre» (la nueva especie), la «tercera raza»
- la prometida de Jesucristo; su mismo cuerpo, su misma novia
- la nueva humanidad definida en el Hijo de Dios antes de los tiempos y traída a la existencia por su cruz
- el hábitat autóctono de los cristianos
- el medioambiente espiritual en el que tienen lugar los encuentros cara a cara entre la esposa y el esposo
- el testigo vivo de la plenitud de la jefatura del Hijo de Dios
- la colonia del cielo que lleva la imagen de su Gobernador

Resumiendo, siempre que la iglesia se reúne, el principio rector y de funcionamiento es sencillamente encarnar a Cristo (1 Corintios 12:12).

Preguntas que debemos encarar

- ¿Qué consideras lo más sobresaliente de este capítulo? Explica.
- Si te hubieran preguntado con respecto al propósito eterno de Dios y su pasión última (antes de leer este capítulo), ¿qué hubieras dicho? Explica.
- ¿Qué resultados se producirían si los cristianos hicieran un giro, dejando de lado el ocuparse de sus propias necesidades para cumplir con el propósito último de Dios?
- ¿Estás dispuesto a descartar el evangelio enfocado en el hombre que se predica corrientemente hoy y a centrar tu vida en el propósito rector de Dios. Si es así, ¿de qué manera?

SEGUNDA PARTE
LIDERAZGO Y RENDICIÓN DE CUENTAS

CAPÍTULO 8
RECONFIGURACIÓN DEL LIDERAZGO

La doctrina del Nuevo Testamento sobre el ministerio no descansa en la distinción entre clero y laicado, sino entre los dos pilares gemelos y complementarios del sacerdocio de todos los creyentes y los dones del Espíritu. Hoy, cuatro siglos después de la Reforma, la plena implicancia de esta declaración protestante aún tiene que ser resuelta. La dicotomía clero-laicado es una transferencia directa del catolicismo romano anterior a la Reforma, y una vuelta atrás al sacerdocio del Antiguo Testamento. Constituye uno de los obstáculos principales para que la iglesia sea en verdad el agente del reino de Dios hoy, debido a que crea la idea falsa de que solo los «hombres sagrados», a saber, los ministros ordenados, están realmente calificados para el liderazgo y para llevar adelante un ministerio significativo, y que ellos son los responsables de hacerlo. En el Nuevo Testamento encontramos una distinción funcional entre las diversas clases de ministerios, pero no una división jerárquica entre el clero y el laicado.

—Howard Snyder

Cuando volvemos a la Palabra de Dios y la leemos de nuevo, vemos que la profesión clerical aparece como resultado de nuestra cultura humana y la historia, y no del propósito de Dios para la iglesia. Es simplemente imposible construir una justificación bíblica defendible para la institución del clero tal como lo conocemos.

—Christian Smith

Hoy en día la estructura del liderazgo que caracteriza a la iglesia contemporánea es jerárquica y está basada en posiciones. En las siguientes páginas, examinaremos esta estructura y redescubriremos una forma de liderazgo completamente diferente. Aquella que está prevista en las Escrituras y arraigada en el Dios trino.

La estructura del liderazgo de nuestros días se deriva de una *mentalidad de posiciones*. Esta mentalidad define la autoridad en términos de espacios a llenar, descripción de tareas a llevar a cabo, títulos que se ostentan, y rangos que se puedan lograr. Refleja preocupación por las estructuras explícitas de liderazgo. Según la mentalidad basada en las posiciones, términos como *pastor, anciano, profeta, obispo* y *apóstol* configuran títulos que representan puestos u oficios eclesiásticos. (Un oficio es un espacio sociológico que un grupo define, y tiene una realidad propia aparte del carácter y las acciones de la persona que lo asuma).

Por contraste, la noción neotestamentaria del liderazgo se arraiga en una *mentalidad funcional*. Esta define la autoridad en términos de la forma en que las cosas funcionan desde un punto de vista orgánico. O sea, se enfoca en expresar la vida espiritual

El liderazgo en el Nuevo Testamento le otorga gran importancia a los propios dones, la madurez espiritual y el servicio sacrificado de cada uno de los miembros. Coloca el énfasis en las funciones y no en los oficios. Enfatiza las tareas más que los títulos. Su principal preocupación se concentra en actividades como pastorear, aconsejar, profetizar, enseñar y otras.

Para estructurarlo de otra forma, el pensamiento basado en las posiciones se aferra a los sustantivos, en tanto que el pensamiento funcional subraya los verbos.

Dentro del marco del liderazgo según las posiciones, la iglesia sigue las pautas de las estructuras militares y gerenciales de la cultura contemporánea. Dentro del marco del liderazgo funcional, la iglesia opera según la vida, la vida divina. El ministerio mutuo sale al frente con naturalidad cuando el pueblo de Dios ha sido equipado y las estructuras jerárquicas están ausentes. En las iglesias que se orientan hacia las jerarquías y las posiciones es natural que detrás de la escena opere un aparato político. Esa maquinaria promueve a ciertas personas a posiciones de poder y autoridad eclesiástica. Propio de las iglesias con una orientación funcional son la responsabilidad mutua y la interacción colegiada de sus miembros. Porque ellos escuchan juntos al Señor. Se reconfortan los unos a los otros a través de los dones que han recibido del Espíritu. Se alientan unos a otros a avanzar hacia Cristo.

En resumen, la orientación del liderazgo que da el Nuevo Testamento es orgánica y funcional. La orientación jerárquica y según posiciones resulta fundamentalmente mundana.

Jesús y la idea del liderazgo gentil y jerárquico

Nuestro Señor contrastó el estilo de liderazgo jerárquico del mundo gentil con el liderazgo dentro del reino de Dios. Después de que Santiago y Juan le imploraron a Jesús que les garantizara los sitios glorificados de poder, es decir, los asientos a los lados de su trono, el Señor les respondió diciendo:

> *Como ustedes saben, los gobernantes de las naciones oprimen a los súbditos, y los altos oficiales abusan de su autoridad. Pero entre ustedes no debe ser así. Al contrario, el que quiera hacerse grande entre ustedes deberá ser su servidor, y el que quiera ser el primero deberá ser esclavo de los demás; así como el Hijo del hombre no vino para que le sirvan, sino para servir y para dar su vida en rescate por muchos (Mateo 20:25-28).*

Y en otra ocasión:

> *Los reyes de las naciones oprimen a sus súbditos, y los que ejercen autoridad sobre ellos se llaman a sí mismos benefactores. No sea así entre ustedes. Al contrario, el mayor debe comportarse como el menor, y el que manda como el que sirve (Lucas 22:25-26).*

Resulta significativo que la palabra que indica «autoridad espiritual» en Mateo sea *katexousiazo*. *Katexousiazo* es la combinación de dos palabras griegas: *kata*, que significa sobre; y *exousiazo*, que implica ejercer autoridad. Jesús también utilizó el término griego *katakurieuo* en este pasaje, que significa «señorear sobre» otros.

Jesús no condena en estos textos a los *líderes* opresores como tales. Lo que condena es la *forma* jerárquica de liderazgo que domina en el mundo gentil.

Esto merece repetirse.

Jesús no condena simplemente a los líderes tiránicos. Condena la forma jerárquica del liderazgo en sí misma.

¿Cuál es la forma jerárquica del liderazgo? El estilo de liderazgo construido sobre una estructura social de cadena de mandos. Se arraiga en la idea de que el poder y la autoridad fluyen de arriba hacia abajo. El liderazgo jerárquico se sustenta en un concepto mundano del poder. Eso explica por qué resulta endémico a todas las burocracias tradicionales. Está presente en las formas viciadas de feudalismo, como vasallo-señor, y en las relaciones amo-esclavo. Pero también está presente dentro de las altas esferas militares y empresariales de los Estados Unidos.

A menudo el liderazgo jerárquico muestra no tener sangre en sus venas y no es deseable para el pueblo de Dios. ¿Por qué? Porque reduce la interacción humana a relaciones estilo comando. Tales relaciones son ajenas al pensamiento y las prácticas del Nuevo Testamento. Sin embargo, dentro de la cultura secular se emplea el liderazgo jerárquico en todas partes. Y la iglesia institucional opera según él.

Resumiendo las enseñanzas de nuestro Señor sobre este estilo de liderazgo, los siguientes contrastes se hacen claramente manifiestos:

- Dentro del mundo gentil, los líderes operan sobre la base de una estructura política y social de cadena de mandos, una jerarquía graduada. En el reino de Dios, el liderazgo fluye a partir de una humildad casi infantil y un servicio sacrificado.

- En el mundo gentil, la autoridad se basa en la posición y el rango. En el reino de Dios, la autoridad se basa en un carácter piadoso. Notemos la descripción que hace Cristo de un líder: *«deberá ser su servidor»* y *«debe comportarse como el menor».* Ante los ojos de nuestro Señor el *ser* precede al *hacer.* Y el *hacer* fluye del *ser.* Dicho de otro modo, las funciones vienen después del carácter. Aquellos que sirven lo hacen porque *son* siervos.

- En el mundo gentil, la grandeza se mide por la prominencia, el poder externo y la influencia política. En el reino de Dios, la grandeza se mide por la humildad y el servicio.

- En el mundo gentil, los líderes explotan su posición para gobernar sobre otros. En el reino de Dios, los líderes deploran las reverencias especiales. Más bien se consideran a ellos mismos como «los menores».

Resumiendo, la estructura de liderazgo jerárquico caracteriza el espíritu de los gentiles. Implantar esas estructuras en la iglesia, por lo tanto, se contrapone al cristianismo del Nuevo Testamento. Nuestro Señor no tuvo pelos en la lengua para declarar su implícito desdén por la noción de liderazgo que tenían los gentiles. Su expresión: *«Pero entre ustedes no debe ser así»* (Mateo 20:26) hace explícito su parecer al respecto.

En conclusión, no hay espacio dentro de las enseñanzas de Jesús para el modelo de liderazgo jerárquico que caracteriza a la iglesia institucional.

Jesús y el modelo de liderazgo judío basado en las posiciones

Nuestro Señor también contrastó el liderazgo en el reino con el modelo de liderazgo que constituye la marca del mundo religioso. En el siguiente texto, Jesús expresa vehementemente la perspectiva de Dios acerca de la autoridad en contraste con la perspectiva judía. Prestemos atención a sus palabras:

Pero no permitan que a ustedes se les llame «Rabí», porque tienen un solo Maestro y todos ustedes son hermanos. Y no llamen «padre» a nadie en la tierra, porque ustedes tienen un solo Padre, y él está en el cielo. Ni permitan que los llamen «maestro» porque tienen un solo Maestro, el Cristo. El más importante entre ustedes será siervo de los demás. Porque el que a sí mismo se enaltece será humillado, y el que se humilla será enaltecido (Mateo 23:8-12).

Para resumir el contenido de este texto, podemos deducir lo siguiente:

- Dentro del clima religioso de los judíos existe un sistema de clases, constituido por los especialistas religiosos tipo gurú y los no especialistas. En el reino, *todos* son hermanos de la misma familia.
- En el mundo judío, a los líderes religiosos se les conceden títulos honoríficos (como maestro, padre, reverendo, pastor, obispo, ministro y otros). En el reino, no existen distinciones ni protocolo. Esos títulos oscurecen el honor que únicamente debemos rendir a Jesucristo y desvanecen la revelación del Nuevo Testamento que prevé que todos los cristianos sean ministros y sacerdotes.
- En el mundo judío se exalta a los líderes a posiciones de prominencia y notorias. En el reino, los líderes encuentran su identidad al llevar la modesta toalla del servicio y la sencilla vasija de la humildad.
- En el mundo judío, el liderazgo se arraiga en el status, los títulos y las posiciones. En el reino, el liderazgo se fundamenta en la vida interior y el carácter. (Dentro de esta línea, la moda de agregar «doctorados» honoríficos delante de los nombre de incontables clérigos es un ejemplo de la forma en que la iglesia contemporánea refleja aquellos valores que van en sentido contrario al reino de Dios).

En resumen, el liderazgo según Jesús dista mucho de ser lo que es en la iglesia institucional. Nuestro Señor le asestó un golpe mortal tanto al modelo de liderazgo jerárquico gentil como al modelo judío de liderazgo por posiciones.

Esos modelos que miman al ego resultan incompatibles con la simplicidad primitiva de la iglesia orgánica y el reino revolucionario de Jesucristo. Ellos impiden el progreso del pueblo de Dios. Suprimen el libre funcionamiento del sacerdocio de los creyentes. Quiebran la imagen de la iglesia como familia. Violentan el liderazgo que existe en el Dios trino. Y establecen severas limitaciones a la jefatura y conducción de Cristo. Por esas razones «no debe ser así entre» aquellos que portan el nombre del Salvador.

El moderno sistema del clero

Las Escrituras dejan en claro que Jesús condenó las estructuras de liderazgo jerárquica y por posiciones. Pero, ¿y qué de Pablo y los otros apóstoles?

Contrariamente al pensamiento popular, las cartas del Nuevo Testamento nunca presentan a los líderes de la iglesia en términos de algún «oficio» ni a través de otras convenciones de organización social humana. (Trataremos los diversos pasajes que se utilizan corrientemente para apoyar la existencia de «oficios» eclesiales en el capítulo 9).

Siempre que el Nuevo Testamento describe a la gente que aparece como *principal* responsable de la supervisión espiritual lo hace mencionando la labor que realiza. Domina el lenguaje referido a funciones. Los verbos tienen la prominencia.

En conexión con esto, el sistema clerical moderno constituye un aparato religioso que no tiene bases bíblicas. Ese sistema llevó al cuerpo de Cristo a convertirse en una audiencia, debido a que se apoya fuertemente en un único líder. Transformó a la iglesia en un lugar en el que los cristianos observan cómo actúan los profesionales. Cambió la santa congregación en un centro para el uso profesional del púlpito, sustentado por espectadores laicos.

Quizá la característica más desalentadora del sistema clerical es que mantiene a la gente que dice servir en una infancia espiritual. Debido a que el sistema clerical usurpa el derecho del cristiano de ministrar de una manera espiritual durante los encuentros colectivos, acaba debilitando al pueblo de Dios. Los mantiene débiles e inseguros.

Que la mayoría de las personas que forman parte de la profesión clerical (si no todas) aman al pueblo de Dios y desean servirlo está fuera de duda. Muchos de ellos sinceramente quieren ver a sus hermanos asumir su responsabilidad espiritual. (Muchos clérigos han expresado su frustración por no lograr que sus congregaciones asumieran más responsabilidad. Pero pocos de ellos han detectado como problema el mismo ejercicio de su profesión).

Sin embargo, la profesión clerical acaba restándole poder al sacerdocio de los creyentes y silenciándolo. Ese es el caso, independientemente de que la persona que ocupe el cargo clerical no sea controladora.

Funciona de esta manera. Dado que el clero asume la carga del trabajo espiritual, la mayor parte de la iglesia se vuelve pasiva, floja, preocupada por ella misma («aliméntenme») y detenida en su desarrollo espiritual.

Igualmente serio es el hecho de que el sistema clerical quebranta a muchos de los que ocupan posiciones clericales. ¿La razón? Dios nunca llamó a nadie a llevar la pesada carga de atender todas las necesidades de la iglesia solo[1]. Sin embargo, independientemente de las tragedias espirituales que genera la profesión clerical, las masas continúan descansando, e insistiendo en ella. Por esa razón, los así llamados laicos son tan responsables del problema del clericalismo como los clérigos.

A decir verdad, muchos cristianos prefieren la conveniencia de pagarle a algún otro para que lleve sobre sus hombros la responsabilidad del ministerio y el pastoreo. En sus mentes consideran mejor contratar a un especialista religioso que atienda las necesidades del pueblo de Dios que ocuparse ellos mismos de las demandas del cuidado pastoral y el servicio.

Las palabras de un antiguo profeta han logrado captar la actitud del Señor hacia este tipo de mentalidad: «Establecen reyes que yo no apruebo, y escogen autoridades que no conozco» (Oseas 8:4a). Para decirlo resumidamente, el moderno sistema clerical está muy alejado del pensamiento de Dios. Coloca al organismo vivo y palpitante que es la iglesia dentro de un chaleco de fuerza tomado del Antiguo Testamento.

A la luz de estos hechos aleccionadores, uno puede preguntarse con inteligencia cómo es que la profesión clerical sigue siendo la forma más corriente de liderazgo en la iglesia hoy. La respuesta se arraiga profundamente en la historia de la Reforma. Y continúa reforzándose por el imperativo cultural presente.

En resumen, la profesión clerical es poco más que una mezcla de administración, psicología y oratoria para consumo religioso, hecha para que les calce a todos, y envasada dentro de un oficio. Como tal, el rol sociológico del clero, según se practica en occidente, guarda pocos puntos de contacto con cualquier persona o cosa del Nuevo Testamento.

Repito, los clérigos no necesitan ser despóticos para entorpecer el ministerio mutuo. La mayoría de ellos son cristianos bien intencionados y dotados que creen sinceramente que Dios los ha llamado a ejercer su profesión. Muchos son dictadores benevolentes. Y algunos son tiranos espirituales en una búsqueda maquiavélica del poder, que encierran y congelan la vida de sus congregaciones.

El punto es que el clero no precisa utilizar formas viciadas de autoridad para resultar dañino a la vida del cuerpo. La mera presencia de la modalidad jerárquica de liderazgo, con alguien encima y alguien debajo, suprime el ministerio mutuo. Esto es así independientemente de que el clérigo no sea autoritario.

La misma presencia del clero tiene el efecto letal de condicionar a la congregación a volverse pasiva y perpetuamente dependiente. A los cristianos se les enseña desde la infancia que los pastores (y los sacerdotes) son los especialistas religiosos. Son aquellos que están calificados para manejar las cosas «espirituales» de Dios, en tanto que todos los demás han sido llamados al trabajo secular. Debido a que los clérigos son vistos como los especialistas religiosos, los demás miembros de la iglesia se consideran a ellos mismos como receptores pasivos.

Tal como lo señala Christian Smith: «El problema es que, más allá de lo que nuestras teologías nos digan con respecto al propósito del clero, el efecto real de la profesión de clérigo es dejar lisiado al cuerpo de Cristo. Eso no sucede porque el clero tenga la intención de hacerlo (generalmente procuran lo contrario), sino porque la naturaleza objetiva de la profesión inevitablemente convierte a los laicos en receptores pasivos»[2].

El creyente promedio probablemente no tenga conciencia de que su noción de liderazgo ha sido conformada por siglos de historia eclesiástica (alrededor de mil setecientos años). Por esa razón, el concepto sobre el clero está tan incrustado en nuestro pensamiento que cualquier intento de desviarnos de él con frecuencia encuentra una oposición feroz.

Muchos cristianos modernos se resisten tanto a la idea de desmantelar el clero como los mismos clérigos. Las palabras de Jeremías tienen una aplicación pertinente: «Los profetas profieren mentiras, los sacerdotes gobiernan a su antojo, *¡y mi pueblo tan campante!* (Jeremías

5:31). En resumen, clérigos y no clérigos son responsables por igual de la dolencia que aqueja a la iglesia en el día de hoy.

La verdad es que muchos de nosotros, del mismo modo que el antiguo Israel, todavía clamamos porque haya un rey que nos gobierne. Queremos un mediador visible que nos diga lo que Dios ha dicho, y que «no hable Dios con nosotros» (Éxodo 20:19; 1 Samuel 8:19). La presencia de un mediador humano en una iglesia es una tradición muy bienvenida, a la que los cristianos se han entregado completamente. Pero no cuadra con las Escrituras. Y a mi juicio, suprime el funcionamiento libre y plenamente maduro del cuerpo de Cristo.

Quiero repetir este punto: El problema no está tanto en el clero como en la gente. El mismo subyace dentro del sistema al que ellos pertenecen. Christian Smith lo explica maravillosamente:

La profesión clerical resulta contraproducente en lo fundamental. El propósito que declara es ayudar a la iglesia a alcanzar la madurez espiritual: una meta valiosa. En la realidad, sin embargo, logra lo opuesto a través de alimentar la dependencia permanente del laicado en el clero. Estos llegan a ser para las congregaciones como los padres de aquellos niños que nunca crecen, como los terapeutas para los que sus pacientes nunca sanan, y como los maestros que nunca conducen a la graduación a sus estudiantes.

La existencia de un ministro profesional a tiempo completo hace que sea muy fácil que los miembros de la iglesia no asuman responsabilidad dentro de la vida corriente de la iglesia. ¿Y por qué deberían hacerlo? Esa es la tarea del pastor (así al menos se piensa). El resultado es que los laicos permanecen en un estado de dependencia pasiva. Pero, imaginemos una iglesia cuyo pastor ha renunciado y no puede encontrar un reemplazo.

En una situación ideal, con el tiempo, los miembros de esa iglesia tendrían que salir de sus bancos, reunirse y descubrir quién de ellos podría enseñar, quién podría aconsejar, quién podría mediar en las disputas, quién podría visitar a los enfermos, quién podría dirigir la alabanza, y otras cosas. Con un poco de perspectiva, se darían cuenta de que la Biblia convoca al cuerpo como un todo para llevar a cabo esas tareas, impulsando a cada uno a considerar cuál es el don con el que puede contribuir y el rol que puede jugar para edificar al cuerpo[3].

Algunos pastores modernos negarían que su oficio forme parte de una jerarquía clerical. Sin embargo, Kevin Giles atraviesa la niebla de esta negación. Al describir a las iglesias conducidas por un pastor, hace esta crítica aguda:

La extraña paradoja es que en esas iglesias generalmente también se hace un fuerte énfasis en el ministerio de los laicos, a veces expresado en términos del ejercicio de los dones carismáticos, pero descubrimos que el ministerio de todo el cuerpo siempre es visto de una manera muy diferente del ministerio que ejerce el pastor, que representa a Dios. En esas iglesias, constantemente se imparte enseñanza sobre las estructuras de autoridad en la iglesia y el hogar. Se enfatiza que el pastor o pastores han sido colocados sobre el rebaño, que el liderazgo constituye una reserva masculina, y que el rebaño debe obedecer. Raramente se describe esto como un orden jerárquico, pero en realidad eso es lo que es[4].

A la luz de todo lo dicho más arriba, no sorprende que el eminente erudito James D. G. Dunn haya señalado que la tradición del clerolaicado ha hecho más por socavar la autoridad del Nuevo Testamento que la mayoría de las herejías[5]. Dunn también observa:

Aumentar la institucionalización es la marca más clara del catolicismo temprano, momento en que la iglesia se identificó cada vez más con una institución, en que la autoridad se volvió cada vez más colindante con el oficio, en que la distinción básica entre clero y laicado se hizo cada vez más evidente, en que la gracia cada vez se restringió más a ciertos actos rituales muy definidos [...] esos rasgos estaban ausentes en la primera generación de cristianos, aunque en la segunda generación, el cuadro comenzó a cambiar[6].

Luego de esta acotación tan seria, redescubramos una nueva clase de liderazgo en la iglesia. Aquella que se basa en la naturaleza orgánica del cuerpo de Cristo y se arraiga en Dios mismo.

Preguntas que debemos encarar

• ¿Piensas que la iglesia estaría en una mejor situación si siguiéramos las enseñanzas de Jesús sobre el liderazgo en lugar de aceptar la forma de liderazgo jerárquica y basada en las posiciones? Explica.

• Si la profesión clerical es foránea a la iglesia que Jesús y los apóstoles establecieron, ¿deberíamos continuar sosteniéndola y confirmándola? Explica.

• En Colosenses 2:8, Pablo exhorta a los creyentes de Colosas a que no permitan que ningún hombre los engañe a través de las filosofías y los rudimentos de este mundo. ¿Crees que eso incluye los rudimentos y filosofías del mundo comercial? Explica.

CAPÍTULO 9
RECONFIGURACIÓN DE LA SUPERVISIÓN

El sistema clerical de administración de la iglesia es extremadamente popular, pero todo este pensamiento resulta ajeno a las Escrituras. En una iglesia todos los miembros deben ser activos. Él [Dios] comisionó a algunos para supervisar la obra y que esta se llevara adelante de modo eficaz. Nunca estuvo en su pensamiento que la mayoría de los creyentes se dedicaran de forma exclusiva a los asuntos seculares y dejaran las cuestiones de la iglesia a un grupo de especialistas espirituales.

—Watchman Nee

Dentro de la vida de la iglesia tenemos completamente arraigado un sistema de doble casta que no resulta para nada bíblico. En este sistema se da una casta clerical paga, que ha recibido un llamado, a la que se le capacita y de la que se espera que lleve a cabo el ministerio. Y luego está la casta laica, que normalmente funciona como una audiencia. Esta, muy agradecida, paga por el desempeño del clero (o critica ácidamente los huecos y baches que presenta ese desempeño. ¡Y siempre hay huecos y baches!). Nadie espera demasiado de la casta laica, la más baja, excepto que asista, diezme y dé testimonio. Pero todos esperan mucho de la casta superior, la clerical; inclusive los propios clérigos. El problema principal de todo este asunto es que la perspectiva bíblica sobre el ministerio contradice totalmente este sistema.

—Robert C. Girard

T oda iglesia cuenta con un liderazgo. Sea explícito o implícito, el liderazgo está siempre presente. Tal como lo expresan las palabras de Hal Miller: «El liderazgo existe. Puede ser bueno o malo. Puede ser que se reconozca y se acepte o no. Pero siempre existe». Según quién asuma el liderazgo, esa conducción puede resultar la peor pesadilla para la iglesia o su mayor capital.

Debido a que potencialmente podría aparecer un liderazgo tipo «Jekyll y Hyde», se hace muy necesario que los cristianos vuelvan a considerar el tema. El Nuevo Testamento identifica dos tipos de liderazgo: el de *supervisión* y el de *toma de decisiones*. En este capítulo, trataremos acerca de la supervisión. En el próximo analizaremos la toma de decisiones. Consideremos los siguientes pasajes:

Desde Mileto, Pablo mandó llamar a los ancianos de la iglesia de Éfeso [...] Tengan cuidado de sí mismos y de todo el rebaño sobre el cual el Espíritu Santo los ha puesto como obispos para pastorear la iglesia de Dios, que él adquirió con su propia sangre. Sé que después de mi partida entrarán en medio de ustedes lobos feroces que procurarán acabar con el rebaño (Hechos 20:17, 28-29).

A los ancianos que están entre ustedes, yo, que soy anciano como ellos, testigo de los sufrimientos de Cristo y partícipe con ellos de la gloria que se ha de revelar, les ruego esto: cuiden como pastores el rebaño de Dios que está a su cargo, no por obligación ni por ambición de dinero, sino con afán de servir, como Dios quiere. No sean tiranos con los que están a su cuidado, sino sean ejemplos para el rebaño. Así, cuando aparezca el Pastor supremo, ustedes recibirán la inmarcesible corona de gloria (1 Pedro 5:1-4).

Te dejé en Creta para que pusieras en orden lo que quedaba por hacer y en cada pueblo nombraras ancianos de la iglesia, de acuerdo con las instrucciones que te di. El anciano debe ser intachable, esposo de una sola mujer; sus hijos deben ser creyentes, libres de sospecha de libertinaje o de desobediencia. El obispo tiene a su cargo la obra de Dios, y por lo tanto debe ser intachable: no arrogante, ni iracundo, ni borracho, ni violento, ni codicioso de ganancias mal habidas (Tito 1:5-7).

Ancianos, pastores y sobreveedores

En el idioma griego, el término anciano (*presbítero*) simplemente significa un hombre viejo. Un anciano del primer siglo, por lo tanto, era un cristiano maduro. Un hombre mayor. Alguien que tenía experiencia y sabiduría. Los ancianos también eran llamados «sobreveedores». Ese término describía su función de supervisar los asuntos de la iglesia. La tarea de los ancianos fue descrita a través de la metáfora del «pastor». Eso, porque ellos eran los que tenían cuidado de la gente. Del mismo modo en que los pastores (literalmente hablando) cuidan de sus ovejas, los ancianos cuidan de otros cristianos.

En tanto que todos los ancianos estaban «capacitados para enseñar a otros» y todos tenían el don del pastoreo, no todos los que pastoreaban y enseñaban eran ancianos (Tito 2:3-4; 2 Timoteo 2:2, 24; Hebreos 5:12). La enseñanza podía provenir de cualquier cristiano que tuviera una palabra de instrucción para la iglesia (1 Corintios 14:24-26).

Por consiguiente, aquellos que proporcionaban supervisión en la iglesia eran llamados ancianos, sobreveedores o pastores. Simplemente porque eran mayores actuaban como modelos maduros ante los que eran menos maduros (1 Pedro 5:3). Supervisaban: encargándose del bienestar espiritual de la iglesia (v. 2). Y pastoreaban, ocupándose de las necesidades del pueblo de Dios (v. 2).

Dicho esto, equiparar a los ancianos con un espacio sociológico (un oficio) solo puede hacerse a costa de asumir el riesgo substancial de vaciar cada uno de los términos. Para poder lograrlo, tenemos que vaciar al término «pastor» del sentido que lleva (alguien que cuida del pueblo de Dios). También tenemos que quitarle a la palabra «anciano» su propio significado (un hombre viejo). Sin mencionar que tendremos que vaciar a «sobreveedor» de su sentido original (alguien que supervisa o cuida a otros).

Los ancianos, entonces, eran sobreveedores y pastores. El término *anciano* hace referencia a su *carácter*. El término *sobreveedor* tiene que ver con su *función*. Y el término *pastor* se refiere a sus *dones*. La responsabilidad principal de ellos era instruir y supervisar a la iglesia durante los tiempos en que había crisis personales.

Nuestra obsesión occidental por los oficios y los títulos nos ha llevado a superponer sobre las páginas del Nuevo Testamento nuestra propia idea del orden que debe haber en la iglesia. Sin embargo, el carácter propio y distintivo del Nuevo Testamento va en contra de la idea de un solo pastor. También es contrario a la idea de los ancianos oficiales.

Del mismo modo, las Escrituras están en desacuerdo con el concepto de «pastor *principal*». Se trata de la práctica común de elevar a uno de los ancianos y darle una posición prominente de autoridad. En ningún lugar sanciona el Nuevo Testamento la noción de *primos inter pares* («primero entre iguales»). Por lo menos no de una manera oficial o formal.

La desconexión entre el «pastor» y los otros ancianos fue un accidente que se dio en la historia de la iglesia. Pero debido a que se corresponde perfectamente con la mentalidad religiosa que hemos asimilado, los creyentes contemporáneos no tienen mayor problema en interpretar esta dicotomía falsa como tomada de las Escrituras.

Aunque los ancianos proveían supervisión, no monopolizaban el ministerio en los encuentros de la iglesia. Ni tomaban decisiones en nombre de la iglesia. En vez de eso, supervisaban a la iglesia a medida que esta experimentaba los rigores de la vida comunitaria.

Por favor, noten que supervisar es mayormente un rol pasivo. La supervisión de los ancianos no sofocaba la vida de la iglesia. Ni interfería con el ministerio de los otros creyentes. Mientras que los ancianos más dotados tenían una gran participación en la enseñanza, lo hacían en un plano de igualdad con todos los otros miembros. No monopolizaban las reuniones de la iglesia.

Para ser más específicos, los ancianos del Nuevo Testamento no operaban como CEOs (directores ejecutivos) espirituales que presidieran sobre empresas espirituales. En lugar de ello, los ancianos estaban completamente conscientes de que la iglesia no les pertenecía. Más bien le pertenecía a su amado Maestro, el Señor Jesús. Solo él tenía el derecho de pasearse «en medio de los siete candelabros» (Apocalipsis 2:1). Por lo tanto, un anciano del primer siglo se hubiera sentido avergonzado de que alguien señalara a la iglesia como «su iglesia» o al pueblo como «su pueblo».

Los ancianos del primer siglo eran simplemente hombres espiritualmente maduros, cristianos ejemplares que supervisaban (ni controlaban, ni dirigían) los asuntos de la iglesia.

Los ancianos no eran figuras representativas de organizaciones. No habían sido contratados para hablar desde el púlpito, no eran clérigos profesionales, ni presidentes de un orden eclesial. Eran simplemente hermanos mayores (ancianos, de hecho) que cumplían ciertas funciones reales (ser ancianos, pastorear, supervisar, y otras).

Su tarea principal era triple: ser un *modelo* de servicio en la iglesia, *motivar* a la comunidad de los creyentes a realizar obras de servicio, y *moldear* el desarrollo espiritual de los creyentes más jóvenes (1 Pedro 5:1-3). Los ancianos también debían encargarse de las situaciones conflictivas que se daban en la iglesia (Hechos 15:6ss.). Pero nunca tomaban las decisiones por la iglesia. El método neotestamentario para la toma de decisiones no era ni dictatorial ni democrático, sino algo consensuado. E involucraba a todos los hermanos y hermanas. (Véase el capítulo 10).

Como sobreveedores, los ancianos *supervisaban* el trabajo de los demás (en lugar de *substituirlos*). Eran aquellos que oraban con los ojos abiertos. Tenían su antena espiritual continuamente levantada para detectar a los lobos. Como hombres mayores, su sabiduría era apreciada en tiempos de crisis. Y cuando hablaban, sus voces tenían el peso de la experiencia.

Quizá un ejemplo moderno nos ayude a comprender la manera en que funcionaban los ancianos. Una iglesia en particular, de la que formé parte, tenía alrededor de treinta personas. En el transcurso de cuatro años, tres hermanos de esa congregación fueron surgiendo como los más maduros. Cada vez que la gente de esa iglesia atravesaba por problemas personales, naturalmente recurría a uno de esos tres hombres.

La iglesia confiaba instintivamente en aquellos hombres por su compasión y sabiduría. Evidentemente, la mayor parte de su ministerio se llevaba a cabo fuera de las reuniones de la iglesia. Tenía lugar en los hogares, tomando café en una confitería, o por teléfono.

Esos hombres ayudaron al pueblo del Señor a capear las crisis personales. En aquella iglesia en particular nunca se les llamó «ancianos».

Y durante las reuniones de la iglesia no se les podía distinguir de los otros creyentes. Los visitantes jamás hubieran podido detectar cuáles eran los ancianos. ¿Por qué razón? Porque las reuniones de la iglesia le pertenecían a toda la iglesia, y no a los ancianos. Todo el mundo estaba en libertad de compartir, ministrar y funcionar en un plano de igualdad.

De esa manera, el rol de los ancianos puede compararse con el hígado humano. El hígado funciona de un modo invisible, filtrando substancias tóxicas o venenosas. Resiste las infecciones porque produce un factor que inmuniza y remueve las toxinas del torrente sanguíneo. El hígado desintoxica orgánicamente al cuerpo humano, haciendo que funcione adecuadamente. Pero lo hace de una manera oculta y silenciosa. De igual manera, los ancianos desintoxican a la iglesia desde atrás de la escena para que el cuerpo pueda funcionar sin impedimentos.

Dicho simplemente, los ancianos eran los que propiciaban la vida espiritual, los que proporcionaban guía y nutrición y alentaban a la fidelidad dentro de la iglesia. El ser anciano, por lo tanto, es algo que alguien *hace*, y no un espacio que alguien *llena*.

El Nuevo Testamento lo confirma muy claramente. Si Pablo y los otros apóstoles hubieran querido describir la función del anciano como un oficio, habrían elegido otras palabras griegas para hacerlo. Resulta sorprendente, sin embargo, que los siguientes términos griegos falten en el vocabulario eclesiástico de los apóstoles[1].

- *arche* (líder, cabeza o gobernante sobre una tropa o sobre las masas)
- *time* (oficial o dignatario)
- *telos* (poder inherente de un gobernante)
- *archisunagogos* (oficial de una sinagoga)
- *hazzan* (líder del culto público)
- *taxis* (puesto, posición o rango)
- *hierateia* (oficio de sacerdote)
- *archon* (gobernador o jefe)

El Nuevo Testamento nunca usa ninguna de estas palabras para describir el liderazgo dentro de la iglesia. Al igual que Cristo, la palabra favorita de los apóstoles para definir a los líderes de la iglesia es *diakonos*, que significa un siervo o alguien que atiende.

Por lo tanto, la tendencia actual a describir a los líderes-siervos de la iglesia como oficiantes y clérigos profesionales destruye internamente el significado verdadero del lenguaje bíblico e inhibe el ejercicio del sacerdocio de los creyentes.

El principio de la supervisión compartida

El Nuevo Testamento presenta una visión de supervisión compartida. Los apóstoles siempre establecieron una supervisión *plural* dentro de las iglesias a las que dieron inicio. Había ancianos (una pluralidad) en Jerusalén (Hechos 11:30). Había ancianos en las cuatro iglesias del sur de Galacia (Hechos 14:23). Había ancianos (una pluralidad) en Éfeso (Hechos 20:17). Había ancianos (una pluralidad) en Filipo (Filipenses 1:1). Había ancianos en las iglesias de Judea (Santiago 5:14). Y se reconocieron ancianos (en pluralidad) en cada ciudad de Creta (Tito 1:5).

Resumiendo, la Biblia demuestra de manera muy concreta que era una pluralidad de ancianos la que supervisaba la actividad de las iglesias primitivas[2]. Ninguna de las iglesias del primer siglo tuvo un único líder.

Por consiguiente, la noción comúnmente aceptada de *sola pastora* (pastor único) se contrapone a lo que muestra el Nuevo Testamento. La Biblia no reconoce el hecho de que haya una persona que esté al timón de una iglesia local, dirija sus asuntos, predique todos los domingos, lleve a cabo los bautismos, la represente ante el mundo, oficie la Comunión (o Cena del Señor), bendiga los eventos cívicos, case a los vivos y entierre a los muertos. No existió una persona de ese tipo en todo el Nuevo Testamento. (Si lo ponen en duda, vean si pueden encontrar esa persona en sus Biblias. Yo tengo dinero oculto en mis zapatos para apostarlo, a que no pueden).

En tanto que el Nuevo Testamento llama a Pablo «apóstol», a Felipe «evangelista», a Manaén «maestro», y a Agabo «profeta», nunca identifica a ninguno como pastor. De hecho, el sustantivo «pastor» se utiliza solo una vez en todo el Nuevo Testamento. (Véase Efesios 4:11).

Y se usa como una *metáfora* descriptiva, no como un oficio eclesiástico. También está en plural y no en singular.

Esto desafía la acostumbrada práctica. Hoy el «pastor» es considerado como la figura representativa de la iglesia. Solo su nombre se encuentra desplegado en las marquesinas que se observan a través de todo el panorama occidental. (Uno se pregunta por qué otros ministerios no aparecen en esas marquesinas, cuando el Nuevo Testamento les presta mucha más atención).

En nuestro libro *Paganismo, ¿en tu cristianismo?*, George Barna y yo demostramos históricamente que el moderno oficio pastoral constituye una novedad posterior a la Biblia que evoca una tradición de sacerdotalismo humano (no tan útil). (El sacerdotalismo es la creencia de que los sacerdotes actúan como mediadores entre Dios y los seres humanos). Esencialmente, se trata de un arrastre del catolicismo romano. Como tal, refleja los elementos débiles y pobres del sacerdocio levítico más bien que cualquier otra cosa que podamos encontrar en el Nuevo Testamento.

(De paso, aquellos que apuntan a los líderes únicos que aparecen en el Antiguo Testamento para justificar el sistema de pastor único cometen dos errores. En primer lugar, pasan por alto el hecho de que todos los líderes solitarios del Antiguo Testamento —José, Moisés, Josué, David, Salomón y otros— constituían una tipología del Señor Jesucristo, y no de un oficio humano. En segundo lugar, por lo general ignoran el patrón de supervisión que está claramente señalado a través de todo el Nuevo Testamento).

Todos los ancianos del primer siglo estaban en un plano de igualdad. Quizás algunos fueran más maduros que otros en lo espiritual. Y resulta indiscutible que tenían diferentes dones. Pero no existía una estructura jerárquica entre ellos.

Una lectura cuidadosa del libro de Hechos nos permitirá ver que aunque Dios utilizó diferentes sobreveedores como portavoces temporales en ocasiones específicas (a veces a Santiago, a veces a Pedro, a veces a otros), ninguno de esos sobreveedores ocupó un puesto permanente de supremacía por encima de los demás.

Por consiguiente, los oficios modernos de «pastor principal», «anciano principal» y «pastor titular» simplemente no existían en la iglesia primitiva. Los cristianos del primer siglo no señalaban a un hombre de entre el colegio de ancianos para elevarlo a una posición superior de autoridad. Los ancianos no formaban parte de una cadena de mandos que los colocaba por debajo de Cristo y por encima de la iglesia. No formaban parte de una pirámide jerárquica. Simplemente eran miembros del cuerpo de Cristo, y no una elite oligárquica.

Vuelvo a señalarlo: el sistema de pastor único de nuestros días le resultaba completamente foráneo a la iglesia neotestamentaria. En ningún lugar del Nuevo Testamento encontramos a ninguno de los ancianos transformado para alcanzar el status de superapóstol al que se le otorgaba una autoridad administrativa suprema.

Tal autoridad le estaba reservada a una sola persona: el Señor Jesucristo. Solo él era la Cabeza exclusiva de la iglesia. Y como tal, solo él tenía el derecho de comandar a su propio rebaño. La supervisión en pluralidad dentro de la iglesia protegía la jefatura única de Cristo. También servía como freno al despotismo y la corrupción entre los sobreveedores.

El reconocimiento público de los ancianos

La supervisión de la iglesia no solo era compartida, sino *autóctona*. Esto quiere decir que los ancianos eran hermanos de la *localidad* que habían surgido y crecido dentro de la iglesia. Por lo tanto, la práctica aceptada hoy de importar líderes (generalmente un pastor) de otra localidad para que conduzca una iglesia no tiene bases en el Nuevo Testamento. Los ancianos eran personas residentes a las que Dios había levantado *dentro* de una asamblea ya existente.

Y lo que resulta igualmente importante, los ancianos siempre emergieron *mucho después* de haber nacido la iglesia. Que surgieran ancianos dentro de la iglesia de Jerusalén llevó al menos catorce años a partir de su nacimiento (Hechos 11:30). Fue un largo tiempo después de haber establecido las cuatro iglesias en el sur de Galacia que Pablo y Bernabé reconocieron ancianos en cada una de ellas (Hechos 14:23). Cinco años después de que Pablo estableció la iglesia en Éfeso, envió a buscar a los ancianos de esa iglesia para que se encontraran con él en Mileto (Hechos 20:17). Cuando Pablo le escribió a la iglesia en Filipo, que llevaba doce años desde su inicio, saludó a los sobreveedores que estaban presentes (Filipenses 1:1)[3].

Quiero puntualizar lo siguiente: No hay ningún caso en el Nuevo Testamento en que aparezcan ancianos en una iglesia inmediatamente luego de ser establecida. La iglesia es un organismo espiritual que produce ancianos de forma natural, del mismo modo en que sucede con todos los dones espirituales. Está en su ADN. Pero lleva un tiempo para que emerjan los ancianos. Por consiguiente, las iglesias en el hogar que se apresuran a nombrar ancianos no tienen ninguna justificación bíblica para hacerlo.

Además, los ancianos nunca se nombraban por su cuenta. Las Escrituras constantemente nos muestran que eran reconocidos por los obreros apostólicos itinerantes luego de que los veían emerger dentro de la congregación. Los ancianos no se elegían por ellos mismos.

(Antes del surgimiento de los ancianos, la supervisión de la iglesia estaba en manos del obrero apostólico que la había iniciado. Véase 1 Tesalonicenses 2:7-12. Con posterioridad, se trasladaba a manos de los ancianos).

La autoridad de los ancianos para supervisar se relacionaba con su madurez espiritual. No estaba vinculada con un oficio sacerdotal que les hubiera sido conferido de manera externa a través de un servicio de ordenación.

Luego de que el Espíritu Santo *elegía* a los ancianos, los obreros apostólicos *confirmaban* su llamado públicamente (Hechos 14:23; 20:28; Tito 1:5). Pero la función precedía a la forma.

Constituye un error trágico, por lo tanto, equiparar el reconocimiento público de los ancianos con el establecimiento de un sistema de clases separadas como la profesión clerical de nuestros días. El reconocimiento de los ancianos por parte de los obreros apostólicos no era nada más que el reconocimiento público de aquellos que ya estaban «ejerciendo como ancianos» en la iglesia. (Véase este principio en Números 11:16). No se trataba de una «ordenación al ministerio» tal como la conocemos hoy[4]. La iglesia sencillamente indicaba su confianza en aquellos a los que reconocía como «ancianos en funciones».

Desafortunadamente, la tendencia occidental hacia los «oficios» y «puestos» ha hecho que muchos cristianos introdujeran esas ideas en el texto bíblico y visualizaran a los ancianos como los que ocupan un cargo oficial. Pero ese pensamiento confunde la supervisión de la iglesia primitiva con las convenciones sociales modernas. También despoja a la terminología referida al liderazgo que encontramos en la Biblia de su significado primitivo.

Vuelvo a decir, el término «anciano» significa un hombre maduro. «Pastor» significa alguien que alimenta y protege al rebaño. Y «sobreveedor» se refiere a alguien que supervisa. Dicho lisa y llanamente, la noción neotestamentaria de supervisión es *funcional* y tiene que ver con un *oficio*. La verdadera autoridad espiritual se arraiga en la vida y la función espiritual, y no en un título o cargo.

En otras palabras, el liderazgo neotestamentario se puede comprender mejor en términos de *verbos* que de *sustantivos*. Recordemos que nuestro Señor Jesucristo rechazó el orden piramidal autoritario de sus días (Mateo 20:25-28; Lucas 22:25-27). Ante sus ojos, la autoridad espiritual se encontraba en la vasija y la toalla, no en un puesto externo (Mateo 23:8-12).

Carácter y dones

Los ancianos mencionados en el Nuevo Testamento eran hombres de carácter probado, y no de dones extraordinarios (1 Timoteo 3:1-7; Tito 1:5-9). Eran siervos líderes, y no conductores de esclavos (Mateo 20:25-26). Eran hermanos fieles, y no administradores de alto vuelo.

Los ancianos eran ejemplos del rebaño y no señores sobre él (1 Pedro 5:3). No llevaban a cabo el trabajo de otros; supervisaban a los demás mientras ellos trabajaban. Funcionaban como siervos vinculados entre sí y no como Césares espirituales (Lucas 22:24-27). Buscaban propiciar la tarea, y no actuaban como tiranos. Se mostraban como padres y no como déspotas (1 Timoteo 3:4; 5:1).

Los ancianos persuadían acerca de la verdad y no eran autócratas eclesiales cuyos egos crecían en poder (Tito 1:9). Estaban entre los que nutrían y no entre los que golpeaban. Eran superintendentes espirituales, y no profesionales del púlpito (Hechos 20:28-35).

Los ancianos buscaban el reino, y no la construcción de imperios. Eran cristianos comunes, y no artistas al estilo de aquellas celebridades supertalentosas, versátiles y sobrehumanas a las que se considera íconos. Eran siervos y no dictadores. No controlaban, manipulaban ni aterrorizaban al pueblo de Dios[5]. (Lamentablemente, he conocido a muchos cristianos que se han sentido heridos por ancianos que actuaron de una manera que no reflejaba lo que señalo más arriba. Por otro lado, he conocido a muchos que encajan en mi descripción de los ancianos del primer siglo).

La capacitación de los ancianos no se realizaba de manera académica, formal o teológica. En lugar de eso, se producía dentro del contexto de la vida de una iglesia orgánica. Su calificación no provenía de escuelas profesionales ni de títulos, sino del Espíritu de Dios (Hechos 20:28). No se consideraban calificados para realizar la supervisión por haber adquirido habilidades que combinaban el manejo de cálculos, la oratoria pública, y una psicología amateur. Su capacidad para la supervisión era una consecuencia natural y orgánica de la vida de la iglesia.

A los ancianos no se los consideraba especialistas religiosos, sino hermanos fieles y *confiables*. No eran clérigos de carrera, sino hombres de familia que se sostenían económicamente a través de trabajos seculares (Hechos 20:17, 32-35; 1 Timoteo 3:5, 7; Tito 1:6; 1 Pedro 5:2-3).

Debido a su infatigable labor, algunos ancianos recibían un doble honor en la iglesia. Pero el doble honor es precisamente eso: respeto extra.

Sobre ese comentario algunos han intentado argumentar a favor de un clero profesional, basándose en un texto aislado de 1 Timoteo, que dice:

> *Los ancianos que dirigen bien los asuntos de la iglesia son dignos de doble honor, especialmente los que dedican sus esfuerzos a la predicación y la enseñanza. Pues la Escritura dice: «No le pongas bozal al buey mientras esté trillando» y «El trabajador merece que se le pague su salario» (1 Timoteo 5:17-18).*

Sin embargo, el contexto de este pasaje revela otra cosa. En primer lugar, las palabras específicas en griego que el Nuevo Testamento utiliza para decir «paga» o «salario» (*misthos* y *opsonion*) no han sido usadas para referirse a lo que merecen los ancianos. La palabra griega «honor» en este pasaje es *time*, y significa «respetar» o «valorar» algo o a alguien.

Esa misma palabra aparece usada cuatro veces en 1 Timoteo. En todos los caso, significa respeto. Dios debe recibir honor de parte del hombre (1:17; 6:16), los ancianos han de recibir honor de la iglesia (5:17), y los amos deben recibir honor de sus esclavos (6:1). Otra forma de esta palabra es usada por Pablo cuando dice que la iglesia debe honrar a las viudas (5:3). (Notemos que *time* nunca se usa en la literatura del primer siglo para referirse a «honorarios»).

En segundo lugar, se pide a todos los creyentes que se honren (*time*) unos a los otros (Romanos 12:10). Sería absurdo interpretar que esto significa que todos los creyentes deben recibir un pago los unos de los otros. Vuelvo a decir, aquellos ancianos que sirven bien deben recibir más honor, o sea, un mayor respeto.

En tercer lugar, lo que Pablo tenía en mente cuando habla de respeto queda confirmado por el versículo 19. Pablo pasa a decir que los ancianos no deben ser acusados (deshonrados) a menos que haya dos o tres testigos para confirmar la acusación (1 Timoteo 5:19).

Admito que el doble honor puede haber incluido ofrendas voluntarias como muestra de bendición de tanto en tanto (Gálatas 6:6; 1 Timoteo 5:17-18). Pero ese no era el pensamiento dominante. Es *honor* (respeto) lo que los ancianos merecen, y no un salario. Por consiguiente, 1 Timoteo 5 es en absoluto coherente con las palabras de Pablo dirigidas a los ancianos de Éfeso en Hechos 20:

> *No he codiciado ni la plata ni el oro ni la ropa de nadie. Ustedes mismos saben bien que estas manos se han ocupado de mis propias necesidades y de las de mis compañeros. Con mi ejemplo les he mostrado que es preciso trabajar duro para ayudar a los necesitados, recordando las palabras del Señor Jesús: «Hay más dicha en dar que en recibir» (Hechos 20:33-35).*

Pablo les mandó a los ancianos de Éfeso que siguieran su ejemplo. Ese ejemplo no era sacarle dinero al pueblo de Dios, sino en cambio, trabajar para ganarse la vida y proveer para los que lo necesitaran. Notemos que 1 Timoteo 5:17-18 y Hechos 20:33-35 fueron dirigidos al mismo grupo de gente: los ancianos de Éfeso[6]. Por lo tanto, no existe contradicción. El argumento de Pablo en 1 Timoteo 5:17-18 es simplemente este: Así como el buey merece comida y el empleado que trabaja merece una paga, los ancianos que sirven bien deberían recibir un respeto doble[7].

Dicho esto, los ancianos de la iglesia primitiva no dependían de la iglesia. Por el contrario, se aseguraban de estar en una posición que les permitiera dar. Con toda seguridad no recibían un salario fijo como el de los pastores profesionales de hoy. Ni estaba aprobado bíblicamente que debieran recibir un apoyo financiero pleno como los apóstoles itinerantes que viajaban para establecer iglesias (1 Corintios 9:1-18).

Debido a que Pablo era un obrero apostólico itinerante, tenía el legítimo derecho a recibir un apoyo financiero completo de parte del pueblo del Señor. Pero él intencionalmente renunciaba a ese derecho cada vez que trabajaba con una nueva iglesia (1 Corintios 9:14-18; 2 Corintios 11:7-9; 12:13-18; 1 Tesalonicenses 2:6-9; 2 Tesalonicenses 3:8-9).

Pablo renunciaba a ese derecho porque no quería cargar a ninguna iglesia financieramente mientras servía en ella. Por lo tanto el principio paulino con respecto al apoyo financiero podría resumirse en esta frase: «Cuando estuve *entre* ustedes […] no fui una carga para nadie» (Corintios 11:9)[8].

De nuevo señalo que la iglesia del Nuevo Testamento no conocía el concepto de un clero contratado y residente. Por ser simples hermanos, los ancianos no se colocaban *sobre* el rebaño. Ni tomaban *distancia* de él. En lugar de eso, servían a la iglesia como aquellos que andaban *en medio* del rebaño (1 Pedro 5:1-3).

La completa falta de atención que el Nuevo Testamento le presta al liderazgo

Las cartas de Pablo hablan bastante acerca de las acciones ejemplares. Pero no muestran ningún interés en los puestos oficiales o titulares. Consideremos esto: Cada vez que Pablo le escribía a una iglesia en crisis, siempre se dirigía a la *iglesia misma* y no a los ancianos. Esta es una constante de Pablo de la primera a la última de sus cartas[9].

Permítanme reiterarlo. Cada vez que Pablo le escribía una carta a una iglesia, él se dirigía a *toda* la iglesia. Nunca se dirigió a los ancianos. He aquí los registros:

Pablo, apóstol [...] a las iglesias de Galacia (Gálatas 1:1-2).

Pablo, Silvano y Timoteo, a la iglesia de los tesalonicenses (1 Tesalonicenses 1:1).

Pablo, Silvano y Timoteo, a la iglesia de los tesalonicenses, unida a Dios nuestro Padre y al Señor Jesucristo (2 Tesalonicenses 1:1).

Pablo, llamado por la voluntad de Dios a ser apóstol de Cristo Jesús, y nuestro hermano Sóstenes, a la iglesia de Dios que está en Corinto, a los que han sido santificados en Cristo Jesús y llamados a ser su santo pueblo, junto con todos los que en todas partes invocan el nombre de nuestro Señor Jesucristo, Señor de ellos y de nosotros (1 Corintios 1:1-2).

Pablo, apóstol de Cristo Jesús por la voluntad de Dios, y Timoteo nuestro hermano, a la iglesia de Dios que está en Corinto y a todos los santos en toda la región de Acaya (2 Corintios 1:1).

Pablo, siervo de Cristo Jesús, llamado a ser apóstol, apartado para anunciar el evangelio de Dios [...] a todos ustedes, los amados de Dios que están en Roma, que han sido llamados a ser santos (Romanos 1:1, 7).

Pablo, apóstol de Cristo Jesús por la voluntad de Dios, y el hermano Timoteo, a los santos y fieles hermanos en Cristo que están en Colosas (Colosenses 1:1).

Pablo, apóstol de Cristo Jesús por la voluntad de Dios, a los santos y fieles en Cristo Jesús que están en Éfeso (Efesios 1:1).

Pablo y Timoteo, siervos de Cristo Jesús, a todos los santos en Cristo Jesús que están en Filipos, junto con los obispos y diáconos (Filipenses 1:1).

Lo más sorprendente es que cada una de las iglesias del Nuevo Testamento a las que Pablo escribe están en crisis. (La excepción la constituyen los destinatarios de la carta a los Efesios). Sin embargo, Pablo jamás apela a los ancianos o los singulariza en ninguna de esas cartas.

Tomemos Corinto, por ejemplo, cuya iglesia tenía los mayores problemas de las que se mencionan en el Nuevo Testamento. A través de toda la correspondencia con Corinto, Pablo jamás hace una apelación a los ancianos. Nunca los reprende. Nunca recomienda que se los obedezca. De hecho, ni siquiera los menciona.

En lugar de eso, Pablo apela a *toda la iglesia*. Señala que es responsabilidad de la iglesia tratar las heridas que se han autoinfringido. En la primera epístola a los corintios se ve a Pablo enfrentando a los «hermanos» e implorándoles en más de treinta ocasiones. Él les escribe como si no existiera ningún dirigente allí. Lo mismo se nota en toda sus otras cartas a las iglesias en crisis.

De haber existido dirigentes en Corinto, con seguridad Pablo se hubiera dirigido a ellos para que solucionaran sus problemas. Pero nunca lo hizo. Al final de la carta, Pablo les manda a los corintios que se sujeten a Estéfanas y a su familia, que se han dedicado a servir. Y amplía ese grupo para incluir a otros cuando dice: «...que se pongan a disposición de aquellos y de todo el que colabore en este arduo trabajo».

Notemos que el énfasis de Pablo está en la función y no en la posición. La instrucción se coloca sobre los hombros de toda la iglesia. El libro entero de Corintios constituye una súplica a toda la asamblea para que maneje sus propios problemas.

Probablemente el ejemplo más significativo con respecto a la ausencia de líderes oficiales en Corinto es el que encontramos en 1 Corintios 5. Allí Pablo emplaza a toda la iglesia a que discipline a un miembro caído a través de entregarlo a Satanás (1 Corintios 5:1ss.). La exhortación de Pablo claramente va en contra de la comprensión corriente. Según el pensamiento de hoy, solo aquellos que tienen una «influencia eclesial» se consideran calificados para realizar tareas tan pesadas.

La diferencia entre la manera en que Pablo considera a los ancianos y la forma en que la mayoría de las iglesias modernas piensan con respecto a ellos no podría resultar más impactante. Pablo no hace la más mínima mención sobre los ancianos en ninguna de sus nueve cartas a las iglesias. Eso incluye su tratado supercorrectivo a los gálatas. En lugar de ello, Pablo les ruega insistentemente a los «hermanos» y los llama a la acción.

En su última carta a una iglesia, Pablo finalmente menciona a los *supervisores* en su saludo inicial. Pero lo hace de un modo fugaz. Además, saluda a los supervisores solo *después* de saludar a toda la iglesia. Su carta se inicia así: «Pablo y Timoteo, siervos de Cristo Jesús, a todos los santos en Cristo Jesús que están en Filipos, *junto con los obispos y diáconos*» (Filipenses 1:1). Sería un orden más bien extraño si es que Pablo sustentara la idea de que son dirigentes de la iglesia.

Luego de sus saludos, Pablo le habla a la iglesia acerca de sus problemas presentes. Nunca vuelve a mencionar a los supervisores.

Esa tendencia se destaca en el libro de Hebreos. A través de toda la epístola, el escritor se dirige a toda la iglesia. Solo muy al final de la carta les pide a los creyentes de una manera informal que saluden a sus dirigentes (Hebreos 13:24).

En resumen, la absoluta falta de atención que Pablo les prestó a los ancianos demuestra que él rechazaba la idea de que ciertas personas dentro de la iglesia tuvieran un derecho formal sobre otras. También subraya el hecho de que Pablo no creía en los dirigentes eclesiales.

Las cartas de Pedro hablan en el mismo sentido. Al igual que Pablo, Pedro escribe sus cartas a las iglesias, nunca a los líderes. También les dedica un mínimo de atención a los ancianos. Cuando lo hace, les advierte en cuanto a adoptar el espíritu de los gentiles. De hecho, especifica el punto de que los ancianos están *en medio* del rebaño, y no para señorear *sobre* él (1 Pedro 5:1-2).

Los ancianos, dice Pedro, no deben tener «señorío» [*katakurieuo*] sobre los que están a su cuidado (1 Pedro 5:3, RVR 1960). Resulta interesante que Pedro utilice la misma palabra que Jesús usó en su discusión sobre la autoridad en Mateo. Las palabras exactas del Señor fueron: «Sabéis que los gobernantes de las naciones se enseñorean [*katakurieuo*] de ellas [...] más entre vosotros no será así» (Mateo 20:25-26).

Encontramos el mismo énfasis en el libro de Hechos. Allí Lucas cuenta la historia acerca de cómo Pablo exhortó a los ancianos de Éfeso: «Mirad por vosotros, y por todo el rebaño en que el Espíritu Santo os ha puesto por obispos» (Hechos 20:28, RVR 1960). Notemos que los ancianos están «en medio» del rebaño, y no «sobre» él.

Santiago, Juan y Judas escriben en la misma línea. Dirigen sus cartas a las iglesias y no a los supervisores. De hecho, tienen muy poco que decir acerca de la supervisión. Y no tienen nada que decir con respecto a una actuación oficial por parte de los ancianos.

Queda muy claro. El Nuevo Testamento en forma constante rechaza la idea de oficiales eclesiásticos dentro de la iglesia. También minimiza mucho el papel de los ancianos.

Consejo de ancianos versus hermandad

Nos serviría preguntarnos por qué el Nuevo Testamento le presta tan poco tiempo y atención a los ancianos. La razón, que con frecuencia se ignora, puede resultarle sorprendente a una mente institucional: La mayor parte de la responsabilidad del cuidado pastoral, de la enseñanza y del ministerio dentro de la *ekklesia* descansa, como debe ser, sobre los hombros de *todos* los hermanos y hermanas.

De hecho, la riqueza de la visión de Pablo con respecto al cuerpo de Cristo brota a partir de su énfasis continuo acerca de que *todos los miembros* han sido dotados, tienen un ministerio y son responsables dentro del cuerpo (Romanos 12:6; 1 Corintios 12:1ss.; Efesios 4:7; 1 Pedro 4:10). Como consecuencia, la responsabilidad ministerial nunca debe quedar circunscrita a unos pocos.

Eso explica por qué la palabra *adelphoi*, traducida como «hermanos», aparece trecientas cuarenta y seis veces en el Nuevo Testamento. Y se encuentra ciento treinta y cuatro veces solo en las epístolas de Pablo. En la mayoría de estas menciones, esa palabra es como una forma abreviada de referirse a *todos* los hermanos de la iglesia, tanto hombres como mujeres. Por contraste, la palabra «ancianos» aparece solo cinco veces en las cartas de Pablo. «Sobreveedores» —u obispos— se encuentra solo cuatro veces. Y «pastores» solo una vez.

El énfasis del Nuevo Testamento, entonces, está sobre la responsabilidad *corporativa*. Es la *comunidad de los creyentes* la llamada a llevar adelante las funciones pastorales. Para ser más específicos, todos los cristianos de una asamblea local están llamados a:

- tener devoción los unos por los otros (Romanos 12:10)
- honrarse los unos a los otros (Romanos 12:10)
- vivir en armonía los unos con los otros (Romanos 12:16; 1 Pedro 3:8)
- amarse los unos a los otros (Romanos 13:8; 1 Tesalonicenses 4:9; 1 Pedro 1:22; 1 Juan 3:11)
- edificarse unos a otros (Romanos 14:19; 1 Tesalonicenses 5:11b)
- aceptarse unos a otros (Romanos 15:7)
- instruirse unos a otros (Romanos 15:14)
- saludarse los unos a los otros (Romanos 16:16)
- concordar unos con otros (1 Corintios 1:10)
- disciplinar a los miembros que caen (1 Corintios 5:3-5; 6:1-6)
- organizar los asuntos de la iglesia (1 Corintios 11:33-34; 14:39-40; 16:2-3)
- cuidarse los unos a los otros (1 Corintios 12:25)
- profetizar uno por uno (1 Corintios 14:31)
- progresar en la obra del Señor (1 Corintios 15:58)
- servirse los unos a los otros (Gálatas 5:13)
- llevar los unos las cargas de los otros (Gálatas 6:2)
- ser tolerantes los unos con los otros (Efesios 4:2)
- ser amables y compasivos unos con otros (Efesios 4:32)
- hablar los unos con los otros con salmos, himnos y cánticos espirituales (Efesios 5:19)
- someterse los unos a los otros (Efesios 5:21)
- perdonarse los unos a los otros (Colosenses 3:13)
- enseñarse los unos a los otros (Colosenses 3:16)
- aconsejarse los unos a los otros (Colosenses 3:16)
- alentarse los unos a los otros (1 Tesalonicenses 5:11)
- amonestar a los holgazanes (1 Tesalonicenses 5:14)
- estimular a los desanimados (1 Tesalonicenses 5:14)

- ayudar a los débiles(1 Tesalonicenses 5:14)
- exhortarse los unos a los otros (Hebreos 3:13; 10:25)
- estimularnos unos a otros al amor y las buenas obras (Hebreos 10:24)
- orar unos por otros (Santiago 5:16)
- confesarnos los pecados los unos a los otros (Santiago 5:16)
- brindarnos hospitalidad unos a otros (1 Pedro 4:9)
- ser humildes los unos con los otros (1 Pedro 5:5)
- tener comunión unos con otros (1 Juan 1:7)

Con claridad meridiana, todas estas exhortaciones que se refieren a la relación de «unos con otros» destacan el hecho de que cada miembro de la iglesia debe compartir la responsabilidad del cuidado pastoral. El liderazgo es una cuestión corporativa y no debe colocarse sobre una sola persona. Tiene que ser llevado sobre los hombros de todo el cuerpo.

Por consiguiente, la idea de que los ancianos dirigen los asuntos de la iglesia, toman las decisiones en todas las cuestiones corporativas, manejan todos los problemas y suplen todas las enseñanzas es ajena al pensamiento neotestamentario. Semejante idea constituye una pura fantasía y carece por completo de apoyo bíblico. No sorprende entonces que en las iglesias conducidas por ancianos se atrofie la madurez espiritual y los miembros se vuelvan pasivos e indolentes.

Dicho simplemente, el Nuevo Testamento desconoce por completo lo que es una iglesia gobernada, regida y dirigida por los ancianos. Y aun más a la iglesia conducida por un pastor. La iglesia del primer siglo estaba en las manos de los hermanos y las hermanas. Lisa y llanamente.

Los ancianos son algo orgánico dentro de la iglesia. Existen en su mismo ADN. Como las uñas y las cejas de un bebé, que se van desarrollando orgánicamente a medida que el niño crece. Cualquier iglesia que se haya establecido de manera apropiada y que viva por la vida de Cristo producirá ancianos de forma natural. De igual modo, los ancianos deberán emerger desde adentro de la hermandad. Porque cuando sucede así, se convierten en sobreveedores más que en señores.

En un análisis final, el liderazgo de la iglesia se reduce a una cuestión básica: la conducción o jefatura de Cristo. Y esto descansa sobre una pregunta espinosa. ¿Quién será la Cabeza: Jesucristo o los seres humanos?

Preguntas que debemos encarar

- ¿Por qué crees que hemos convertido en normativo algo que no tiene apoyo bíblico (el pastor moderno y los ancianos oficializados) y hemos descuidado aquello que las Escrituras enseñan profusamente (ancianos en pluralidad que forman parte de una comunidad cristiana que funciona)?

- ¿Qué modelo de liderazgo piensas que refleja mejor el liderazgo del Dios trino: el pastor solitario, los ancianos oficializados, o la comunidad de los creyentes bajo la guía del Espíritu? ¿Cuál es tu modelo de iglesia?

- ¿Puedes discernir la sabiduría de Dios al designar a la iglesia para que produzca orgánicamente un grupo de ancianos que la supervisen en vez de contar con un solo pastor (o un ministro importado) que la lleve adelante? Explica.

CAPÍTULO 10
RECONFIGURACIÓN DE LA TOMA DE DECISIONES

La Trinidad, entendida en términos humanos como una comunión de Personas, es la que establece el fundamento para una sociedad de hermanos y hermanas, de seres iguales, en la que el diálogo y el consenso son los elementos constitutivos básicos para vivir juntos tanto en el mundo como en la iglesia.

—Leonardo Boff

Fundamentalmente se les garantizó a los miembros que recibirían orientación en cuanto a los asuntos que tuvieran que ver con la vida de la comunidad cuando se reunieran para discernir lo que Dios les requería. Recibían esta guía del Espíritu a través del ejercicio de los dones de conocimiento, revelación, sabiduría y otros. Acerca de esto, Pablo nunca se cansó de insistir sobre que cada miembro de la comunidad tenía la responsabilidad de transmitir las percepciones que en particular hubiera recibido. Por lo tanto, el escenario más característico en el que la comunidad recibía orientación era cuando los cristianos se juntaban para compartir y evaluar los dones que les habían sido dados. Allí, en una cantidad de formas complementarias, esa guía les era transmitida a todos partiendo de alguno, o a cada uno a partir de todos.

—Robert Banks

En nuestro último capítulo descubrimos que el Nuevo Testamento no promueve otra forma de liderazgo que el estilo compartido. El Señor ha elegido conducir a su iglesia a través de una comunidad de muchos miembros. Los ancianos van emergiendo con el tiempo. Ellos constituyen el modelo de cuidado pastoral sobre el resto de la iglesia y proporcionan supervisión. Además, los ancianos siempre funcionan en pluralidad dentro de la iglesia.

Sin embargo, la mera presencia de una pluralidad de ancianos no asegura que la iglesia sea saludable. Si los ancianos no supervisan según la vida y la gracia de Cristo, pueden llegar a causar más daño que un líder único. (Lamentablemente, me ha tocado ser testigo de la gestión de algunos ancianos de mano dura que forzaban al pueblo de Dios a tomar determinadas decisiones. Aunque esos hombres no se veían a sí mismos como opresores espirituales, el resto de la iglesia los consideraba así).

Por esa razón, la cuestión de la toma de decisiones en la iglesia resulta crucial. A diferencia del moderno sistema clerical, los ancianos del primer siglo nunca fueron considerados como figuras prominentes dentro de la iglesia.

Como lo hemos señalado anteriormente, no se les presta mayor atención a los ancianos a través de todo el Nuevo Testamento. Esta omisión resulta significativa. Implica un desafío rotundo a la noción protestante de la preeminencia del pastor y asimismo desafía la comprensión popular de algunas «iglesias hogar» sobre la preeminencia de los ancianos. Ambas ideas son contrapuestas a los principios del Nuevo Testamento.

En el capítulo 8 descubrimos que el modelo bíblico de liderazgo va en contra de la idea tóxica de la sumisión forzada, de las estructuras de autoridad que cuentan con un exceso de altos cargos, y de las relaciones jerarquizadas (Mateo 23:11; Marcos 10:42-45; Lucas 22:26-27). El modelo de liderazgo del Nuevo Testamento sirve como salvaguarda de la conducción viva y real de Cristo. También constituye un freno contra el autoritarismo. Los retoños de la vara de Aarón ilustran bellamente que la base de la autoridad espiritual se apoya en la vida de resurrección (Números 17:1-11). Nunca se fundamenta en un puesto.

Los sobreveedores de la iglesia primitiva supervisaban dando el ejemplo, y no por coerción o manipulación. El respeto que recibían de los otros miembros estaba en proporción directa a su servicio sacrificado (1 Corintios 16:10-11, 15-18; Filipenses 2:29-30; 1 Tesalonicenses 5:12-13; 1 Timoteo 5:17). Su autoridad se basaba en la madurez espiritual más que en una posición sacerdotal. Según las palabras de Pedro, ellos no supervisaban «como teniendo señorío» sobre los que estaban a su cuidado, «sino siendo ejemplos de la grey» (1 Pedro 5:3, RVR 1960).

Ser ejemplo implica establecer un patrón que los demás puedan seguir. Debido a que los ancianos eran ejemplo, (1) ellos estaban activos en el ministerio (porque daban el ejemplo) y (2) alentaban a la iglesia a ser igualmente activa (otros seguían ese ejemplo).

Por lo tanto, si un anciano deseaba que los demás ganaran a los perdidos, era de su incumbencia ser un ejemplo en cuanto a ganar almas. ¿Por qué? Porque él era el modelo. En este sentido, la noción de que no son los pastores los que ganan almas porque «los pastores no engendran ovejas, sino que las que lo hacen son las mismas ovejas» constituye un ejemplo clásico de lo que es torcer las Escrituras.

Si llevamos la metáfora del pastor y las ovejas más allá de los límites, rápidamente descubrimos su insensatez. Los pastores son incapaces de engendrar ovejas. Pero además, ¡les roban la lana y se las comen en el almuerzo!

Dicho sencillamente, la supervisión en el Nuevo Testamento no constituía una obligación servil, ni una necesidad insoslayable, sino un valioso recurso familiar, cuyas características eran la humildad, el establecimiento de relaciones y la disposición al servicio.

Un paradigma de liderazgo prestado

El cristianismo institucional ha bautizado los patrones del liderazgo secular y los ha transmitido como bíblicamente válidos. Como resultado, nuestra moderna noción de liderazgo en la iglesia está culturalmente cautiva al espíritu de esta época.

Al ver que el peso principal de las enseñanzas de las Escrituras sobre el liderazgo se ha perdido por la irrupción de nociones propias de nuestra cultura, necesitamos hoy recuperar ese terreno bíblico.

Como vimos en el capítulo 5, la metáfora principal sobre la iglesia es la familia. Eso explica por qué la imagen bíblica del liderazgo es la de un padre y una madre (1 Tesalonicenses 2:6-12). No obstante, aun la imagen paternal del liderazgo se puede distorsionar y convertirse en nada más que un frío discurso si no se la visualiza sobre el telón de fondo del sacerdocio de *todos* los creyentes y de nuestra relación con cada uno de los otros hermanos y hermanas (Mateo 23:8).

Dicho lisa y llanamente, el liderazgo en la iglesia primitiva no era jerárquico, ni aristocrático, ni autoritario, ni institucional, ni clerical. La idea que Dios tenía del liderazgo era *funcional, relacional, orgánica* y *comunitaria*, al igual que en la Divinidad.

Nunca fue el pensamiento de nuestro Señor hacer que el liderazgo de la iglesia funcionara según los mismos principios con que se mueven los ejecutivos de una corporación de negocios o los aristócratas de un sistema imperial de castas. Por esa razón, los autores neotestamentarios nunca eligieron utilizar metáforas con implicaciones jerárquicas o imperiales para describir el liderazgo espiritual.

Los autores del Nuevo Testamento deliberadamente describen al liderazgo usando imágenes de esclavos y niños, más bien que de señores y amos (Lucas 22:25-26). Aunque ese pensamiento entre en conflicto directo con la práctica actual de la «autoridad espiritual», se articula perfectamente con la enseñanza bíblica del reino de Dios, esa esfera en la que los débiles son fuertes, los pobres son ricos, los humildes son exaltados, y los últimos son los primeros (Lucas 6:20-26; Mateo 23:12; 20:16).

Dado que los ancianos de la iglesia primitiva sabían que la iglesia no les pertenecía, no tenían una agenda propia que sacar adelante. No ponían obstáculos ante los demás ni los forzaban a una sumisión ciega apelando a su «autoridad». (Aunque muchos líderes no operan de esa forma, lamentablemente algunos sí lo hacen).

Los ancianos de la iglesia primitiva no funcionaban como una oligarquía (el dominio absoluto de unos pocos), ni como una dictadura (gobierno monárquico de una persona).

Vuelvo a decir, simplemente eran hombres mayores a los que la iglesia acudía, de un modo natural y orgánico, en tiempos de crisis.

De igual modo, la iglesia primitiva no actuaba como nuestra democracia contemporánea. Muchos piensan, erróneamente, que nuestro sistema democrático norteamericano se arraiga en una teología bíblica. Pero no existe un solo ejemplo en todo el Nuevo Testamento en el que las decisiones de la iglesia fueran tomada a través de levantar las manos. Lo admito, todos los cristianos son iguales en cuanto a la vida espiritual, pero cada uno tiene dones diferentes (Romanos 12:3-8). La iglesia no es una democracia pura.

La regla divina del consenso

¿Y cuál era el patrón para la toma de decisiones en la iglesia primitiva? Simplemente el consenso. «Entonces los apóstoles y los ancianos, *de común acuerdo con toda la iglesia...*» y «Así que *de común acuerdo* hemos decidido...» (Hechos 15:22, 25 ejemplifican el modelo divino para la toma de decisiones corporativas. En otras palabras, la toma de decisiones de la iglesia primitiva no estaba en manos de los ancianos. Estaba en manos de *todos* los hermanos y hermanas.

Dado que la iglesia es un cuerpo, todos los miembros deberían estar de acuerdo antes de avanzar obedeciendo a la Cabeza (Romanos 12:4-5; 1 Corintios 12:12-27; Efesios 4:11-16). De hecho, la falta de unidad y cooperación entre los miembros revela su fracaso en asirse a la Cabeza (Cristo).

El gobierno de la mayoría, el gobierno dictatorial, y una mentalidad que implique *Las reglas de orden de Roberto,* violentan la imagen de la iglesia como cuerpo. Y diluyen el inocultable testimonio de que Jesús es la Cabeza de un cuerpo unificado. Por esa razón, las epístolas de Pablo a las iglesias están saturadas de exhortaciones a ser de una sola mente (Romanos 15:5-6; 1 Corintios 1:10; 2 Corintios 13:11; Efesios 4:3; Filipenses 2:2; 4:2). Recordemos la enseñanza del Señor en este texto:

> *Además les digo que si dos de ustedes en la tierra se ponen de acuerdo sobre cualquier cosa que pidan, les será concedida por mi Padre que está en el cielo (Mateo 18:19).*

Resulta significativo que las palabras *estar de acuerdo* en este pasaje hayan sido traducidas del término griego *sumphoneo. Sumphoneo* significa sonar juntos, estar en el mismo acorde. Nuestra palabra *sinfonía* deriva de este término. Así que el sentido resulta claro. Cuando la iglesia tiene la disposición a armonizar, Dios actúa.

En relación con esto, el consenso refleja la actividad de toma de decisiones dentro del Dios trino, cuya naturaleza hemos sido llamados a reflejar. Dios actúa cuando el Padre, el Hijo y el Espíritu están de acuerdo. La toma de decisiones dentro de la Divinidad es comunitaria y está marcada por la sumisión mutua. En otras palabras, es consensuada.

Aun dentro de la economía del Antiguo Testamento, la Biblia asocia el consenso con el estar llenos espiritualmente (1 Crónicas 12:38-40; 13:1-4; 2 Crónicas 30:4-5). Por el contrario, se asocia el juicio dividido con la ruina espiritual (1 Reyes 16:21-22).

Otra vez, los ancianos de la iglesia primitiva llevaban sobre ellos la mayor parte de la supervisión espiritual y del cuidado pastoral de la asamblea (Hebreos 13:7, 17, 24). Pero no tomaban las decisiones en nombre de la iglesia. Ni eran los únicos responsables del rumbo de la iglesia.

Repito, un anciano no tenía derecho bíblico ni espiritual a dar órdenes en alta voz a una congregación pasiva. En lugar de eso, los ancianos (una vez que surgían) trabajaban juntos con toda la iglesia para llegar a una decisión *unánime* y tener un *solo* pensamiento (Hechos 15:22, 28). Pero era la iglesia en su totalidad la que tomaba la decisión, expresándose como «un hombre nuevo».

¿Y qué de Hebreos 13:17? En cuanto a ese texto, algunas traducciones dicen: «Obedezcan a sus dirigentes». La palabra griega que indica «obedecer» en este pasaje no es *hupakuo*, el término corriente que se usa para referirse a la obediencia en todos los otros pasajes de las Escrituras. La que aparece es *peitho* (forma medio-pasiva), que significa ceder ante la persuasión. Lo que el autor de Hebreos estaba diciendo era simplemente: «Déjense persuadir por aquellos que son más maduros en Cristo que ustedes».

Así que dentro del proceso de toma de decisiones de la iglesia primitiva, el rol de los ancianos era ayudar a la iglesia a llegar a un consenso sobre algún asunto. En virtud de su madurez espiritual relativamente mayor, en ocasiones los ancianos lograban persuadir a la iglesia acerca de llegar a una comprensión unificada de la mente del Señor. Pero no tenían derecho a forzar a la iglesia a adoptar sus puntos de vista. Los ancianos eran personas que demostraban cualidades que edificaban la solidaridad de la familia (1 Timoteo 3:4-5; Tito 1:6).

El significado del consenso

Una iglesia alcanza el consenso cuando todos sus miembros llegan a un acuerdo unánime en apoyo de una decisión en particular.

Admito que una iglesia puede concordar en una decisión mostrando diversos grados de entusiasmo (que algunos consientan «algo apesadumbrados»). Sin embargo, se logra el consenso cuanto todos llegan al punto en que dejan de lado sus objeciones y pueden apoyar la decisión de buena fe.

Cuando una iglesia funciona por consenso, se demoran las decisiones hasta alcanzar un acuerdo. Este proceso requiere que todos los miembros participen en condiciones igualitarias y asuman su responsabilidad en cuanto a descubrir la mente del Señor sobre algún tema dado. (De paso, la mente de Cristo no le pertenece a un individuo. Se trata de un descubrimiento corporativo. Véase 1 Corintios 2:9-16).

Cuando la iglesia alcanza el consenso, se eliminan la murmuración y las quejas. ¿Por qué? Porque cada miembro tiene una participación igualitaria en esa decisión. La iglesia es la dueña de la decisión. Fue tomada *por* y *para* la iglesia bajo la guía del Espíritu Santo.

La toma de decisiones por consenso está reñida con el pragmatismo moderno. El pragmatismo es la actitud estadounidense que señala: «Si algo funciona, es bueno; si produce resultados, es verdadero». Aquellos que miran a través del prisma del pragmatismo consideran al consenso como idealista e impráctico. Sin embargo, constituye la única salvaguarda segura que permite que un grupo de personas logre tener la mente de Cristo.

Algunos podrán replicar que este método nunca funcionará en nuestros días. Pero eso no es verdad. He formado parte de una buena cantidad de iglesias en las que se practicaba.

Con toda seguridad, el consenso es *humanamente* imposible. Pero también la salvación (Mateo 19:26). Es el Espíritu morando adentro el que hace que la toma de decisiones por consenso se vuelva una realidad práctica y un testimonio fructífero de la vida indivisible de Cristo.

El desafío que tenemos por delante

La desconexión entre la práctica de toma de decisiones de la iglesia institucional y la realidad del Nuevo Testamento es en verdad profunda. Y debería hacer que nos detuviéramos y nos preguntáramos por qué nos hemos alejado tanto.

En muchas iglesias institucionales el pastor (y a veces la «junta») toma las decisiones en independencia de la congregación. Lo mismo sucede en algunas iglesias hogar en las que los ancianos tienen el gobierno. En esas iglesias en particular los ancianos deciden sin tener en cuenta las preocupaciones o los puntos de vista de la congregación. Los miembros no tienen voz en los asuntos de la iglesia. Y aun más, se los alienta a «irse a algún otro lado» si no «están en línea» con ellos.

En esas iglesias que deciden en base al gobierno de la mayoría, a aquellos que «pierden la votación» les queda un interrogante acerca del buen juicio del grueso del pueblo. (A veces hasta se preguntan sobre la propia ética de los procedimientos). El hecho de que las Escrituras estén llenas de ejemplos en los que se muestra que la mayoría estaba equivocada es algo que se pasa por alto por conveniencia[1]. Muy a menudo, cuando el cincuenta y dos por ciento considera haber alcanzado una gran victoria, el cuarenta y ocho por ciento restante sigue aún refunfuñando y procurando socavar la decisión de la mayoría.

No hay dudas de que el consenso cuesta. Impone sobre todos los miembros de una iglesia la responsabilidad de buscar al Señor por ellos mismos. Demanda que cada creyente con paciencia pugne y batalle con los demás para encontrar la mente del Señor. A menudo eso implica cambiar las decisiones rápidas por otras que permitan adquirir confianza a través de una espera. ¡Pero qué posibilidad de construir juntos nos ofrece! Qué forma de desarrollar la paciencia. Qué expresión de amor mutuo y de respeto. Qué manera de ejercitarnos en ser una comunidad cristiana. Qué restricciones le impone a la carne. Qué manera de llevar la cruz. Qué manera de morir a nuestras propias agendas.

¿No vale la pena, por todo eso, asegurarnos de descubrir la mente, la intención, del Señor para su pueblo? ¿No vale la pena darle a él la oportunidad de obrar más profundamente en nosotros como pueblo? La confianza de poder alcanzar la mente del Señor en algún asunto relacionado con *su* iglesia, ¿no pesa más que la conveniencia de tomar decisiones prematuras, decisiones que pueden dañar la vida de nuestros hermanos y llevarnos a errar en cuanto a la voluntad de Dios? Muy a menudo olvidamos que ante los ojos de Dios, los medios son tan importantes como el fin. Una vez más, Christian Smith lo dice con gran belleza:

> *El consenso se construye al experimentar la comunidad cristiana. Requiere de relaciones firmes capaces de soportar la lucha en aquellas cuestiones por las que pasemos juntos. Requiere de amor mutuo y respeto para escuchar a los otros cuando hay desacuerdo. El consenso también precisa de un compromiso en cuanto a conocer y comprender a otras personas más que de un deseo de convencerlas o presionarlas. El consenso, como forma de toma de decisiones en la iglesia, no es más fácil, pero sí mejor. Para parafrasear a Winston Churchill, el consenso es la peor forma de toma de decisiones en la iglesia, excepto por todas las otras. El consenso no tiene como punto fuerte la eficiencia, si por eso queremos implicar facilidad y rapidez. El trabajar las cuestiones puede llevar mucho tiempo, lo que suele resultar frustrante. La fortaleza del consenso está en la unidad, en la comunicación, en la apertura a la guía del Espíritu, y en la participación responsable dentro del cuerpo. Al alcanzar esos valores, el consenso se vuelve eficiente. Decidir a través de un consenso, entonces, requiere que tan solo creamos que la unidad, el amor, la comunicación y la participación son más importantes dentro del programa cristiano que las decisiones rápidas y fáciles. Requiere que comprendamos que, en última instancia, el proceso es tan importante como el resultado. La manera en que tratamos a los demás al tomar decisiones juntos es tan importante como aquello sobre lo que decidimos[2].*

Al encarar la cuestión del consenso, algunos han sacrificado la verdad de Dios sobre el altar de la conveniencia. Pero la conveniencia y la agilidad humanas constituyen un criterio peligrosamente débil para juzgar las acciones en la esfera espiritual.

Por lo tanto, la pregunta de fondo que deberíamos hacernos no es: «¿Resulta conveniente y expeditivo?», sino: «¿Está de acuerdo con las Escrituras y en armonía con la naturaleza orgánica de la iglesia?».

Podemos tener la seguridad de que si el Señor nos ha pedido que llevemos a cabo algo, eso será posible y practicable por su gracia.

En resumen, esto es lo que el liderazgo de la iglesia primitiva hacía: Alentaba a todos los miembros a que ejercieran sus dones; ayudaba a conformar una solidaridad espiritual entre los creyentes; promovía un sentir de comunidad, cohesión y unidad dentro de la iglesia.

La habilidad de ejercer poder o imponer la propia voluntad sobre otros no caracterizó al liderazgo bíblico. El liderazgo se caracteriza por la capacidad de aglutinar a la iglesia para lograr criterios unánimes sobre cuestiones críticas. Toda persona que hace esto en alguna ocasión es la que lidera en ese momento.

En definitiva, el Nuevo Testamento desconoce por completo la modalidad autoritaria de liderazgo. Lo mismo que el igualitarismo «sin líderes». Rechaza tanto las estructuras jerárquicas como los individualismos fuertes. En lugar de eso, el Nuevo Testamento concibe el liderazgo como algo que proviene de toda la iglesia. Los hermanos y hermanas marcan el rumbo y toman decisiones a través del consenso. Los hermanos maduros aportan una supervisión.

De esta manera, las iglesias primitivas eran democracias guiadas. La toma de decisiones era comunitaria. Se ubicaban entre las estructuras jerárquicas, por un lado, y el individualismo igualitario, por el otro. Los ancianos eran convocados a ejercer una supervisión pastoral dentro de un contexto de sujeción mutua más que en una estructura jerárquica de subordinación (Efesios 5:21; 1 Timoteo 5:19-20).

Preguntas que debemos encarar

- ¿Es posible que muchos de los problemas que afligen a la iglesia institucional hoy estén directamente entroncados con la presunción arrogante de que en el siglo veintiuno hemos encontrado una mejor manera de conducir la casa de Dios que la que nos enseña y ejemplifica el Nuevo Testamento? Explica.
- ¿Piensas que el ejemplo bíblico de la toma de decisiones por consenso nos asegura con mayor certeza la posibilidad de llegar a tener la mente de Dios cuando la comparamos con la posibilidad

de permitir que un líder le imponga sus decisiones al pueblo de
Dios? Explica.

- ¿Crees que discernir cuál es la mente del Señor sobre algún tema
  referido a la iglesia a través del consenso supera a la conveniencia
  de llegar a una decisión más inmediata a través de unas pocas
  personas que manejan el poder? Explica.

CAPÍTULO 11
RECONFIGURACIÓN DE LA COBERTURA ESPIRITUAL

Aunque la distinción entre «clero» y «laicado» está instalada y ha sido asumida por los círculos religiosos, la misma no aparece en el Nuevo Testamento. Dado que el Nuevo Testamento ignora la cuestión del «clero», el hecho de que la mención de una casta aparte de «ordenados» es algo que impregna nuestro vocabulario y nuestras prácticas ilustra con bastante fuerza que aún no hemos tomado en serio el Nuevo Testamento. La práctica de tener un «clero» es una herejía a la que debemos renunciar. Esto pega fuerte, pega en el corazón mismo del sacerdocio de todos los creyentes. Contradice la forma que debía tomar el reino de Jesús, según lo que él dijo: «Ustedes son todos hermanos». Por tratarse de una tradición de hombres, esta ha invalidado la Palabra de Dios. El sistema clerical se yergue como un obstáculo monumental a una reforma y una renovación genuinas.

—Jon Zens

Gran parte del liderazgo cristiano es ejercido por gente que no sabe desarrollar relaciones íntimas y sanas y que en su lugar ha optado por el ejercicio del poder y el control. Muchos de los cristianos que hoy son constructores de imperios anteriormente han sido personas incapaces de dar y recibir amor.

—Henri Nouwen

¿Y quién es tu cobertura? Es la lacónica pregunta que hacen muchos cristianos modernos cada vez que se encuentran con aquellos que se reúnen por fuera de la iglesia institucional.

¿Pero cuál es la cuestión central de esa indagatoria? ¿Y cuáles son las bases bíblicas en las que se apoya?

En mi opinión, gran parte de la confusión de la conducta cristiana de hoy en día se conecta con una enseñanza conocida como «cobertura espiritual». (A veces se la llama «cobertura de protección»). Esa enseñanza sostiene que los cristianos reciben protección para no caer en el error doctrinal y en el fracaso moral cuando se someten a la autoridad de otro creyente o de una organización religiosa.

La dolorosa experiencia de muchos me ha llevado a concluir que la enseñanza de la «cobertura» es un tema que hoy le preocupa mucho a Sión. Y clama desesperadamente por una reflexión crítica.

Durante los tres próximos capítulos intentaré atravesar la neblina que rodea las difíciles cuestiones relacionadas con la enseñanza de la «cobertura». En particular, de los temas escabrosos sobre la autoridad y la sumisión.

¿La «cobertura» está contemplada por la Biblia?

Desde que me reúno por fuera de la iglesia institucional, he observado que muchos han sufrido oposición por parte de los líderes de la iglesia organizada. Esas almas valientes han generado en otros fuertes cuestionamientos acerca de la autoridad eclesial. En verdad se les han hecho las mismas preguntas que los líderes religiosos le hicieron a nuestro Señor muchos siglos atrás: «¿Con qué autoridad haces esto? ¿Quién te dio esa autoridad?» (Mateo 21:23). O, para ponerlo en lenguaje moderno: «¿Quién es tu cobertura?»

Si escarbamos hasta llegar a la misma raíz, la idea de «cobertura» descansa sobre una comprensión de la autoridad al estilo jerárquico, plagada de altos cargos. Esa comprensión se ha adquirido a partir de las estructuras pertenecientes al sistema de este mundo. De ninguna manera esta idea refleja el reino de Dios. Por consiguiente, existe una afinidad natural entre la orientación del liderazgo jerárquico, basado en los cargos, y la moderna enseñanza sobre la «cobertura».

Resulta interesante que la palabra *cobertura* solo aparezca una vez en todo el Nuevo Testamento. Y allí se utiliza en conexión con la cobertura de la cabeza de una mujer (1 Corintios 11:15). En tanto, en el Antiguo Testamento se usa esta palabra en pocas ocasiones, generalmente para referirse a alguna pieza de vestimenta. Nunca la utiliza en un sentido espiritual.

Así que la primera cosa que podemos decir con respecto a la «cobertura» espiritual es que existe escasa evidencia bíblica que la apoye. Sin embargo, a pesar de ese hecho, son incontables los cristianos que, con locuacidad, hacen la pregunta: «¿Quién es tu cobertura?». Algunos hasta llevan esta cuestión al extremo de convertirla en una prueba determinante para medir la autenticidad de una iglesia o de un ministerio.

Lo cual me impulsa a plantear una pregunta propia: Si la Biblia guarda silencio con respecto a la «cobertura», ¿qué es lo que la gente quiere decir cuando pregunta: «¿Quién es tu cobertura?». Muchas personas (cuando se sienten presionadas) reformulan la pregunta así: «¿A quién le rindes cuentas?»

Eso nos lleva a otro punto difícil. La Biblia *nunca* encomienda rendir cuentas a otros seres humanos. Siempre lo relaciona exclusivamente con Dios (Mateo 12:36; 18:23; Lucas 16:2; Romanos 3:19; 14:12; 1 Corintios 4:5; Hebreos 4:13; 13:17; 1 Pedro 4:5).

Por consiguiente, la sólida respuesta bíblica a la pregunta «¿A quién le rindes cuentas?» es simplemente: «Le rindo cuentas a la misma persona que tú, a Dios». Sin embargo, resulta extraño, pero esta respuesta generalmente conduce a una mala interpretación y luego a una acusación falsa.

Aunque el timbre distintivo de la «rendición de cuentas» y la clave en que se toca suenan levemente diferentes a los de la «cobertura», la esencia de la canción es la misma. Y es algo que no armoniza con el cántico inconfundible de las Escrituras.

Desentrañemos la verdadera pregunta que hay detrás de la cobertura

Ampliemos un poco la pregunta. ¿Que es lo que *en realidad* quiere decir la gente cuando presiona con su pregunta acerca de la «cobertura»? Yo creo que ellos en realidad se están preguntando: «¿Quién ejerce control sobre ti?». La enseñanza (desviada) sobre la «cobertura» en verdad se reduce a las cuestiones referidas a quién controla a quién. Y la iglesia institucional moderna está estructurada alrededor de ese control.

Por supuesto, la gente difícilmente reconocerá que eso es lo que subyace bajo esta cuestión. Porque por lo general está bien disfrazado con ropaje religioso. Según el pensamiento de muchos cristianos, la «cobertura» es meramente un mecanismo de protección.

Pero cuando realizamos una disección de la enseñanza sobre la «cobertura», pronto descubrimos que se arraiga en un estilo de liderazgo que sustenta una cadena de mandos en la que hay gente encima y debajo. Dentro de ese estilo de liderazgo, los que están en los puestos eclesiales más altos ejercen un control tenaz sobre los que están bajo ellos. Y se cree (lo que resulta bastante extraño) que a través del control que se ejerce sobre los de abajo, los creyentes son «protegidos» del error.

El concepto es algo más o menos así: Todos deben responder a otro que está en una posición eclesial más alta. En la iglesia evangélica típica de la época posterior a la guerra (Segunda Guerra Mundial) esto se traduce en que el «laicado» debe responder al pastor. A su vez, el pastor debe responder a alguien de mayor autoridad.

El pastor generalmente declara que hace su rendición de cuentas ante las oficinas centrales de la denominación, ante otra iglesia (con frecuencia considerada como la «iglesia madre»), o ante algún obrero cristiano influyente. (Se percibe al obrero como alguien del más alto rango dentro de la pirámide eclesiástica).

Así que el laico es «cubierto» por el pastor, el que a su vez resulta «cubierto» por la denominación, la iglesia madre, o el obrero cristiano. Debido a que cada persona tiene que rendir cuentas ante una autoridad eclesiástica superior, la misma está protegida (o «cubierta») por esa autoridad. Así se piensa.

Este patrón de «cobertura-rendición de cuentas» se aplica a todas las relaciones espirituales dentro de la iglesia. Y cada relación es diseñada a la medida, para que encaje en el patrón de «cobertura-rendición de cuentas». No pueden establecerse relaciones fuera de él; en especial aquellas entre «laicos».

Pero esta línea de razonamientos genera las siguientes preguntas: *¿Quién cubre a la iglesia madre? ¿Quién cubre a las oficinas centrales de la denominación? ¿Quién cubre al obrero cristiano?*

Algunos han propuesto una respuesta fácil tal como que Dios cubre a estas autoridades «superiores». Pero esa respuesta envasada clama por una nueva pregunta: ¿Por qué Dios no puede cubrir a los laicos y al pastor?

Hmmm...

La verdad es que el sujeto que está en la cima acaba no rindiendo cuentas a nadie, en tanto que la rendición de cuentas se le exige a todo el que esté debajo de él. Por supuesto, el verdadero problema con el modelo «Dios-denominación-obrero-pastor-laicos» va mucho más allá de la lógica tradicional. El problema principal es que viola la naturaleza orgánica de la iglesia. Porque detrás de la retórica piadosa de «proveer la posibilidad de una rendición de cuentas» y de «tener una cobertura» se esconde la amenaza de un sistema que carece de apoyo bíblico y es impulsado por un espíritu de control. En una palabra, las cuestiones subyacentes que acechan detrás de la enseñanza de la «cobertura» tienen que ver con el poder y el control.

La cobertura resulta sofocante

En mi opinión, la doctrina de la «cobertura espiritual» fundamentalmente suplanta la conducción del Señor Jesucristo. Por lo tanto, el intento de analizar en forma crítica la enseñanza de la «cobertura» y todo lo relacionado con ella es mucho más que un ejercicio teológico. Toca el mismo propósito de Dios, propósito que se ocupa por completo de todo lo que se refiere a la soberanía y la supremacía de Jesucristo en su iglesia.

En la década de 1970, Dios levantó muchas iglesias orgánicas prácticamente por todos los Estados Unidos. Sin embargo, una enseñanza errónea sobre la autoridad espiritual causó la desaparición de casi todas ellas. Experimentaron la sofocación que sigue a la «cobertura». Los que debieron navegar por las turbulentas aguas de la cobertura espiritual dieron una vuelta de campana a causa de las corrientes entrecruzadas del poder y el control de los hombres.

Que no sea así en nuestros días.

En tanto que estamos sujetos a las mismas debilidades que aquellos que nos precedieron, no tenemos por qué sucumbir a sus mismos errores. Si hemos de cometer errores, que sean algunos nuevos.

Como en la década de 1970, el Señor está volviendo a despertar a su pueblo al propósito que él tiene de restaurar su casa, propósito que requiere de todo nuestro tiempo. A la luz de este nuevo despertar, deshagámonos de los odres viejos y rajados que han dificultado el derramamiento del vino nuevo de Dios.

Quiera Dios que haya una gran cantidad de grupos cristianos que se reúnan solo alrededor de su Hijo. Grupos que expresen su cuerpo en toda plenitud. Grupos que no sean rígidos a causa de modelos de liderazgo autoritarios o de estructuras denominacionales.

Que tú también, querido lector, te agregues a este grupo.

Preguntas que debemos encarar

- ¿Estás familiarizado con la terminología referida a la «cobertura»? ¿Alguna vez la has utilizado como patrón para juzgar a las personas o las iglesias?
- ¿Las palabras *control* o *asfixiante* describen tu experiencia en cuanto a la «cobertura»? Explica.
- Si la palabra «cobertura» implica un concepto extraño para ti, ¿alguna de las descripciones que he hecho de ella en este capítulo te llevan a evocar experiencias que tú o tus amigos hayan vivido en el pasado? Explica.

CAPÍTULO 12
RECONFIGURACIÓN DE LA AUTORIDAD Y LA SUMISIÓN

Nadie remienda un vestido viejo con un retazo de tela nueva, porque el remiendo fruncirá el vestido y la rotura se hará peor. Ni tampoco se echa vino nuevo en odres viejos. De hacerlo así, se reventarán los odres, se derramará el vino y los odres se arruinarán. Más bien, el vino nuevo se echa en odres nuevos, y así ambos se conservan.

—Jesucristo en Mateo 9:16-17

Dentro de la comunión que se da en la Trinidad no existen ansias de poder y posición. Ninguna de las Personas de la Trinidad se considera mejor que las otras dos, sino que con una deferencia amorosa estima a las otras dos como superiores.

—Roderick T. Leupp

Hoy dentro del cristianismo circulan muchas conversaciones sobre la autoridad y la sumisión. Por supuesto, la Biblia tiene algo que decir con respecto a la autoridad y la sumisión. Sin embargo, se ha utilizado mucha más tinta en lo que atañe a enseñarnos sobre el amor y el servicio que para hablar de la autoridad y la sumisión. Estas son apenas notas al pie de la trama que se está desarrollando y lo que la Biblia describe.

Según mi experiencia, cuando la iglesia domina los aspectos fundamentales del amor y el servicio, aunque parezca increíble, las cuestiones de la autoridad y la sujeción se cuidan solas. (Aquellos que hacen un énfasis indebido con respecto a estos temas en general están más interesados en convertirse *ellos mismos* en personas de autoridad que en servir a sus hermanos).

En tanto que la Biblia no hace mucho ruido con respecto a la autoridad y la sujeción, estos temas están presentes en ella. Y eso guarda relación con llevar adelante un ministerio, recibir un ministerio y agradar a Cristo, la Cabeza de toda autoridad.

Yo creo que utilizar una jerga ajena a la Biblia como la palabra «cobertura» solo oscurece la cuestión de la autoridad y la sumisión. Vuelve nuestra conversación confusa y enturbia nuestros pensamientos. Si nos movemos dentro del vocabulario del Nuevo Testamento, seremos capaces de despejar las enmarañadas capas de la tradición humana que han oscurecido el tema.

Permítanme serles franco. La mayor parte de lo que hoy se denomina «autoridad espiritual» es un estudio sobre el absurdo. El movimiento del discipulado-pastoreo de la década de 1970 configura un ejemplo clásico de las tragedias innombrables que suceden cuando se realizan aplicaciones tontas y falaces sobre la autoridad. El mencionado movimiento estuvo plagado de mezclas espirituales. Y se degradó hasta alcanzar formas extremas de control y manipulación.

A continuación incluyo un resumen de las enseñanzas sobre el discipulado-pastoreo:

Cada cristiano debe encontrar alguien que lo pastoree, lo discipule y lo «cubra». El que lo pastorea es la «autoridad delegada por Dios» sobre él. Por lo tanto, su consejo debe seguirse siempre. Desobedecer al que lo pastorea es desobedecer a Dios mismo. De ese modo, todos los cristianos deben confiar en el juicio del que los pastorea y considerarlo por encima del suyo propio. Si una persona no se somete a quien lo pastorea, se coloca fuera de la «cobertura» divina y experimentará pérdidas, ya sea en lo espiritual o en lo físico.

El mayor error de la enseñanza sobre el discipulado-pastoreo descansa en la falsa suposición de que sujeción es equivalente a obediencia incondicional. La idea de que Dios inviste a ciertas personas con una autoridad incuestionable sobre otros es también errónea.

Con seguridad, los líderes del movimiento de discipulado-pastoreo fueron hombres dotados y con motivos nobles. No avizoraron el rumbo que el movimiento iba a tomar. (Algunos de ellos han pedido perdón por el rol que jugaron al generarlo). Aun así, el resultado fue que incontables vidas quedaron devastadas. En diversos sectores del movimiento de discipulado y pastoreo, el abuso espiritual se racionalizaba bajo la repetida obviedad de que Dios obra el bien a pesar de los actores que haya en escena. Dios, se enseñaba, va a considerar responsables a los individuos que ejercen el «pastoreo» por las decisiones equivocadas que tomen. Las «ovejas» no cargan con la responsabilidad en tanto que obedezcan sin cuestionar a sus pastores, independientemente de lo que ellos les manden hacer.

Sobre ese fundamento, el movimiento creó nuevos yugos de control a los que se los delineó y se les dio forma de modo que resultaran adecuados para la casta de los laicos. Esos nuevos yugos sofocaron el sacerdocio de los creyentes. Y mostraron el mismo tipo de dominación sobre las almas que caracteriza a las sectas. Algunos así llamados pastores se transformaron en sustitutos de Dios para otros cristianos, tomando control de los detalles más íntimos de sus vidas. Todo eso se llevó a cabo en nombre de una «rendición de cuentas» bíblica.

En el tiempo que siguió, el movimiento dejó un tendal de cristianos heridos y desilusionados que aun hoy en día siguen desconfiando de cualquier cosa que tenga apariencia de liderazgo. (Algunos hasta sufrieron destinos más crueles). Como resultado, aquellos que fueron vapuleados por el clero en ese movimiento desarrollaron una aversión por términos como *autoridad, sujeción* y *rendición de cuentas*. Aun hoy luchan por deshacerse de las imágenes distorsionadas de Dios que quedaron grabadas en su mente a través de su experiencia con el «pastoreo».

Los temas de autoridad y sumisión, por lo tanto, reflejan la historia de muchos, altamente cargada y sensible. Tanto que apenas escuchan mencionar alguna terminología referida al liderazgo, se encienden las luces de alerta y se despliega la bandera roja que se relaciona con el trato injusto.

Más de treinta años después, la autoridad espiritual continúa siendo un tema cargado emocionalmente y muy inflamable. A pesar de la postura por completo divergente que sobre la cuestión presenta este libro, todavía caminamos con cuidado por los bordes de un peligroso campo minado.

Tengamos en cuenta que las enseñanzas erradas nunca surgen por el mero empleo de algunos términos bíblicos. Más bien provienen de pasarle por encima, sin ninguna consideración, al sentido que tuvieron originalmente para aquellos que primero los escucharon. Palabras como *autoridad* y *sujeción* han sido degradadas durante tanto tiempo que precisan ser «redimidas» de las connotaciones falaces que se les han atribuido.

Por lo tanto, la salvaguarda en cuanto a las enseñanzas falsas no se halla en descartar esos términos bíblicos. Más bien se encuentra en elevarse por encima de las disputas y reformular estos términos de acuerdo con su interpretación original. Dicho de otra forma, debemos aprender no solo a hablar *donde* la Biblia habla, sino que debemos también aprender a hablar *como* la Biblia lo hace.

La noción neotestamentaria de sujeción

La palabra griega más frecuentemente traducida como «someterse» en el Nuevo Testamento es *hupotasso*. *Hupotasso* tiene una mejor traducción, que es «sujeción». Según el uso que hace el Nuevo Testamento, la sujeción es una actitud voluntaria a someterse, cooperar y ceder ante la advertencia o el consejo de otro[1].

La sujeción bíblica no tiene que ver con control ni con un poder jerárquico. Simplemente se trata de una actitud de franqueza como la de un niño que cede ante otros.

La sujeción bíblica existe, y es preciosa. Pero debe comenzar con lo que Dios desea y con lo que el Nuevo Testamento presupone. A saber, que tanto individual como colectivamente estamos sujetos a Jesucristo; que estamos sujetos unos a otros dentro de la comunidad de creyentes a la que pertenecemos; y que estamos sujetos a aquellos obreros cristianos probados y confiables que sacrificadamente sirven a nuestra comunidad de creyentes.

Enfatizo el hecho de que sean «probados y responsables» porque abundan los falsos profetas y los pseudoapóstoles. Es responsabilidad de los hermanos de la localidad examinar a aquellos que proclaman ser obreros cristianos (1 Tesalonicenses 1:5; 2 Tesalonicenses 3:10; Apocalipsis 2:2). La Biblia nos exhorta a sujetarnos a los líderes espirituales por su carácter noble y su servicio sacrificado (1 Corintios 16:10-11, 15-18; Filipenses 2:29-30; 1 Tesalonicenses 5:12-13; 1 Timoteo 5:17; Hebreos 13:17). Quizá el texto que arroja más luz a ser considerado dentro de esta discusión sea el de Efesios:

Sométanse unos a otros, por reverencia a Cristo (Efesios 5:21).

Repito, la Biblia nunca enseña acerca de una «cobertura de protección». En lugar de eso enseña la *sujeción mutua*. La sujeción mutua se apoya en la noción neotestamentaria de que todos los creyentes han recibido dones. Dada esa condición, todos pueden expresar a Jesucristo. Por lo tanto, tenemos que estar sujetos *unos a otros* en Cristo.

La sujeción mutua también se arraiga en la revelación bíblica del cuerpo de Cristo. *Todo* el cuerpo, y no solo un sector en particular, ha sido investido de la autoridad de Dios (Mateo 18:15-20; 16:16-19; Efesios 1:19-23). Según la eclesiología de Dios, la *ekklesia* es una sociedad teocrática y participativa en la que la autoridad divina ha sido dispensada a todos los que tienen el Espíritu. De esa manera, la iglesia refleja al Dios trino, en el que la relación entre las tres personas divinas es comunitaria y ajena a jerarquías.

No nos equivoquemos: Dios no ha delegado su autoridad en algunos individuos ni en un segmento de la iglesia. En vez de eso, su autoridad reside en la totalidad de la comunidad. Cuando los miembros de una comunidad de creyentes dan lugar a sus ministerios, la autoridad espiritual se dispensa a través de los dones con que el Espíritu los ha dotado.

En el fondo, la sujeción mutua demanda que nos demos cuenta de que somos miembros de algo más grande que nosotros: un cuerpo. También demanda que reconozcamos que somos insuficientes por nosotros mismos para cumplir con los más altos propósitos de Dios. En otras palabras, la sujeción mutua se basa en la afirmación humilde y realista de que necesitamos el aporte de nuestros hermanos. Implica la admisión de que no podemos ser buenos cristianos por nosotros mismos. De esta manera, la sujeción mutua es indispensable para lograr la textura de una vida cristiana normal.

La idea que Dios tiene de la autoridad

La otra cara de la moneda en cuanto a la sujeción es la autoridad. La autoridad es el privilegio que Dios nos concede de llevar a cabo alguna tarea en particular. La palabra que en el Nuevo Testamento más se acerca a nuestra palabra «autoridad» es *exousia*. *Exousia* deriva del término *exestin*, que significa una acción posible y correcta que se puede llevar a cabo sin impedimentos.

La autoridad (*exousia*) tiene que ver con la comunicación del poder. Las Escrituras enseñan que Dios es la única fuente de toda autoridad (Romanos 13:1). Y su Hijo ha sido investido de esa autoridad (Mateo 28:18; Juan 3:30-36; 17:2).

En otras palabras, Jesucristo es el único que tiene autoridad. El Señor dijo lisa y llanamente: «Se me ha dado toda autoridad en el cielo y en la tierra» (Mateo 28:18). Al mismo tiempo, Cristo ha delegado su autoridad en los hombres y mujeres de este mundo con propósitos específicos.

Por ejemplo, dentro del orden natural, el Señor ha instituido varias y diversas esferas en las que se debe ejercer su autoridad. Él ha establecido ciertas «autoridades oficiales» designadas para mantener el orden debajo del sol. A los funcionarios gubernamentales tales como reyes, magistrados y jueces se les ha concedido tal autoridad (Juan 19:10-11; Romanos 13:1ss.; 1 Timoteo 2:2; 1 Pedro 2:13-14).

Se ha investido de autoridad oficial a una función estática. La autoridad opera independientemente de las acciones que lleven a cabo las personas que asuman esa función. La autoridad oficial es fija y posicional. Mientras una persona se mantenga en su función, tiene autoridad.

Cuando se le concede una autoridad oficial a alguien, el receptor se convierte en una «autoridad» por propio derecho. Por esa razón a los cristianos se los instruye a sujetarse a los líderes gubernamentales, independientemente de su carácter (Romanos 13:1ss; 1 Pedro 2:13-19).

Nuestro Señor Jesús, lo mismo que Pablo, exhibió un espíritu de sujeción cuando estuvo en presencia de una autoridad oficial (Mateo 26:63-64; Hechos 23:2-5). De igual manera, los cristianos siempre tienen que estar sujetos a esas autoridades. La anarquía y el desprecio por la autoridad son señales de una naturaleza pecaminosa (2 Pedro 2:10; Judas 8). Pero sujeción y obediencia son dos cosas muy diferentes. Y constituye un grave error confundirlas.

Sujeción y obediencia

¿De qué modo se diferencia la sujeción de la obediencia? La sujeción es una actitud; la obediencia, un acto. La sujeción es absoluta; la obediencia, relativa. La sujeción es incondicional; la obediencia está condicionada. La sujeción es interna; la obediencia, externa.

Dios llama a su pueblo a tener un espíritu humilde de sujeción ante aquellos a los que él ha colocado en autoridad en el orden natural. Sin embargo, no debemos obedecerlos si nos ordenan hacer algo que viole la voluntad del Señor. Porque la autoridad de Dios es más alta que la de cualquier autoridad terrenal.

En otras palabras, uno puede desobedecer mientras se sujeta. Es decir, una persona puede desobedecer a una autoridad terrenal mientras que mantiene un espíritu de sujeción humilde ante su función de autoridad. Uno puede desobedecer manteniendo una actitud de respeto, opuesta a un espíritu de rebelión, injuria y subversión (1 Timoteo 2:1-2; 2 Pedro 2:10; Judas 8).

La desobediencia de las parteras hebreas (Éxodo 1:17), de Rahab (Josué 2:1ss), de los tres jóvenes hebreos (Daniel 3:17-18), de Daniel (Daniel 6:8-10), y de los apóstoles (Hechos 4:18-20; 5:27-29), ejemplifican el principio de estar sujetos a la autoridad oficial en tanto la desobedecen cuando entra en conflicto con la voluntad de Dios. También es posible corregir a una persona que está en un puesto de autoridad y mantener una actitud sumisa hacia ella (Mateo 14:3-5; Hechos 16:35-39).

Aunque Dios ha establecido que la autoridad oficial opere en el orden natural, no ha instituido esta clase de autoridad en la iglesia. Por supuesto, Dios les da a los creyentes autoridad (*exousia*) para que ejerzan ciertos derechos. Entre ellos la autoridad (*exousia*) ser hijos de Dios (Juan 1:12); poseer propiedades (Hechos 5:4); decidir casarse o permanecer célibes (1 Corintios 7:37); determinar qué comer o beber (1 Corintios 8:9); sanar enfermos y echar fuera demonios

(Mateo 10:1; Marcos 3:15; 6:7; Lucas 9:1; 10:19); edificar la iglesia (2 Corintios 10:8; 13:10); recibir bendiciones especiales asociadas con ciertos ministerios (1 Corintios 9:4-18; 2 Tesalonicenses 3:8-9); gobernar naciones y para comer del árbol de la vida en el reino futuro (Apocalipsis 2:26; 22:14).

Y lo que resulta sorprendente es que la Biblia nunca enseñe que Dios les haya dado a los creyentes autoridad (*exousia*) sobre otros creyentes. Recordemos las palabras de nuestro Señor en Mateo 20:25-26 y Lucas 22:25-26 en las que él condena la autoridad tipo *exousia* entre sus seguidores. Este solo hecho nos debería llevar a una pausa para hacer una reflexión seria.

Por lo tanto, es un salto en la lógica y una excesiva extrapolación de la razón el sugerir que los líderes de la iglesia ejerzan la misma clase de autoridad que los dignatarios. Repito: el Nuevo Testamento nunca vincula la *exousia* con los líderes de la iglesia. Ni siquiera jamás sugiere que algunos cristianos tengan *exousia* sobre otros cristianos.

Ciertamente, el Antiguo Testamento describe a los profetas, sacerdotes, reyes y jueces como autoridades oficiales. Es porque esos «oficios» eran como la sombra de los ministerios de autoridad de Jesucristo mismo. Cristo es el verdadero Profeta, el verdadero Sacerdote, el verdadero Rey, y el verdadero Juez. Pero nunca encontramos que un líder de la iglesia sea descrito o representado como una autoridad oficial en el Nuevo Testamento. Eso incluye tanto a los sobreveedores locales como a los obreros apostólicos.

Para hablar con franqueza, la noción de que los cristianos tienen autoridad sobre otros cristianos es un ejemplo de exégesis forzada. Como tal, resulta bíblicamente indefendible. Cuando los líderes de la iglesia ejercen el mismo tipo de autoridad que los funcionarios del gobierno, se convierten en usurpadores.

Por supuesto, hay una autoridad que funciona en la iglesia. Pero la autoridad que opera en la *ekklesia* es drásticamente diferente de la autoridad que opera dentro del orden natural. Esto solo tiene sentido porque la iglesia no constituye una organización humana, sino un organismo espiritual. La autoridad que opera en la iglesia no, es una autoridad *oficial*. Es una autoridad *orgánica*.

Autoridad oficial y autoridad orgánica

¿Qué es una autoridad orgánica? Una autoridad que se arraiga en la vida espiritual. La autoridad orgánica es una autoridad *comunicada*. Es decir, cuando una persona comunica la vida de Dios a través de la palabra o las obras, tiene el apoyo y el respaldo del Señor mismo.

En virtud del hecho de tener la vida del Espíritu, todos los cristianos son capaces de comunicar la autoridad de un modo orgánico. Por esa razón el Nuevo Testamento nos encarece que nos sujetemos unos a otros por reverencia a Cristo (Efesios 5:21). Pero aquellos que son más maduros en la vida espiritual tienden a expresar la voluntad de Dios de una manera más coherente que los carnales e inmaduros (Hebreos 5:14).

La autoridad orgánica encuentra su fuente en la dirección cercana, *inmediata*, de Cristo más que en un cargo estático. La autoridad orgánica no es intrínseca a una persona o un cargo. No reside en los seres humanos ni en los cargos que puedan tener (como en el caso de la autoridad oficial).

En lugar de eso, la autoridad orgánica opera fuera del individuo. Es así porque pertenece a Cristo. Solo cuando Cristo lleva a una persona a emitir una palabra o a realizar una acción es que esa persona ejerce autoridad. Dicho de otro modo, una persona tiene el derecho a ser oída y obedecida solo cuando refleja la mente del Señor. La autoridad orgánica, por lo tanto, es comunicativa.

La naturaleza comunicativa de la autoridad orgánica puede comprenderse dentro del marco de la metáfora del cuerpo que Pablo hace de la iglesia. Cuando la Cabeza (que es la fuente de toda autoridad) le indica a la mano que se mueva, la mano cuenta con la autoridad de la Cabeza. La mano, por lo tanto, no tiene autoridad en sí misma. La autoridad deriva hacia ella solo cuando actúa de acuerdo con lo que le comunica la Cabeza. En la medida en que la mano representa la voluntad de la Cabeza, es una autoridad.

Notemos que, en lo físico, el movimiento de la cabeza en relación con el cuerpo es algo orgánico. Se basa en el hecho de que un ser humano es un organismo vivo. El mismo principio funciona en lo espiritual en cuanto a la Cabeza y el cuerpo. Los cristianos solo ejercen autoridad espiritual cuando representan a Cristo con sus palabras y obras.

La autoridad orgánica, por lo tanto, es flexible y fluida, no estática. La autoridad orgánica es algo que se transmite y no es innovadora. Por consiguiente, no se trata de una posesión irrevocable[2]. Además, la autoridad orgánica es evaluada y corroborada por el cuerpo.

Debido a que la autoridad orgánica no proviene de un oficio, sino que es derivada, los creyentes no pueden asumirla, heredarla, conferirla, o sustituir con ella la autoridad de Dios. Meramente la representan. Lo que implica una distinción categórica. El fracaso en comprender esto ha llevado a una confusión inexplicable y al abuso en medio del pueblo de Dios.

Al analizar la autoridad espiritual, el énfasis se debería poner siempre sobre la *función* y el *servicio* más que en una noción mística de «espiritualidad». Reclamar la autoridad sobre la base de la espiritualidad de uno es prácticamente lo mismo que designarse a sí mismo en una autoridad oficial. Porque la *alegación* de cierta «espiritualidad» (en contraste con la verdadera espiritualidad) puede muy fácilmente constituir un cargo velado.

Cuando uno es auténticamente espiritual, esa espiritualidad se manifiesta por la manera en que uno vive y sirve. Solo se puede discernir la espiritualidad a través de esto último y no por la declaración de derechos que hace la persona que la asume. De esta forma, mantener el foco sobre el servicio y la función sirve para proteger a las iglesias orgánicas de volcarse a un culto a la personalidad.

Una comparación útil

Identifiquemos algunas de las diferencias entre la autoridad oficial y la autoridad orgánica.

1. Aquellos que son la autoridad oficial deben ser obedecidos mientras que lo que declaren no viole la voluntad de una autoridad superior (Hechos 5:29; 1 Timoteo 3:1). Por contraste, aquellos que ejercen autoridad orgánica nunca demandan obediencia hacia ellos mismos. Más bien buscan *persuadir* a otros a que obedezcan la voluntad de Dios. Las cartas de Pablo constituyen maravillosos ejemplos

de este principio. Lo que resuena en ellas es el eco de las peticiones y súplicas y no tanto de los mandamientos. Están llenas de lenguaje persuasivo. (Hablaremos más de esto luego).

2. Los que son la autoridad oficial asumen total responsabilidad cuando conducen a prácticas erradas a aquellos que están bajo ellos. En Números 18 descubrimos que la carga de la iniquidad cayó sobre los hombros de los sacerdotes, o sea los que eran la autoridad oficial en Israel.

Por contraste, la autoridad orgánica nunca anula la responsabilidad de los otros. En la iglesia, los creyentes tienen plena responsabilidad de sus acciones, aun cuando elijan obedecer el consejo de otros.

Por esta razón, las Escrituras en muchas ocasiones nos ordenan probar el fruto de los demás. Asimismo enseñan que el engaño atrae el juicio divino (Mateo 7:15-27; 16:11-12; 24:4-5; 1 Corintios 14:29; Gálatas 1:6-9; 2:4; Filipenses 3:2-19; 1 Tesalonicenses 5:21; 1 Timoteo 2:14; 1 Juan 3:4-10; 4:1-6). El Nuevo Testamento nunca enseña que si un cristiano obedece a otra persona ya no es responsable de sus acciones.

3. Los que tienen autoridad oficial pueden ser menos maduros, menos espirituales y menos justos que aquellos sobre los que ejercen esa autoridad. La autoridad orgánica, en cambio, esta directamente vinculada con la vida espiritual. No se la puede separar de ella.

A menudo les decimos a nuestros niños «obedezcan a sus mayores», porque aquellos que son mayores (en la vida natural) tienden a ser más maduros en su consejo. Por lo tanto, merecen nuestro respeto y sujeción (1 Pedro 5:5a). El mismo principio se aplica en la esfera espiritual.

Aquellos que han crecido más en la vida espiritual tienen una mayor medida de autoridad orgánica. (Notemos que una persona no puede ejercer la autoridad espiritual a menos que esté bajo la autoridad de Dios). Una señal segura de mayor madurez espiritual es tener un espíritu de siervo y la humildad de un niño. Consideremos los siguientes textos que nos exhortan a estimar a aquellos que muestran estas dos características:

Bien saben que los de la familia de Estéfanas fueron los primeros convertidos de Acaya, y que se han dedicado a servir a los creyentes. Les recomiendo, hermanos, que se pongan a disposición de aquellos y de todo el que colabore en este arduo trabajo. Me alegré cuando llegaron Estéfanas, Fortunato y Acaico, porque ellos han suplido lo que ustedes no podían darme, ya que han tranquilizado mi espíritu y también el de ustedes. Tales personas merecen que se les exprese reconocimiento (1 Corintios 16:15-18).

Recíbanlo [a Epafrodito] en el Señor con toda alegría y honren a los que son como él, porque estuvo a punto de morir por la obra de Cristo, arriesgando la vida (Filipenses 2:29-30a).

Hermanos, les pedimos que sean considerados con los que trabajan arduamente entre ustedes, y los guían y amonestan en el Señor. Ténganlos en alta estima, y ámenlos por el trabajo que hacen (1 Tesalonicenses 5:12-13).

Los ancianos que gobiernan bien, sean tenidos por dignos de doble honor, mayormente los que trabajan en predicar y enseñar (1 Timoteo 5:17, RVR 1960).

Acuérdense de sus dirigentes, que les comunicaron la Palabra de Dios. Consideren cuál fue el resultado de su estilo de vida, e imiten su fe (Hebreos 13:7).

Obedezcan [en el griego: sean persuadidos por] a sus dirigentes y sométanse a ellos, pues cuidan de ustedes como quienes tienen que rendir cuentas. Obedézcanlos a fin de que ellos cumplan su tarea con alegría y sin quejarse, pues el quejarse no les trae ningún provecho (Hebreos 13:17).

Así mismo, jóvenes, sométanse a los ancianos (1 Pedro 5:5).

Resulta claro que el Nuevo Testamento exhorta a los cristianos a considerar que tienen más peso aquellos que trabajan incansablemente en el servicio espiritual. Esa estima es espontánea e instintiva. Nunca debe ser algo absoluto o formal.

La honra que un creyente reciba de la iglesia siempre se gana por un servicio humilde. Nunca se debe demandar ni es impuesta. Aquellos que son en verdad espirituales no reclaman tener autoridad espiritual sobre otros. Ni presumen acerca de su trabajo espiritual y su madurez. De hecho, la gente que hace tales reclamos revela su *inmadurez*. Aquel que declara ser «el hombre ungido por Dios en poder y autoridad para esta hora» (o autoelogios semejantes) simplemente prueba una cosa: *No tiene autoridad.*

Por el contrario, aquellos que son estimados en la iglesia es porque han *probado* ser siervos confiables. No solo en palabras, sino por la experiencia (2 Corintios 8:22; 1 Tesalonicenses 1:5; 2 Tesalonicenses 3:10). Ganar el reconocimiento y la confianza del cuerpo es el único punto de referencia válido en cuanto a la autoridad espiritual.

4. Los que son la autoridad oficial tienen autoridad mientras conservan su cargo. Y su autoridad funciona independientemente de que tomen decisiones poco sabias o injustas. Por ejemplo, mientras el rey Saúl se sentó sobre el trono de Israel, retuvo su autoridad. Eso fue así aun después de que el Espíritu de Dios lo abandonó (1 Samuel 16:14; 24:4-6).

Por otro lado, la autoridad orgánica funciona solo cuando uno expresa a Cristo. Así que si un creyente exhorta a la iglesia a que haga algo que no refleja la voluntad de la Cabeza (aunque esto no viole un mandato prescrito por Dios), no tiene una autoridad que respalde su exhortación. Repito: solo Jesucristo tiene autoridad. Y solo lo que fluye de su vida lleva autoridad.

5. Aquellos que tienen una autoridad oficial prácticamente siempre funcionan dentro de una jerarquía. La autoridad orgánica nunca se relaciona con jerarquías (Mateo 20:25-28; Lucas 22:25-27). De hecho, la autoridad orgánica siempre se distorsiona y sufre abusos cuando se alía con las jerarquías. Por esa razón, la imagen de las jerarquías está ausente de las epístolas del Nuevo Testamento.

Resumiendo, la autoridad orgánica no fluye de arriba hacia abajo. Ni funciona según una cadena de mandos, al estilo jerárquico. De igual modo, la autoridad orgánica no funciona de abajo hacia arriba. Es decir, no fluye desde la iglesia hacia la persona. Porque aunque una iglesia decida otorgarle autoridad a alguien para la realización de una tarea específica, le faltará autoridad si no refleja la mente de Cristo. La autoridad orgánica funciona de adentro hacia afuera. Cuando el Cristo que mora adentro lleva a un creyente o a una iglesia a hablar o actuar, la autoridad de la Cabeza lo respalda. Jesucristo, representado por el del Espíritu que habita en nosotros, es el origen, el pilar principal y la fuente de toda autoridad. Y no hay otra cobertura por encima de esa Cabeza.

Todo esto se resume en que los problemas de liderazgo de la iglesia institucional son producto de una aplicación obscena y simplista de las estructuras de autoridad oficial a las relaciones cristianas. Esta aplicación, errada, se basa en una concepción de la autoridad que utiliza la misma medida para todos. En verdad constituye un profundo error transplantar los patrones de la autoridad oficial a la iglesia del Dios vivo.

La autoridad orgánica siempre se enmarca dentro del amor

Siempre que un cristiano ejerza autoridad orgánica en la iglesia, haríamos bien en reconocerlo. Rebelarse en contra de esa autoridad es rebelarse en contra de Cristo. ¿Por qué? Porque la única autoridad que existe es Cristo. Y cuando él habla a través de la iglesia se pone en funcionamiento una genuina autoridad.

Las Escrituras señalan claramente que «Dios es amor» (1 Juan 4:8, 16). Por esa razón, cuando se expresa la autoridad de Dios, el amor está presente. Para decirlo de otra forma, el ejercicio de la autoridad divina siempre se enmarca dentro del amor. Permítanme intentar aclarar esta oración.

El amor está dispuesto a amonestar a otros cuando flaquean. Rechaza la espiritualidad autónoma, de llanero solitario, del tipo «hágalo por su cuenta». En lugar de eso, valora la interdependencia con el cuerpo.

El amor se da cuenta de que, debido a que todos somos miembros los unos de los otros y tenemos el mismo linaje, nuestras acciones producen efectos profundos en nuestros hermanos. El amor deplora el cristianismo individual, privatizado. En cambio, afirma su necesidad de participar con los demás miembros de la iglesia.

El amor a veces es dulce, bondadoso y amable. Pero cuando confronta los horrores de un pecado sin arrepentimiento, puede volverse combativo e inflexible. El amor es paciente, respetuoso y gentil. Nunca estridente, degradante o dictatorial. El amor repudia las exigencias presuntuosas y demandantes de reconocimiento de autoridad. En lugar de eso, está signado por la humildad y la mansedumbre.

El amor no es algo frágil y sentimental, sino profundamente perceptivo y con discernimiento. Nunca manipula ni impone su propia voluntad. Nunca amenaza, fuerza, demanda, ni ejerce coerción.

El amor nos impulsa a asumir la responsabilidad de ser «guardas de nuestros hermanos». Pero nos impide volvernos indiscretos y entrometidos en cuanto a su vida. El amor nunca usurpa el lugar de Dios ni juzga los motivos del corazón de los demás. Ni piensa lo peor de ellos.

El amor reconoce que hemos sido llamados a *representar* la voluntad del Espíritu Santo unos ante otros, no a *sustituir* su persona ni a *reemplazar* su obra.

Por consecuencia, la autoridad orgánica no constituye una licencia para sondear las cuestiones íntimas de nuestros hermanos y así «asegurarnos» de que estén andando correctamente. La Biblia nunca nos concede libertad de cuestionar a nuestros hermanos espirituales sobre sus inversiones financieras, o sobre cómo hacen el amor con sus cónyuges, o en otras áreas de su privacidad.

Este tipo de indagaciones innecesarias (ejercidas bajo una apariencia de rendición de cuentas) es el tipo de cosas de las que están hechas las sectas autoritarias. Un pensamiento de esta clase finalmente convierte a cualquier comunidad de creyentes en una olla a presión psicológica. (Por supuesto que si un creyente, *por propia voluntad,* desea confiarle a otra persona asuntos muy personales, esa es otra historia. Pero se trata de una elección, y no de un deber).

Nunca debemos perder de vista el hecho de que la Biblia le da gran importancia a la libertad individual de los cristianos, a su autonomía y privacidad (Romanos 14:1-12; Gálatas 5:1; Colosenses 2:16; Santiago 4:11-12). Así que entre los creyentes deberíamos tener un alto respeto por esas virtudes. A menos que haya una buena razón para sospechar que un hermano o una hermana esté viviendo en un pecado grosero, resulta profundamente anticristiano andar husmeando y curioseando en sus cuestiones personales y domésticas.

El Nuevo Testamento advierte en contra de ser «entremetidos» en los asuntos de otras personas, «hablando de lo que no deben» (1 Timoteo 5:13; 1 Pedro 4:15). Por la misma razón, si un cristiano se halla en serios apuros espirituales (debatiéndose en medio de pecados graves), el amor demanda que busque la ayuda de otros y la reciba con gusto.

En resumen, debido a que la autoridad divina siempre se expresa en amor, eso mismo engendra una cultura de seguridad y salvaguarda espiritual. La sujeción a la autoridad de Dios no es control. Es ayuda. Nunca se congela ni se vuelve estática, convirtiéndose en un sistema formal. No es oficial, ni legal, ni mecánica. En vez de eso, es relacional y orgánica.

El peligro acecha cada vez que la autoridad de Dios se transforma en una institución humana, no importa bajo qué nombre funcione. Como cristianos, tenemos una intuición espiritual que nos lleva a sujetarnos a la autoridad espiritual. Y la iglesia siempre se beneficia cuando lo hacemos.

Cada vez que le damos una buena acogida en nuestra vida a los demás para que nos hablen, abrimos la puerta para que el Señor nos aliente, motive y proteja. Por esa razón, Proverbios subraya repetidamente que «en la *multitud* de consejeros hay seguridad» (Proverbios 11:14, RVR 1960; 15:22; 24:6). El amor, entonces, es el paraguas divino que nos ofrece protección espiritual. Pero, gracias a Dios, no es tan estrecho como el corazón de algunos que viven debajo de su protección. En el último análisis, solo el amor tiene poder de «cobertura». Porque «el amor cubre todas las faltas» (1 Pedro 4:8; Proverbios 10:12; 17:9).

El costo de la sujeción mutua

La sujeción mutua es radicalmente diferente de la subordinación unilateral a una estructura autoritaria. Al mismo tiempo, nunca debería confundírsele con el anarquismo tolerante y altamente individualista y con la relatividad moral que caracterizan al pensamiento posmoderno.

La sujeción mutua es costosa. Tenemos que enfrentarlo. A nuestro ego no le gusta sujetarse a nadie. Como criaturas caídas, deseamos hacer lo que juzgamos correcto ante *nuestros propios* ojos, sin la interferencia de otros (Proverbios 12:15).

Así que la inclinación a rechazar la autoridad orgánica está profundamente arraigada en nuestra naturaleza adámica (Romanos 3:10-18). El recibir corrección y amonestación, o ser reprobados por parte de otros mortales, es como una cruz que debemos cargar (Proverbios 15:10; 17:10; 27:5-6; 28:23). Por esa razón la sujeción mutua sirve de antídoto tanto para la rebeldía de nuestra carne como para el avance de una cultura sin leyes como la nuestra.

Ejercer la autoridad espiritual resulta igualmente doloroso. A menos que uno sea fanático de ejercer el control, la tarea de reprobar a otros resulta difícil y riesgosa. Las Escrituras nos dicen que un hermano ofendido es más difícil de reconquistar que una ciudad amurallada (Proverbios 18:19). De modo que corregir a otros resulta embarazoso, lo que, añadido al temor de la confrontación, hace que obedecer al Señor en áreas en las que se debe expresar su autoridad resulte duro para nuestra carne. (Lo embarazoso de la situación simplemente destaca la importancia de cultivar relaciones de amor y aceptación dentro de la asamblea).

Resulta mucho más fácil dejar pasar las cosas. Es más simple orar por nuestros hermanos cuando cometen un error y dejar las cosas en ese punto. Es mucho más complicado confrontarlos amorosamente y con paciencia, humildad y compasión. (Otra vez, la excepción la constituyen aquellos que se apoyan en una justicia propia y son fanáticos del control. Tales personas parecen deleitarse en corregir a otros).

Todo esto sencillamente subraya el hecho llamativo de que el amor es lo que debe gobernar las relaciones con los demás. Porque si amamos a los hermanos, nos sujetaremos a su consejo y amonestación.

Del mismo modo, el amor nos va a forzar a acercarnos a aquellos hermanos que están fallando con un espíritu de mansedumbre cada vez que ellos necesiten nuestra ayuda (Gálatas 6:1; Santiago 5:19-20). Y nos abstendremos de imputarles motivaciones malignas (Mateo 7:1-4; 1 Corintios 13:5). En el fondo, el camino del amor es siempre el camino de la negación de uno mismo.

La sujeción mutua tiene sus raíces en el Dios trino

Volvamos en nuestra consideración de la sujeción mutua hasta el arquetipo de la iglesia: la Divinidad. Debido a que la sujeción mutua se basa en el amor, sus raíces están en la misma naturaleza del Dios trino. Dios, por naturaleza, es una Comunidad. El único Dios está constituido por una comunidad de tres personas que eternamente comparten sus vidas la una con las otras.

En la Divinidad, el Padre se vierte dentro del Hijo. A su vez, el Hijo se entrega a sí mismo sin reservas al Padre. Y el Espíritu, como el Santo Mediador, derrama el amor de ellos del uno al otro. Dentro de esta divina danza de amor, no existen jerarquías. No existe control. No existe autoritarismo. No existe conflicto de intereses. En lugar de ello, hay amor mutuo, comunión mutua y sujeción mutua.

Ese compartir mutuo que perpetuamente fluye dentro de la Divinidad constituye la piedra angular del amor. De hecho, es la razón misma por la que Juan podía decir: «Dios es amor» (1 Juan 4:8). Porque si Dios no fuera una Comunidad, no habría habido nadie a quien él amara antes de la creación. El acto de amar requiere la presencia de dos o más personas.

La iglesia es la comunidad del Rey. Como tal, está llamada a reflejar la relación de amor recíproco que eternamente fluye dentro del Dios trino. De este modo, dentro de la comunión de la iglesia hay sujeción mutua gobernada por el amor mutuo. No hay jerarquías, ni control, ni autoritarismo. ¿Por qué? Porque la iglesia ha sido llamada a vivir por la vida divina, la misma vida que existe dentro de la Divinidad (Juan 6:57; 17:20-26; 2 Pedro 1:4).

Dentro del medioambiente familiar de la iglesia, la sujeción mutua crea unidad. Construye el amor, proporciona estabilidad y promueve el crecimiento. Le da un significado rico a la manera cristiana de vivir. La vida cristiana no fue pensada para ser llevada adelante fuera de una comunidad en la que se vive el uno frente al otro. La *ekklesia* (la comunidad del Rey) es nuestro hábitat natural.

En este sentido, la sujeción mutua constituye un antiséptico contra la línea dura del nicolaísmo (clericalismo). Enfatiza el poder *para* y el poder *entre* más que el poder *sobre*. Alienta la participación de todos en lugar de estar todos bajo el poder de unos pocos.

En tanto que nuestra cultura alienta la confianza en uno mismo, el individualismo y la independencia, estas cosas son incompatibles con la ecología del cristianismo orgánico. Debido a que Dios es una Comunidad, sus hijos han sido diseñados para la comunidad. Nuestra nueva naturaleza nos llama a eso.

Nosotros, los cristianos, no somos seres aislados. Al igual que el Dios trino, a cuya semejanza fuimos creados, nuestra especie es comunitaria (Efesios 4:24; Colosenses 3:10). Crecemos a través de mantener relaciones significativas con otros de la misma especie. La doctrina moderna de la «cobertura» oscurece esta perspectiva que hemos desenterrado. Pero el principio de la sujeción mutua la ha dejado repentinamente en libertad.

Dicho con simpleza, la naturaleza trinitaria de Dios sirve tanto de fuente como de modelo para todas las comunidades humanas. Y es dentro de la relación de amor de la Divinidad que el principio de sujeción mutua encuentra su verdadero valor. Según lo dijo Miroslav Volf: «Cuanto más se caracterice una iglesia por una distribución simétrica y descentralizada del poder y por una interacción reafirmada libremente, más se corresponderá con la comunión trinitaria»[3].

La sujeción mutua, entonces, no es un concepto humano. Por el contrario, proviene de la naturaleza comunitaria y recíproca del eterno Dios. Y es esa misma naturaleza la que la *ekklesia* ha sido llamada a portar. De esta forma, la sujeción mutua nos permite ver el rostro de Cristo en el propio tejido y textura de la vida de la iglesia orgánica.

Tomando prestado el lenguaje de John Howard Yoder, la autoridad y la sumisión que las Escrituras propugnan «le dan más autoridad a la iglesia que la que le proporciona Roma, le confían más al Espíritu Santo que el pentecostalismo, tienen más respeto por el individuo que el humanismo, hacen más vinculantes los estándares morales que el puritanismo, y son más abiertas a cualquier situación dada que "la nueva moralidad"»[4].

En suma, la sujeción mutua crea una cultura que aprecia el liderazgo espiritual sin volverlo absoluto. Responde a la autoridad espiritual sin convertirla en un instrumento de control. Porque cuando las «relaciones de tutoría», la «cooperación para la rendición de cuentas» y la «conducción espiritual» están gobernadas por la sujeción mutua, se vuelven espiritualmente saludables y mutuamente enriquecedoras. También debemos decir que no guarda similitud con la moderna práctica de la «cobertura» jerárquica.

Quizá una metáfora de cierre ayude a resumir todo lo que he dicho en este capítulo. Podemos comparar la sujeción mutua con la buena música. Cuando funciona dentro del contexto de una humildad inteligente y profunda fidelidad a la conducción de Cristo, conforma una hermosa melodía que hace resonar la dulce armonía del cántico del Nuevo Testamento. Pero cuando es reemplazada por los sistemas jerárquicos que caracterizan el espíritu de los gentiles, su sonido se distorsiona. Y lo que es peor, cuando se la rechaza en favor de los pecados posmodernos del individualismo sistemático y la independencia, su timbre y su clave cesan del todo, y el frío mortal del silencio se instala a su paso.

Preguntas que debemos encarar

- ¿Cuál crees que sea el origen de tu actual pensamiento acerca de la «cobertura» y la «rendición de cuentas»? Explica.
- ¿Conoces alguna historia sobre los daños ocasionados por gente que hablaba de tópicos como la «no cobertura» e irreflexivamente le dieron la bienvenida a palabras como «rendición de cuentas»? Explica.
- ¿No nos sentimos obligados a causa de las Escrituras a dejar de aplicar el concepto de autoridad oficial dentro de la iglesia y en lugar de ello retornar al concepto neotestamentario de la sujeción mutua o autoridad orgánica? Explica.
- Este capítulo señala que el Nuevo Testamento no apoya la idea de que algunos cristianos tengan autoridad sobre otros. ¿Cómo te sientes al respecto? Explica.

CAPÍTULO 13
RECONFIGURACIÓN DE LA COBERTURA DENOMINACIONAL

¿Qué vida tienes si no tienes una vida junto con otros? No hay vida que no sea en comunidad, y no existe comunidad que no se viva en medio de la alabanza a Dios.

—T. S. Eliot

Aún son inmaduros. Mientras haya entre ustedes celos y contiendas, ¿no serán inmaduros? ¿Acaso no se están comportando según criterios meramente humanos? Cuando uno afirma: «Yo sigo a Pablo», y otro: «Yo sigo a Apolos», ¿no es porque están actuando con criterios humanos? Después de todo, ¿qué es Apolos? ¿Y qué es Pablo? Nada más que servidores por medio de los cuales ustedes llegaron a creer, según lo que el Señor le asignó a cada uno.

—Pablo de Tarso en 1 Corintios 3:3-5

Muchos cristianos creen que las denominaciones nos protegen del error. Pero eso es una ilusión.

La «cobertura denominacional» se construye sobre la idea supersticiosa de que si pertenecemos a una denominación cristiana, de alguna manera mágica estamos «cubiertos» y «protegidos» del error. Pero esa idea es una farsa. Incontables cristianos que han pertenecido a una denominación han perdido el rumbo teológico y moral.

Por consiguiente, la noción de que la gente está «cubierta» por realizar su rendición de cuentas en una organización con una estructura vertical es pura ficción.

La única forma de protegernos del error es a través de someternos al Espíritu de verdad y a la Palabra de Dios dentro del contexto
del cuerpo de Cristo (1 Juan 2:20, 27). La idea que Dios tiene de
nuestra responsabilidad en cuanto a ser transparentes funciona desde
la comunidad hacia la persona. No de un *párroco* a una persona. La
protección espiritual viene de la conexión que tengamos con el Espíritu Santo y de la manera en que nos conectemos espiritualmente con
otros cristianos. En eso radica la genialidad de la comunidad cristiana. Por contraste, el sistema denominacional de rendición de cuentas,
vertical, complicado y legalista, diseñado por los hombres, constituye
un sustituto a la sujeción mutua.

La tiranía del status quo

Si tenemos dudas de que el sistema denominacional haya sido
construido en base a un control ejercido verticalmente, intentemos
cuestionarlo. Si lo hacemos, es muy probable que escuchemos poner
en funcionamiento la máquina de la retórica.

La verdad que más les asusta es que, con demasiada frecuencia,
aquellos que cuestionan la autoridad eclesiástica causan temblores a
través de todo el sistema eclesiástico. Y como resultado a menudo son
difamados.

Si tú eres alguien que disiente y has dejado la iglesia institucional
debido a que crees que no es escritural, puedes ser tildado de «heréti-
co», o acusado de «desestabilizar el bote», o ser un «creador de problemas», una «bala perdida» o un «rebelde insumiso». Se invoca tamaña
retórica religiosa con la intención de reprimir el pensamiento. Esto
ha sido ideado para desbaratar el disenso sincero que se tenga con los
partidarios del status quo.

A veces la maquinaria religiosa inventa los rumores más dañinos
y maliciosos con respecto a aquellos que disienten. Tengo un buen
amigo que solía ser pastor. Formaba parte del consejo de pastores de
su ciudad natal. Luego de una crisis de conciencia con respecto a la
legitimidad bíblica del cargo pastoral moderno y el sistema denominacional, renunció a ser pastor y salió definitivamente de la iglesia
institucional.

No mucho después, sus otros amigos pastores, de la misma ciudad, comenzaron a desparramar rumores infames sobre él y su familia. Según ellos, un hombre no puede dejar el pastorado sin estar enredado en algún tipo de escándalo que lo obligue a irse. Así que armaron uno de su propia cosecha a partir de la nada.

Ninguno de los rumores era verdad. Pero mi amigo probó en carne propia el tremendo poder que tiene el sistema religioso. Y lo que es más importante, aprendió a sufrir junto con su Señor «fuera del campamento, llevando la deshonra que él llevó» (Hebreos 13:13). Ese es el precio que muchos han pagado por salirse del sistema religioso[1].

Resulta interesante que algunos defensores del sistema denominacional argumenten que las denominaciones constituyen una salvaguarda en contra de las sectas. Pero he aquí la ironía: el concepto de «cobertura denominacional» se parece mucho a la noción torcida de liderazgo, que cuenta con un sistema de amos y esclavos, y caracteriza a la mayor parte de las sectas modernas. Permítanme explicar.

En las denominaciones, los miembros siguen sin reservas a un líder único, a un consejo de «ancianos laicos», o a una organización. Por contraste, el principio bíblico de sujeción mutua enfatiza la sumisión de *unos a otros* en oposición a la obediencia indiscutida a un líder humano o una organización jerárquica.

Para ser más preciso, la enseñanza sobre la «cobertura» a menudo se utiliza como una forma de coacción para descartar a aquellos cristianos que no se reúnen bajo una bandera denominacional. La «cobertura» demasiado a menudo se ha convertido en un arma en las manos de los partidarios de los grupos religiosos para asegurar su terreno teológico. Y esa arma con frecuencia ha sido cargada por la intolerancia sectaria.

Autónomos aunque relacionados

Cada iglesia nacida dentro de los primeros diecisiete años después de Pentecostés fue generada por la iglesia de Jerusalén. Pero esas nuevas iglesias no tenían una relación formal ni servil con respecto a la iglesia de Jerusalén. En este sentido, el Nuevo Testamento *siempre* concibe a las iglesias como autónomas (independientes), pero relacionadas fraternalmente. Las iglesias primitivas tomaban sus decisiones fuera de todo control externo. Por esa razón Pablo exhorta a las asambleas con las que trabajaba a hacerse cargo de sus problemas internos.

Según el pensamiento de Dios, cada iglesia es una (en cuanto a la vida) con todas las otras iglesias. Pero cada iglesia es independiente, se gobierna a sí misma, y es responsable solo ante Dios por su toma de decisiones. Por consiguiente, el concepto de una «iglesia madre» que gobierne, o una oficina central de la denominación, parte de una interpretación rígida de las Escrituras.

Los principios bíblicos reafirman que cada iglesia es independiente en cuanto a la toma de decisiones y la supervisión. (Consideremos las palabras de nuestro Señor a las siete iglesias de Asia. Él trató con cada asamblea según sus problemas particulares; Apocalipsis 1, 2, 3).

Este principio también aparece subrayado en las cartas de Pablo. Pablo constantemente trataba a cada iglesia como un organismo autónomo, con gobierno propio. Según el pensamiento de Pablo, cada iglesia es responsable directa ante Dios y debe rendirle cuentas a él (Efesios 5:24; Colosenses 1:9-10).

Constituye un craso error, por lo tanto, hacer que todas las iglesias locales giren en torno a una federación religiosa. Cada iglesia se ubica debajo de la misma Cabeza. Todas son una en cuanto a la vida. Lo cual hace que, por consiguiente, las iglesias deban cooperar unas con otras, aprender de las demás y ayudarse mutuamente, como lo hicieron durante el primer siglo (Hechos 11:28-30; Romanos 15:25-29; 16:1; 1 Corintios 16:19; 2 Corintios 8:1-14; 13:13; 1 Tesalonicenses 2:14; Filipenses 4:22). Al mismo tiempo, cada una debería abrazar la tradición que los apóstoles establecieron para «cada iglesia» (1 Corintios 4:16-17; 7:17; 11:16; 14:33; 16:1; 1 Tesalonicenses 2:14).

Según los principios divinos, cada iglesia debería desarrollar su propia supervisión, ministerio y testimonio particular. Por otro lado, tendría que existir una conexión espiritual y un deseo mutuo de ser útiles unas a otras entre las iglesias.

Resumiendo, no existe evidencia en las Escrituras en cuanto a que una iglesia tuviera el derecho de regular, controlar, o inmiscuirse en las cuestiones, enseñanzas o prácticas de otra asamblea. El sistema denominacional traiciona este principio.

El concilio de la iglesia de Hechos 15

Como argumento en contra, algunos han procurado tomar Hechos 15 como un precedente bíblico de una «iglesia madre» que ejerce su gobierno. Pero el análisis cuidadoso de este texto nos muestra que se trata de una aplicación que no tiene justificación alguna. En la superficie podría parecer que Pablo y Bernabé acudieran a la iglesia de Jerusalén porque esta tenía una autoridad unilateral sobre todas las demás iglesias. Sin embargo, esta noción se desbarata cuando se lee el capítulo dentro del contexto.

Esta es la historia. Algunos de la iglesia de Jerusalén habían introducido una enseñanza falsa dentro de la iglesia de Antioquía. Pablo y Bernabé se sintieron movidos a realizar una visita a Jerusalén para aclarar el asunto. ¿Por qué? *Porque esa enseñanza se había generado en Jerusalén* (Hechos 15:1-2, 24).

Si la enseñanza falsa hubiera salido de la iglesia de Antioquía, Pablo y Bernabé habrían tratado el asunto localmente. Pero debido a que la doctrina había salido de la iglesia de Jerusalén, los dos hombres fueron allí para determinar quién había sido el que había introducido esa enseñanza falsa. También deseaban asegurarse de que los ancianos de Jerusalén y los doce apóstoles no la apoyaran.

A su llegada, fueron identificados aquellos de la iglesia de Jerusalén que habían enseñado esa doctrina (15:4-5). Eso condujo a convocar un concilio eventual de la iglesia, en el que la iglesia repudió la doctrina públicamente (15:6).

La decisión a la que arribó el concilio (que incluía la aprobación de los doce apóstoles, los ancianos y toda la iglesia) se hizo circular entre las iglesias gentiles. Esto se realizó por si acaso otras iglesias tuvieran que enfrentar en algún momento la misma cuestión perturbadora. La decisión de la iglesia tenía autoridad de parte de Dios porque el Espíritu Santo la había inspirado (15:28) y la iglesia la había confirmado (vv. 23, 28, 31).

Interpretar cualquier otra cosa a partir de esta historia refleja una falla en cuanto a tomar en serio las especificaciones históricas que hay detrás del relato. Constituye un ejemplo de alguien que lee el propio enfoque dentro del texto más que buscar su real sentido y dirección.

Por consiguiente, la idea de una «iglesia madre» autoritativa no cuenta con un apoyo de las Escrituras.

Con toda certeza, la iglesia de Jerusalén era amada, apreciada y ayudada por las otras iglesias (Romanos 15:26-27; 2 Corintios 9:11-13). Pero no hay nada en el Nuevo Testamento que nos lleve a creer que contaba con una autoridad suprema, o que todas las otras iglesias se mostraban serviles ante ella. Más bien, cada iglesia era autónoma y directamente responsable ante Dios. Ninguna estaba subordinada a otra.

El denominacionalismo resulta contraproducente

Otro problema con el sistema denominacional es que frecuentemente aplasta lo que declara proteger. Efectivamente, *destruye* lo que dice *construir*. Al igual que el celo sectario y equivocado que movió al antiguo catolicismo romano, el denominacionalismo protestante muy a menudo ha descendido hasta convertirse en una institución humana que impone la ley del despotismo sobre los que disienten. Este defiende con habilidad la línea partidista. Y condena a los demás por supuestas ofensas doctrinales.

Por esa razón, Pablo se encolerizó con los cristianos de Corinto cuando adoptaron denominaciones, colocándose en facciones separados (1 Corintios 1:11-13; 3:3-4). Que hoy se presione a la familia de Dios para que se adapte a la camisa de fuerza partidista del denominacionalismo es injustificable desde el punto de vista bíblico. Pero en la actualidad eso forma parte de la subcultura cristiana, y pocas personas hacen una mueca de disgusto ante ella.

(De paso, muchas iglesias que dicen ser no denominacionales, interdenominacionales o postdenominacionales tienen estructuras tan jerárquicas como las denominaciones históricas. Lo mismo sucede con muchos de los «movimientos» cristianos modernos. También pertenecen al *sistema* denominacional).

Y lo más sorprendente es que el sistema denominacional en realidad ayuda a perpetuar las herejías, aquello a lo que, según declaran, intentan ponerle freno. Pensémoslo. Si se preservara la naturaleza autónoma de cada iglesia, la propagación del error sería completamente localizada. Pero cuando la sede central de la denominación se infecta con una enseñanza falsa, todas las iglesias conectadas con ella abrazan la misma falsedad. Por lo tanto, la herejía se propaga ampliamente.

Cuando cada iglesia es autónoma, resulta difícil que un maestro falso y ambicioso emerja y tome el control sobre un grupo de iglesias. También es prácticamente imposible que emerja una «figura al estilo papal». Pero no resulta así en una denominación. Todas las iglesias relacionadas quedan de pie o caen juntas.

También se podría argumentar con bastante solidez que constituir una denominación es cometer una herejía. Las denominaciones se forman cuando algunos cristianos se separan del cuerpo amplio de Cristo para perseguir sus doctrinas o prácticas favoritas y crean un movimiento con ellas.

El pecado de la herejía [en griego, *hairesis*] es el acto en que se elige perseguir las propias premisas. Así que una persona puede ser hereje teniendo la verdad si la usa para fracturar el cuerpo de Cristo. Una persona puede ser técnicamente «ortodoxa» y sin embargo «herética» si utiliza una creencia ortodoxa para dividir a los cristianos unos de otros.

En tanto que la iglesia institucional típica hace alarde de estar «cubierta» por una denominación, en realidad cuenta con menos rendición de cuentas en una relación cara a cara que las iglesias orgánicas. En una iglesia evangélica promedio, por ejemplo, se considera que el pastor «cubre» a la congregación. Pero en la mayoría de las iglesias de este tipo el grueso de la congregación apenas conoce al pastor (sin hablar ya de conocerse los unos a los otros). Es poco común que los «asistentes a la iglesia» intercambien más de tres frases unos con otros durante un típico servicio del domingo a la mañana. En cambio, en una iglesia orgánica todos los hermanos se conocen íntimamente. Eso incluye a los obreros de otras localidades, los cuales son ayudados por la iglesia (1 Tesalonicenses 5:12a).

Al fin y al cabo, la «cobertura denominacional» es artificial. Convierte a la iglesia de Jesucristo en una sociedad jerárquica. Y no se adecua al ejemplo de las Escrituras.

En una palabra, el sistema denominacional ha fragmentado el único cuerpo de Cristo a través del partidismo religioso. Ha distanciado a la familia de Dios, dividiéndola en tribus separadas. Ha desintegrado el tejido de nuestra hermandad espiritual, introduciéndonos en el interminable laberinto de las facciones religiosas. Ha roto la comunión dentro del pueblo de Dios. Ha destrozado el cuerpo de Cristo en pedazos. Ha dividido a la iglesia en fragmentos astillados. Ha generado miles de clanes enfrentados a partir de la única familia de Cristo. (Resulta impactante que haya más de treinta y tres mil denominaciones cristianas en el planeta hoy)[2.] En una palabra, la complicada situación denominacional contemporánea ha contaminado el panorama cristiano.

Los defensores del denominacionalismo creen que ese sistema resulta útil. Para ellos, las diferentes denominaciones representan diferentes partes del cuerpo de Cristo. Pero el sistema denominacional es ajeno a los principios del Nuevo Testamento. Resulta incompatible con la unidad cristiana. Se basa en divisiones humanas que son injustificables desde el punto de vista bíblico (1 Corintios 1, 2, 3). Procede de una visión fragmentaria del cuerpo de Cristo. Y avanza en sentido contrario a la diversidad unificada del Dios trino.

Una palabra sobre la ortodoxia cristiana

Resulta claro que la mera utilización de estructuras eclesiales institucionalizadas, como el sistema de pastores del protestantismo, el sistema episcopal del anglicanismo, el sistema sacerdotal del catolicismo romano, y el sistema denominacional del cristianismo, nunca pueden salvaguardar al pueblo de Dios del error doctrinal. Exceptuando la cantidad de iglesias independientes que se han salido de los rieles de la ortodoxia cristiana, muchas denominaciones conducidas por el clero han continuado por la misma senda[3].

Las enseñanzas del cristianismo histórico sobre las doctrinas esenciales de la fe juegan un rol fundamental en cuanto a mantener a la iglesia en las huellas de las Escrituras. A través de los siglos los cristianos han preservado las creencias centrales de nuestra fe: Jesucristo es Dios y hombre, nació de una virgen, fue crucificado por nuestros pecados, resucitó en forma corporal, y otras.

Estas creencias centrales no pertenecen a ninguna tradición eclesiástica o denominación en particular. Constituyen, en cambio, la herencia de todos los creyentes genuinos. Y trasuntan la voz de la iglesia a través de la historia.

Estos «elementos esenciales de la fe» encarnan lo que C. S. Lewis denominó como *Cristianismo básico*: son «las creencias que han sido comunes a casi todos los cristianos en todas las épocas»[4]. Por lo tanto el llamado a recuperar la ecología de la iglesia del Nuevo Testamento no se traduce en un requerimiento a reinventar la rueda religiosa en cada una de las cuestiones teológicas. Tampoco incluye el rechazo a todo lo que nuestros antepasados espirituales nos han transmitido. Al mismo tiempo, todo lo postapostólico está sujeto a escrutinio y debería ser pasado por la crítica de la propia tradición apostólica.

El llamado a restaurar el cristianismo orgánico va lado a lado con cada voz del pasado que ha permanecido fiel a la revelación apostólica sin que importe a qué segmento de la iglesia histórica pueda haber pertenecido. La iglesia primitiva tiene sus raíces en el suelo de la verdad cristiana. Y poder permanecer en ese suelo requiere de nosotros que nos paremos sobre los hombros de aquellos que han vivido antes que nosotros. Como afirmaba C. H. Spurgeon: «Intento aferrar firmemente con una mano las verdades que ya he aprendido, y mantener la otra mano completamente abierta para tomar las cosas que todavía no conozco».

¿Con qué autoridad?

Cuando el Señor Jesús estuvo en la tierra, los líderes religiosos de su día lo presionaron con la desconcertante pregunta: «¿Con qué autoridad haces esto? [...] ¿Quién te dio esa autoridad?» (Mateo 21:23).

Irónicamente, no son pocos aquellos del sistema religioso que les hacen las mismas preguntas a algunas comunidades simples que se reúnen solo en torno a Jesucristo, sin un control clerical ni un partidismo denominacional. «¿Quién es tu cobertura?» resulta en esencia la misma pregunta que «¿Con qué autoridad haces estas cosas?»

En el fondo, la idea moderna sobre la «cobertura» eclesial no es sino un eufemismo levemente velado para el ejercicio del control. Por esa razón no encaja bien con la idea de Dios acerca de la sujeción mutua. Y representa una desviación completa del concepto neotestamentario de autoridad.

En tanto que algunos cristianos siguen adelante con esto de un modo manifiesto, la noción de «cobertura» sería repudiada por todos los cristianos del primer siglo. Con certeza, las divisiones ideológicas, las herejías doctrinales, la independencia anárquica y el subjetivismo individualista son problemas severos que afectan al cuerpo de Cristo hoy. Pero la «cobertura» denominacional/clerical es una mala medicina para tratar estas enfermedades.

La enseñanza sobre la «cobertura» constituye en realidad un síntoma del mismo problema, enmascarado como una solución. Como tal, agrava los problemas que provoca el fuerte individualismo y la independencia al desdibujar la diferencia entre la autoridad orgánica y la oficial. También crea un falso sentido de seguridad entre los creyentes. Al mismo tiempo, introduce mayores divisiones en el cuerpo de Cristo.

Igualmente serio es que la enseñanza de la «cobertura» inocule al sacerdocio de todos los creyentes para que no lleve adelante la responsabilidad que Dios le ha dado de funcionar en las cuestiones espirituales. Con intención o sin ella, la doctrina de la «cobertura» produce temor en el corazón de multitud de cristianos. Afirma que si los creyentes asumen la responsabilidad en cuanto a las cosas espirituales sin la aprobación de un clérigo «ordenado» o una denominación, serán presa fácil para el enemigo.

(En lo que a eso se refiere, muchos clérigos han utilizado una buena cantidad de tiempo a fin de promocionarse como necesarios para nuestro bienestar espiritual. Aseguran ser esenciales para marcar el rumbo y producir estabilidad en la iglesia. O sea, el antiguo sermón basado en que «sin visión el pueblo perece». Pero de lo que esto se trata es solo de la visión del clérigo acerca de que nosotros estamos pereciendo sin esperanza por falta de visión).

De esta manera, la enseñanza sobre la cobertura incluye una amenaza implícita acerca de que aquellos que «no están bajo cobertura» serán culpables de todas las cosas horribles que les sucedan. Por eso, pocas cosas paralizan tanto el ministerio del cuerpo como la doctrina de la «cobertura».

Para decirlo de un modo escueto, si nosotros tratamos con trucos las enfermedades de la iglesia empleando la técnica de la «cobertura», acabaremos con una enfermedad peor que la dolencia que se intenta curar. Dicho simplemente, la enseñanza de la «cobertura» lleva consigo tonos, texturas y resonancias muy específicos que tienen muy poco que ver con Jesús, Pablo, o cualquier otro apóstol. En tanto que confiesa aliviar un mal particularmente moderno, es ajena al método escogido por Dios para mostrar autoridad.

Según mi opinión, el antídoto espiritual para las enfermedades de la herejía, la independencia y el individualismo no es la «cobertura», sino la sujeción mutua al Espíritu de Dios, la sujeción mutua a la Palabra de Dios tal como se entiende en la comunidad cristiana, y la sujeción mutua de los unos a los otros por reverencia a Cristo. Nada menos que eso puede proteger al cuerpo de Cristo. Y nada menos puede sanar las heridas abiertas.

Preguntas que debemos encarar

- Si la iglesia primitiva no creó denominaciones y Pablo reprendió a los corintios por adjudicarse denominaciones ellos mismos, ¿por qué sin pensarlo a fondo nosotros las aceptamos hoy? Explica.
- ¿Qué riesgos espirituales podemos correr al actuar de manera condenatoria y petulante con respecto a aquellas iglesias y ministerios que han elegido no casarse con una denominación o institución religiosa? Explica.
- Si tomamos como modelo de las relaciones en la iglesia a la Comunidad de la Divinidad en lugar del sistema denominacional o el sistema clerical, ¿qué podría suceder? Explica.

CAPÍTULO 14
RECONFIGURACIÓN DE LA TRADICIÓN APOSTÓLICA

No puede haber duda de que cada una de las grandes iglesias de la Reforma ha desarrollado una tradición dominante propia, y esa tradición hoy ejerce una influencia enorme no solo sobre su manera de interpretar la Biblia y formular su doctrina, sino sobre toda la forma y todo el rumbo de su vida. Los que cierran los ojos a este hecho son precisamente aquellos que han sido más esclavizados por el poder dominante de la tradición, simplemente porque ella se ha convertido de modo inconsciente en el canon y la norma de pensamiento. Ya es tiempo de que nos volvamos a preguntar si la Palabra de Dios realmente corre libremente entre nosotros o si no será que, después de todo, está atada y encadenada por tradiciones de hombres. La tragedia, aparentemente, es que las mismas estructuras de nuestras iglesias representan la fosilización de tradiciones que han ido creciendo por la práctica y los procedimientos y se han vuelto tan rígidas en su autojustificación que hasta la Palabra de Dios difícilmente pueda abrir una brecha en ellas.

—Thomas F. Torrance

La tradición es la fe viva de los muertos, y el tradicionalismo es la fe muerta de los vivos.

—Jaroslav Pelican

Prácticamente cada segmento del cuerpo de Cristo opera sobre la base de alguna tradición histórica que le ha sido transmitida por sus antepasados espirituales. Para algunas denominaciones, esas tradiciones constituyen precisamente la trama que mantiene a los miembros unidos. Definen el propósito de la iglesia a través de declaraciones de fe, confesiones, credos y cánones.

En respuesta a esa tendencia, muchas nuevas denominaciones consideran cualquier cosa que huela a la palabra «tradición» como anatema. Y han mantenido distancia de toda práctica remotamente rutinaria o vinculante. (Resulta interesante que la mayoría de las iglesias que declaran estar libres de la influencia de la tradición sencillamente han creado una propia).

La ironía de esas dos tendencias está en esto: Se les ha prestado demasiada atención a las calcificadas tradiciones eclesiásticas de los hombres, pero se le ha dado muy poca atención a la tradición transmitida por los apóstoles de Jesucristo.

Consideremos los siguientes pasajes, que aluden a esta tradición:

> Por tanto, les ruego que sigan mi ejemplo [...] mi manera de comportarme en Cristo Jesús, como enseño por todas partes y en todas las iglesias. (1 Corintios 4:16-17).

> Los elogio porque se acuerdan de mí en todo y retienen las enseñanzas, tal como se las transmití (1 Corintios 11:2).

> Si alguien insiste en discutir este asunto, tenga en cuenta que nosotros no tenemos otra costumbre, ni tampoco las iglesias de Dios (1 Corintios 11:16).

> Así que, hermanos, sigan firmes y manténganse fieles a las enseñanzas que, oralmente o por carta, les hemos transmitido (2 Tesalonicenses 2:15).

> Hermanos, en el nombre del Señor Jesucristo les ordenamos que se aparten de todo hermano que esté viviendo como un vago y no según las enseñanzas recibidas de nosotros (2 Tesalonicenses 3:6).

Lo que la tradición apostólica no es

La tradición de los apóstoles no es un conjunto codificado de reglas prescritas, creado por los apóstoles. Ni se trata de un manual detallado referido a prácticas de la iglesia. (En verdad, no existe tal manual).

Según lo señalado en el capítulo 1, algunos se aferran al concepto de una «planificación bíblica». De cuerdo con ese paradigma, el Nuevo Testamento constituye un manual detallado de las prácticas de la iglesia. Simplemente necesitamos estudiar las prácticas de la iglesia primitiva, imitarlas, ¡y listo!, ya tenemos una «iglesia del Nuevo Testamento».

Pero ese punto de vista está errado en dos sentidos. En primer lugar, convierte al Nuevo Testamento en una réplica moderna de la antigua ley judaica. En segundo lugar, aquellos que se aferran al modelo de la planificación bíblica están en desacuerdo unos con otros acerca de cuáles son las prácticas a seguir para crear una «iglesia del Nuevo Testamento».

Algunos, por ejemplo, se concentran en hablar en lenguas y en las señales, maravillas y sanidades. Aseguran que si una iglesia practica tales cosas, eso la vuelve una auténtica «iglesia del Nuevo Testamento». Otros se centralizan en celebrar la Cena del Señor como una comida. Otros se enfocan en contar con una pluralidad de ancianos. Otros, en bautizar a los nuevos convertidos en el nombre de Jesús. Otros, en reunirse por las casas. La lista es interminable.

Quiero señalar lo siguiente: La corrección técnica y el mostrar conformidad externa a una forma ya prescrita de orden en la iglesia nunca ha sido el deseo de Dios. Ese formalismo frío solo producirá muerte. También va a sofocar la vida orgánica del cuerpo de Cristo. Como lo dijo John W. Kennedy: «La iglesia de Jesucristo es un cuerpo vivo, no un cadáver. La imposición de patrones nunca ha logrado producir una iglesia. Jamás se enfatizará lo suficiente, ni con la debida frecuencia, el hecho de que la imposición de patrones, o el solo reunir gente, no hace que surja una iglesia. No se puede organizar una iglesia, es necesario que nazca»[1].

Por esa razón, el Nuevo Testamento no nos proporciona una programación detallada de prácticas para la iglesia. Es un gran error, por lo tanto, intentar entresacar de las cartas apostólicas un código inflexible de orden para la iglesia que sea tan inalterable como la ley de los medos y los persas. Un código escrito de ese tipo sería algo anterior a la cruz.

Por supuesto, eso no significa que el Nuevo Testamento permanezca en silencio en lo tocante a las prácticas de la iglesia. Ciertamente no lo hace. Sin embargo, el Nuevo Testamento no es un manual sobre prácticas de la iglesia. Más bien constituye un registro acerca de cómo el organismo vivo y palpitante de la *ekklesia* se expresaba sobre la tierra.

Comprender que la iglesia es orgánica nos salvaguarda de convertir el Nuevo Testamento en un método o una técnica. También nos permite ver que la iglesia se relaciona con algo mucho más alto que una adherencia *pro forma* a un patrón prescrito.

Estén seguros: El Espíritu de Dios nunca nos conducirá a una ortodoxia muerta fundamentada en una imitación de formas externas. En lugar de eso, el Espíritu siempre obra según el ADN que existe dentro del Dios trino, porque la iglesia posee ese mismo ADN.

Para decirlo de otra forma: Dios es una persona viva. Como tal, tiene ciertos hábitos y tendencias que son propios de su naturaleza divina. La tradición apostólica es una simple expresión física de esos hábitos y tendencias.

Recuperemos el lugar de la tradición

La palabra griega que el Nuevo Testamento utiliza para tradición es *paradosis*. Significa «aquello que es transmitido».

¿Cuál es el contenido, entonces, de la tradición apostólica? En primer lugar, contiene historias y enseñanzas referidas a Jesús. Estas aparecen en los Evangelios. En segundo lugar, incluye los mandamientos y prácticas de los apóstoles que fueron transmitidos a todas las iglesias (1 Corintios 11:23ss.; 15:1-3; 2 Pedro 3:1-2).

Por lo tanto, la tradición apostólica representa las creencias y prácticas que fueron normativas para la iglesia de Jesucristo. Creencias y prácticas ordenadas para todas y cada una de las iglesias (1 Corintios 4:16-17; 11:16; 14:33-38)[2].

Dicho de otra manera, la tradición apostólica es la encarnación de aquellas prácticas orgánicas de las que los apóstoles fueron ejemplo en todas las iglesias durante el primer siglo. Son esas prácticas las que constituyen el nuevo odre que Dios ha diseñado para preservar su vino nuevo. Al referirse a la tradición apostólica, F. F. Bruce dice: «Pablo parece haberle dado importancia a preservar una cierta medida de prácticas uniformes a través de todas sus iglesias»[3].

Para decirlo simplemente, si las prácticas de nuestra iglesia derivan de la vida espiritual, guardarán armonía con la tradición apostólica. Por consiguiente, lo que ha sido escrito en el Nuevo Testamento no debería considerarse como historia irrelevante. Es un punto de referencia con el que determinar si nuestras prácticas en la iglesia tienen un fundamento sólido.

Algunos podrían argumentar que si estamos siguiendo correctamente la guía del Espíritu Santo no haría falta prestarle atención a las enseñanzas y prácticas del Nuevo Testamento. Pero ese argumento ignora el hecho de que nosotros somos criaturas falibles que fácilmente confunden la guía del Espíritu con la propia. Eso, por no mencionar lo relativamente fácil que resulta confundir la tradición humana con la voluntad de Dios. Así que, para poder descubrir la fuente de nuestro liderazgo, las prácticas de nuestra iglesia deben contar con bases bíblicas.

Ignorar las tradiciones apostólicas es adoptar la peligrosa posición de sustituir, sin darnos cuenta, la guía del Espíritu Santo por nuestros propios sentimientos errados y por una manera de pensar sin sustento. El Nuevo Testamento es nuestro parámetro de fe y práctica. Tanto en lo que se refiere a la conducta individual como a la vida comunitaria.

Voltaire dijo una vez: «Dios hizo al hombre a su imagen, y el hombre le devolvió el favor». De igual forma, Dios creó a la iglesia a su imagen y el hombre le devolvió el favor. Cuando desconocemos los registros de vida de la iglesia primitiva y dejamos de reconocer que constituyen una descripción de su ADN espiritual en funcionamiento, acabamos creando una iglesia a la imagen de la humanidad caída.

Finalmente quiero decir que si ignoramos aquello que las Escrituras enseñan a través de *preceptos* y *ejemplos* con respecto a la iglesia, nos arriesgamos a cometer la peligrosa equivocación de crear una iglesia a nuestra propia imagen. Y eso es exactamente lo que tenemos sobre la tierra hoy.

Aquello en lo que el evangelicalismo moderno se ha equivocado

Aunque la iglesia es un organismo, tiene forma. Consideremos nuestros cuerpos. Son entidades vivientes. Sin embargo, tienen una forma específica, una expresión particular. Y dentro de esa expresión hay cierta armonía y orden.

Cada vez que el cuerpo de Cristo se reúne, finalmente emerge alguna forma. Esa forma puede ser liberadora u opresiva. Puede ser conforme a las Escrituras o no. Puede resultar útil o dañina. Pero siempre existe.

Según palabras de Howard Snyder: «Toda vida debe cobrar forma. La vida sin forma está enferma y muere; perece porque no se puede sostener. Esa es la manera en que sucede con todo tipo de vida, sea humana, espiritual o botánica, porque Dios es coherente en cuanto a su creación»[4].

Esto es un hecho: En la iglesia de Jesucristo existen el orden y la vida, la forma y la función. Y si la iglesia opera según su naturaleza orgánica (su ADN, si les parece), producirá una determinada forma.

Muchos evangélicos modernos han abrazado la oscura idea de que solo las cosas que han sido «explícitamente ordenadas» en las Escrituras son vinculantes. Todo lo demás puede ser ignorado sin correr riesgos. Irónicamente, la mayoría de los que propugnan esta idea la niegan en la práctica.

Igualmente de problemática resulta la noción de que solo se les debe prestar atención a los «mandamientos» del Nuevo Testamento, en tanto que las «prácticas» resultan irrelevantes y anticuadas. Esa idea ha engañado a muchos cristianos para que abracen un montón de prácticas humanamente elaboradas que violan el ADN de la iglesia. Por ejemplo, los clérigos asalariados, los pastores únicos, las estructuras jerárquicas de liderazgo, las denominaciones, y los servicios estilo púlpito-bancos, llevados a cabo en espacios tipo basílica (considerados como un equivalente de «iglesia») son todos contrapuestos a la naturaleza orgánica del cuerpo de Cristo[5].

Punto a señalar: Los *mandamientos* apostólicos normativos son vinculantes para la iglesia contemporánea. Y lo mismo las *prácticas* apostólicas normativas. Con normativas me refiero a aquellas prácticas que llevan incluido un subtexto espiritual y son consecuencia de la naturaleza orgánica del cuerpo de Cristo. Tales prácticas no se pueden considerar meramente narrativas. Llevan una fuerza prescriptiva. Eso significa que reflejan la naturaleza inmutable del mismo Dios. Y que emergen naturalmente cada vez que el pueblo de Dios vive junto mediante la vida divina, sin prestar atención a la cultura o la época.

En ese sentido, el libro de Hechos y las epístolas están inundados de referencias a la tradición apostólica. En 1 Corintios 4:17, Pablo declara que él *enseñó* su *manera de comportarse* «por todas partes y en todas las iglesias». Según el pensamiento de Pablo, la doctrina y el deber (la creencia y el comportamiento, la vida y la práctica) son inseparables.

En resumen, aquello que ha sido incluido en la tradición apostólica es normativo para todas las iglesias, tanto las de ayer como las de hoy. La exhortación que hace Pablo: «Sigan firmes y manténganse fieles a las enseñanzas que, oralmente o por carta, les hemos transmitido» y «pongan en práctica lo que de mí han aprendido, recibido y oído, y lo que han visto en mí» es lo que debe guiar la vida de la iglesia.

La correlación entre teología y práctica

Observar la tradición apostólica no significa reconstruir los sucesos por los que pasó la iglesia del primer siglo. Si así fuera, deberíamos llevar a cabo nuestras reuniones en un aposento alto con muchas lámparas (Hechos 20:8), echar suertes para elegir a los líderes (Hechos 1:26), y subir a la azotea a la hora de la oración (Hechos 10:9). Eso, sin mencionar que tendríamos que hablar y vestirnos como todos los creyentes del primer siglo, con sandalias y togas.

En cambio, observar las tradiciones apostólicas significa ser fieles a lo que resulta significativo *teológica* y *espiritualmente*, según la experiencia de la iglesia primitiva. La tradición apostólica, por lo tanto, representa el equilibrio entre *reconstruir* las prácticas del primer siglo e *ignorarlas*.

La verdad es que hay numerosas prácticas de la iglesia primitiva que resultan normativas para nosotros hoy. Esas prácticas no están condicionadas culturalmente. Por el contrario, son inherentes a la

naturaleza orgánica del Dios trino y están profundamente arraigadas en la teología bíblica. Se trata del ADN de la iglesia en funcionamiento. Como tal, constituye el medio divino para expresar el
propósito de Dios.

Para decirlo en una sola frase: La tradición apostólica encarna la
enseñanza apostólica acerca de que la iglesia es un organismo espiritual cuya raíz principal se puede trazar hasta la Divinidad. Consideremos los siguientes ejemplos:

- Las reuniones de las iglesias abiertas y participativas se fundamentan con solidez sobre la doctrina fehacientemente establecida
  del sacerdocio de todos los creyentes, y sobre el funcionamiento
  de todos los miembros del cuerpo de Cristo. También constituyen el fluir orgánico del intercambio mutuo y la entrega que tiene
  lugar en la comunión que se produce dentro del Dios trino. Por
  contraste, equiparar a la iglesia con un servicio en el que un clérigo profesional se muestra activo mientras el resto del cuerpo queda pasivo violenta tanto el principio escritural como la naturaleza
  orgánica de la Divinidad. (Véase el capítulo 2).
- Celebrar la Cena del Señor como la comida comunitaria de la
  iglesia se sustenta en la centralidad de Jesucristo y en la relación de
  pacto de la comunidad de los creyentes. También constituye una
  expresión tangible de la participación en mutualidad de la vida divina dentro de la Divinidad, lo que a menudo se describe mediante comer y beber. Por contraste, celebrar la Cena como si fuera un
  ritual conducido por un clérigo y desconectado de una comida
  es alejarse de la tradición apostólica y violenta a la participación
  mutua que está presente en el Dios trino. (Véase el capítulo 3).
- Las reuniones de la iglesia en el hogar se apoyan directamente en
  el hecho de que la iglesia es una comunidad en la que la gente se
  mira cara a cara, se trata de una familia extendida y muy unida,
  que se dedica a compartir en comunidad y también se aboca a
  la edificación mutua. Con lo cual proporciona la mejor atmósfera para encarnar el amor familiar que fluye entre el Padre y el
  Hijo por medio del Espíritu. Por el contrario, resulta prácticamente imposible encarnar esas cosas en un edificio en el que la

arquitectura promueve la pasividad en medio de la congregación. (Véanse los capítulos 4 y 5). Además, la idea de un edificio sagrado contradice la enseñanza de Jesús acerca de que el culto debe ser desacralizado (Juan 4:21-24).

• La expresión práctica de la unidad de la iglesia tiene sus raíces en la enseñanza neotestamentaria de que hay un solo cuerpo. También se basa en la diversidad unificada y en la unidad que comparten el Padre, el Hijo y el Espíritu Santo dentro de la Divinidad. El sistema denominacional viola este principio y distorsiona la unidad indivisible que existe dentro del cuerpo de Cristo y el Dios trino. (Véase el capítulo 6).

• La supervisión plural y la toma de decisiones por consenso están firmemente arraigadas en la enseñanza bíblica de que Jesucristo es la Cabeza de su iglesia. También se fundamentan en la toma de decisiones en comunidad que existe dentro del Dios trino. Por contraste, el sistema de un único pastor (o el gobierno de los ancianos) suplanta la conducción de Cristo y contradice el principio orgánico de toma de decisiones que encontramos en la Divinidad. (Véanse los capítulos 8, 9 y 10).

Por supuesto, hay otras prácticas del primer siglo más allá de las que acabamos de mencionar. El establecimiento de iglesias a través de obreros apostólicos, el testimonio del evangelio, la vida misionera, la proyección social, el bautismo de los nuevos convertidos y la capacitación de los obreros apostólicos son solo algunos ejemplos de ello[6].

Una vez dicho esto, señalo que la tradición de los apóstoles se conecta de manera vital con la naturaleza orgánica de la iglesia, la que se fundamenta en el Dios trino. Y esa naturaleza se basa en las incontrovertibles enseñanzas del Nuevo Testamento.

Por esa razón, cuando el Espíritu Santo establece su estilo soberano en el nacimiento mismo de una iglesia, esta espontáneamente se reúne de una manera bíblica. La iglesia será guiada por el Espíritu para cumplir con la tradición apostólica. Como Pablo lo dijo, aquellos que siguen la guía del Espíritu (los que son «espirituales») se apegan a la tradición apostólica en lo que se refiere a las prácticas de la iglesia (1 Corintios 14:37).

Lamentablemente, la tradición de los apóstoles hoy mayormente se ignora. Es vista como irrelevante por los ojos de muchos cristianos contemporáneos. En otras palabras, la tradición *apostólica* ha quedado enterrada bajo una montaña de tradiciones *humanas*.

La importancia de la tradición apostólica

Pablo respondió con una brusquedad inusual a aquellos que se apartaron de la tradición apostólica, diciéndoles:

> *¿Acaso la Palabra de Dios procedió de ustedes? ¿O son ustedes los únicos que la han recibido? Si alguno se cree profeta o espiritual, reconozca que esto que les escribo es mandato del Señor. Si no lo reconoce, tampoco él será reconocido (1 Corintios 14:36-38).*

Resulta sorprendente que un grupo de cristianos pueda abandonar la tradición apostólica reemplazándola por formas propias que han pergeñado y aun así recibir la bendición de Dios. Esto ha llevado a mucha gente a concluir que los registros del Nuevo Testamento no son importantes. Pero esa conclusión resulta profundamente errónea. No debemos engañarnos pensando que la *bendición* de Dios equivale a su *aprobación*. Solo porque Dios use algo, eso no significa que lo apruebe.

La historia de Israel nos enseña que Dios puede bendecir aun a personas que desestiman sus caminos en favor de los suyos propios. A través de toda la travesía de Israel por el desierto, Dios suplió las necesidades de su pueblo. Eso sucedió a pesar de que él continuamente estaba en desacuerdo con ellos.

Cuando los hijos de Israel clamaron por un rey, en su rebelión contra la divina voluntad, el Señor accedió al deseo carnal de ellos (1 Samuel 8:1ss.). Y continuó bendiciéndolos a pesar de su desobediencia.

Sin embargo, algunas consecuencias trágicas siguieron a la decisión que tomaron por voluntad propia (1 Samuel 8:11-18). La nación perdió su libertad bajo el gobierno de unos cuantos monarcas malvados. Y tuvo que sufrir una serie de juicios divinos. Se da un triste paralelo entre la condición de Israel y la de muchas «iglesias» que han optado por un sistema religioso administrado por el hombre y atado a lo terrenal.

Así que vale la pena repetir esto: La bendición de Dios no equivale a su aprobación.

A causa de su infinita misericordia, el Señor bendice a cualquier grupo de personas si encuentra una base para hacerlo. Pero cuando esas personas eligen sus propios caminos en lugar de los de él, ellos mismos limitan su bendición.

¡Con cuánta rapidez olvidamos que la iglesia le pertenece a Dios y no a nosotros! Parte de nuestra naturaleza caída es dejarnos guiar por nuestras propias ideas en cuanto a las prácticas de la iglesia. Consagrar nuestras propias tradiciones. Canonizar nuestras propias preferencias personales. Institucionalizar lo que encaja mejor con nuestras ideas acerca del éxito más que seguir aquello que Jesús y los apóstoles nos han transmitido.

¿La casa de quién estamos construyendo?

Un tema que aparece de forma inequívoca en la Biblia es que Dios no deja que el hombre decida nada crucial que concierna a su casa. Lo que el Señor está construyendo es la casa de Dios, y lo hace a su manera.

Por consiguiente, la principal preocupación del Señor no es el tamaño del edificio, sino aquello de lo que está compuesto ese edificio (1 Corintios 3:9-15). Ante los ojos de Dios, *cómo* y *qué* construimos resulta más importante que el tamaño del edificio.

«Si *el* Señor no edifica la casa», declara el salmista, «en vano se esfuerzan los albañiles» (Salmo 127:1). Dios es el único maestro «arquitecto y constructor» (Hebreos 11:10). Especialmente cuando se trata del lugar de su propia morada.

En la obra de Dios el principio que gobierna siempre es: «Señor […] tú eres quien realiza todas nuestras obras» (Isaías 26:12). Aquellos que se aferran a la idea de una iglesia «culturalmente relevante» tienen la tendencia a olvidar que la iglesia le pertenece a Dios y no a los seres humanos. La iglesia no es un juguete que simplemente les ha sido dado a los mortales para que experimenten con él. Ni es de propiedad de una clase especial de «ministros» para que ellos le den la forma que deseen. Es una entidad orgánica y viviente que tiene una expresión específica. Y le pertenece a nuestro Señor.

La trágica historia del acto presuntuoso del rey David de colocar el arca de Dios sobre un carro de madera es un testimonio sumario de que la obra de Dios debe realizarse a su manera (2 Samuel 6:1-7). El plan humanamente ideado de colocar el arca santa sobre un carro apela a los pragmáticos oídos modernos. Sin embargo, esa idea fue tomada de los filisteos paganos, y contradecía las simples instrucciones del Señor (Éxodo 25:12-16; Números 4:5-15)[7].

Quizá una simple ilustración ayude a subrayar lo que he intentado comunicar en este capítulo. Supongamos que contratas a un carpintero para que construya una habitación que quieres agregar a tu casa. Tú ya has bosquejado un plano especificando de qué manera deseas que se construya ese gabinete. Y luego se lo explicas cuidadosamente al carpintero.

Cuando regresa de unas vacaciones de una semana, te sientes sacudido al encontrar que tu nuevo gabinete apenas se parece a la imagen que diseñaste. Le preguntas al carpintero por qué no se apegó a tu diseño. Y el responde diciendo: «Pensé que mis ideas eran mejores que las suyas».

¿No hemos hecho eso con la casa del *Señor*?

Lamentablemente, una gran cantidad de cristianos parece no tener escrúpulos al momento de cambiarle la forma al moblaje espiritual de la casa de Dios sin consultar con el Dueño. Es una pena que David todavía continúe colocando el arca santa sobre un carro filisteo. Y la mano humana de Uza siga intentando equilibrarla.

No seamos tan necios.

Preguntas que debemos encarar

- ¿Crees que tenemos derecho a cambiar los principios del Nuevo Testamento e ignorar la tradición de los apóstoles, prefiriendo la nuestra? Explica.

- ¿Que problemas actuales de la iglesia podrían considerarse como resultado de reemplazar la supervisión plural por formas jerárquicas de gobierno; reemplazar las reuniones abiertas y participativas por servicios oficiados por hombres y basados en programas, que promueven la pasividad y suprimen el funcionamiento; y reemplazar la expresión orgánica del cuerpo por una organización empresarial llevada adelante por profesionales contratados? Explica.

- Si las prácticas de tu iglesia entraran en conflicto con la revelación del Nuevo Testamento, ¿continuarías apoyándolas? Explica.

CAPÍTULO 15
¿A DÓNDE VAMOS A PARTIR DE AQUÍ?

Aquello que llamamos «cristianismo» —y aquello que hemos llegado a llamar «la iglesia»— se ha convertido en una tradición, una institución, y un sistema tan fijo, arraigado y establecido como siempre lo fue el judaísmo, y no resultará menos costoso cambiarlo a fondo que en el caso del judaísmo. Se pueden realizar ajustes superficiales (y se están haciendo) pero habría que pagar un precio muy alto por los cambios necesarios para solucionar en verdad el problema mayor. Muy bien podría suceder, como en tiempos del Señor, que la luz esencial no le sea dada a muchos, porque Dios sabe que ellos nunca pagarán el precio. Puede ser que solo un «remanente» —como en la antigüedad— sea guiado a las respuestas de Dios, debido a que ellos sí cumplirán con las demandas a cualquier costo.

—T. Austin-Sparks

Toda la estructura de la iglesia (incluyendo la estructura de autoridad) debe brotar espontáneamente de la vida. El río (la vida) establece su propio lecho (la estructura). No podemos formar el lecho del río (la estructura) y luego invitar al río (la vida) a correr por nuestra construcción. Más bien el río avanza, y a medida que lo hace va formando el lecho en el que fluir. Así que la vida del Espíritu en la asamblea formará su propia estructura. Sin embargo, la estructura básica de la iglesia ha sido establecida en las Escrituras y debería estudiarse y volver a estudiarse, de modo que se pueda controlar la estructura que se va formando. El Espíritu no produce estructuras opuestas a la Palabra.

—Rudy Ray

En este libro he sostenido que la iglesia de Jesucristo se ha *desviado* de sus fundamentos originales en lugar de *desarrollarlos*. Muchos cristianos, inclusive líderes de la iglesia, eruditos y teólogos, estarían de acuerdo conmigo. Sin embargo, no todos concuerdan en lo que debería hacerse para remediar la situación.

Algunos abogan por la idea de renovar la iglesia institucional desde adentro. Pero aquellos que han procurado reformar la iglesia ya establecida han encontrado una seria resistencia y se han frustrado.

Mi experiencia sugiere que a menos que se desmantele este sistema clerical exógeno a la Biblia dentro de una iglesia dada, los esfuerzos por recuperar la naturaleza orgánica de la vida de la iglesia tendrán las manos atadas. Muy probablemente se producirán estos resultados desalentadores: El pastor se sentirá amenazado; los miembros del equipo se resistirán a que se perturbe el status quo; la congregación entrará en pánico; los creyentes, en lo individual, quedarán en completa confusión; y las personas que piden los cambios descubrirán que se convierten en blanco de ataques personales. Dicho esto, echémosle un vistazo a algunos movimientos recientes que han procurado renovar a la iglesia institucional.

Antes de que continúen leyendo más sobre esto, permítanme hacer algunos comentarios introductorios. En primer lugar, le agradezco a Dios por todos esos movimientos. El Señor los ha usado a todos, sin lugar a dudas. En segundo lugar, me tomo la libertad de criticarlos porque estoy firmemente convencido de que si los aceptáramos como la respuesta que permitiría reformar la iglesia, el Señor finalmente se sentiría defraudado. Además de eso, no los critico desde afuera. He experimentado todos esos movimientos en algún momento de mi vida.

En tercer lugar, reconozco que podría estar completamente equivocado en mis aseveraciones, y estoy dispuesto a ser corregido. En cuarto lugar, cuando haya acabado, ofreceré otra alternativa. Alternativa que algunos, estoy seguro, se sentirán muy felices de criticar. Lo recibo de buen grado. Pero solo pido que los que hagan esas críticas *primero* experimenten ellos mismos aquello que están dispuestos a criticar.

De compras en un gran centro comercial

La tendencia hacia la megaiglesia estilo hipermercado constituye apenas un ejemplo del intento fallido de renovar la iglesia. Las iglesias tipo gran centro comercial, inclinadas a los eventos, han creado boutiques especializadas para cada estrato social en los Estados Unidos. Desde los padres solteros, alcohólicos en recuperación, constructores de hogares, parejas previas al matrimonio, padres de adolescentes, gente de la Generación X, hasta las madres que trabajan, hombres de negocios, actores, artistas y bailarines.

Publicitadas por técnicos en mercadeo extraordinariamente dotados, e impulsadas por una mentalidad de «crecimiento industrial» formidable, las megaiglesias atraen a miles de personas cada domingo por la mañana en sus enormes anfiteatros. Utilizan las últimas estrategias de crecimiento de la iglesia, los métodos de las organizaciones, y técnicas de mercadotecnia.

Proporcionan cultos impecables en multimedia. Proveen servicios religiosos animados, al estilo de las concentraciones. Brindan efectos visuales de alta tecnología. Cuentan con alocuciones del evangelio rigurosamente programadas que intercalan con una buena dosis de toques de humor. Y generalmente se centran en el destacado carisma del pastor principal.

Hacen presentaciones perfectas de obras de teatro con coreografía. Atraen la frecuente visita de destacadas celebridades cuyos vestuarios siempre aparecen coordinados según los colores. Tienen un millón de grupos de interés diseñados para cubrir la necesidad de cada consumidor.

Y para completar, las megaiglesias ofrecen al público recursos religiosos de mercadeo masivo, y los intercambian por un compromiso mínimo, poca visibilidad y bajo costo. Dicho simplemente, el movimiento de la mega iglesia está construido sobre un paradigma empresarial corporativo que utiliza un enfoque inclinado hacia la mercadotecnia para construir el reino de Dios. No sorprende que iglesias de este tipo sean exitosas en incrementar sus filas.

Desafortunadamente, aquellos que son atraídos hacia esos grandes Wal-Mart del mundo religioso, organizados y llamativos, difícilmente encuentren lugar en sus corazones para una reunión simple y nada extravagante, centrada tan solo en la persona de Cristo. Según su pensamiento, elegir entre una magnífica megaiglesia y una «iglesia orgánica» es como escoger entre un exuberante supercentro comercial y el almacén de comestibles de la esquina.

La debilidad endémica de la iglesia hipermercado es que enfatiza tanto la dimensión de «iglesia dispersa» del cuerpo de Cristo, que la dimensión de «iglesia reunida» sufre una gran pérdida. Al enfocar toda la atención en ser «sensibles» a las zonas de confort de los incrédulos que «están en la búsqueda», muchas megaiglesias han fallado en cuanto a discipular adecuadamente a sus nuevos convertidos, llevándolos a una entrega radical a Jesucristo.

También han fallado en cultivar relaciones comunitarias estrechas dentro del cuerpo. Lo que es más, la maquinaria empresarial que impulsa a estas instituciones gigantescas oscurece la naturaleza orgánica de la *ekklesia*.

Mientras trabaja bajo la bandera de una «relevancia cultural», la iglesia hipermercado muestra una semejanza sorprendente con las superficiales estructuras de negocios de esta época. Por esa razón no tiene un impacto profundo y duradero sobre la cultura.

Dicho simplemente, las modernas técnicas utilizadas por la iglesia hipermercado son tan mundanas como el sistema del que se supone están librando a la gente. De esta manera, el evangelio se ha vuelto trivial, se ha comercializado y vaciado de poder. Se ha diluido, convirtiéndolo sencillamente en otro «producto» dentro de nuestra cultura obsesionada por el consumo.

Quizá sea por esa razón que los innovadores originales del movimiento de la megaiglesia *sensible al buscador* recientemente han declarado que su modelo ha resultado ser mayormente una empresa fallida[1].

En una palabra, la iglesia tipo centro comercial de la moderna cultura cristiana popular muestra muy pocas similitudes con las comunidades del primer siglo, que eran participativas en mutualidad, espiritualmente dinámicas, cristocéntricas, dependientes del Espíritu y simples; precisamente las iglesias que pusieron al mundo patas arriba (Hechos 17:6).

Hundidos bajo una ola

El «movimiento de la tercera ola» y su primo, el «movimiento de restauración», han sido dos actores muy influyentes dentro del juego de la renovación.

Poblados mayormente por carismáticos y pentecostales, esos movimientos enfatizan la restauración del poder apostólico y profético. Por amor a la brevedad, llamaré a estos dos movimientos relacionados entre sí *la renovación de la tercera ola*.

Entiéndanme, por favor: No discrepo en cuanto a la necesidad imperiosa de un genuino movimiento del Espíritu Santo en la iglesia y a través de la iglesia de hoy. Pero en mi opinión, la mayor parte de las iglesias de *la renovación de la tercera ola* han puesto el carro delante del caballo. A saber, han buscado poseer el poder del Espíritu *antes* de colocarse bajo el cuchillo de la cruz, que corta la carne. (De paso, me refiero al principio de la cruz, que es la muerte a uno mismo).

Bíblicamente hablando, la cruz es terreno exclusivo del poder del Espíritu Santo. El Calvario precedió a Pentecostés. El bautismo en el Jordán de nuestro Señor precedió a la llegada de la paloma celestial. El altar del sacrificio precedía al fuego del cielo. Y la roca que fue golpeada precedió a las aguas que fluyeron en Horeb. De igual manera, el Espíritu Santo solo encuentra su lugar de descanso sobre el altar de una vida crucificada.

Recordemos el mandato del Señor a Israel de no derramar el óleo sagrado sobre ninguna carne (Éxodo 30:32). Ese mandamiento es una figura apta para ilustrar la manera en que la cruz anula la vieja creación. Esto es crucial porque el Espíritu no puede hacer su obra más profunda a través de una carne no crucificada.

Los peligros de comenzar con el Espíritu en lugar de hacerlo con la cruz son numerosos. Por un lado, puede fácilmente conducir a la persona a una búsqueda malsana del poder sin haber desarrollado carácter. A una experiencia mística sin santidad. A un entusiasmo desmedido del alma sin un discernimiento sólido. Y a falsificaciones demoníacas sin realidad divina.

No son pocos los cristianos que, en busca de renovación, rutinariamente empacan sus bolsos y acuden en masa a las diversas «mecas cristianas» de avivamiento patrocinadas por las iglesias de *la renovación de la tercera ola.* Esas personas desean desesperadamente ser tocadas por Dios. Tanto, que se han convertido en consumidores de todo nuevo viento de doctrina, moda pasajera o experiencia que sople a través del cuerpo de Cristo (Efesios 4:14).

(Parece que sopla un nuevo viento a través de ciertos movimientos cristianos cada cinco años. Los cristianos de esos movimientos con el tiempo se cansan de ellos y buscan alguna otra cosa a la que adherirse. Para algunos esto se convierte en un ciclo eterno).

Como resultado, muchos de la tercera ola han desarrollado una dependencia malsana con relación a las experiencias fenomenológicas. Una dependencia parecida a la de un adicto. Son impulsados a viajar lejos y extensamente para adquirir la siguiente dosis espiritual. Esa dependencia oscurece el rol de las Escrituras en la vida de un creyente. También promueve una inestabilidad espiritual enfermiza (y a veces hasta patológica).

Esto no pretende sugerir que el movimiento de *la renovación de la tercera ola* no haya tenido valor alguno para el cuerpo de Cristo. El movimiento ha contribuido con una cantidad de acentos espirituales útiles. Y lo más significativo es que ha fomentado un hambre genuina y una apertura al mover de Dios. Ha producido una mezcla sólida de teología evangélica y carismática. Y ha creado una vasta colección de músicos maravillosamente ungidos para la alabanza y la adoración.

Pero sus fallas básicas radican en un exagerado énfasis en la experiencia sobrenatural; su tendencia a colocar sobre el trono más a los *dones* de poder que a Cristo, que es el *Dador* de ellos; y su celo en cuanto a apoyar el sistema clerical moderno. Francamente, el pastor es el *rey* dentro de la típica iglesia de *la renovación de la tercera ola.* Y los feligreses que han sido renovados con el nuevo vino del Espíritu encuentran muy poca libertad para funcionar plenamente según sus dones durante un típico servicio de la tercera ola.

En tanto que las iglesias de *la renovación de la tercera ola* pueden jactarse de tener el «vino nuevo», con mucha frecuencia lo confinan a un odre viejo y rajado. Un odre que inhibe el ministerio mutuo, las conexiones, la comunidad y la libertad. El viejo odre que se emplea meramente refuerza la mentalidad «siéntate y empápate» que aflige al cuerpo de Cristo hoy.

El estilo del «gurú cristiano» también constituye una epidemia en las iglesias de *la renovación de la tercera ola*. Los «profetas» y «apóstoles» con mucho poder proliferan dentro del movimiento. Se los reverencia como a íconos espirituales, y disfrutan de estar en un primer plano junto con el club de admiradores que los siguen.

Una típica cruzada de renovación es semejante a un concierto de rock en el que a la celebridad que actúa se le pide un bis y es reverenciada luego, colocándola en el centro de la atención cristiana. No resulta infrecuente que aquellos que están en la tercera ola lleguen horas más temprano para obtener los primeros asientos con el fin de escuchar al último profeta del circuito que ha llegado a la ciudad.

En efecto, el movimiento *de la renovación de la tercera ola* ha enfatizado tanto el así llamado ministerio quíntuple, que este ha rivalizado con el sacerdocio de todos los creyentes y lo ha eclipsado. Ha enfatizado el ministerio de *fuera de la localidad* a expensas de la iglesia *local*. Y es esta última a la que Dios ha establecido para constituir el medioambiente normal a fin de recibir el alimento espiritual.

No llama la atención que aquellos que desean la plenitud de Dios y no conocen la vida orgánica de la iglesia se sientan impelidos a intentar cualquier cosa que les prometa un aumento considerable de su experiencia de renovación.

Lamentablemente, muchos dentro del movimiento de renovación de la tercera ola se han precipitado hacia una ambigüedad espiritual. Han abrazado con todo el corazón un fenómeno particular que cuenta con muy pocas, o quizá ninguna, garantía bíblica. Al mismo tiempo, se han encogido de hombros, negándose a una experiencia de vida de la iglesia que cuenta con abundante apoyo bíblico.

Resulta irónico que la misma experiencia que las multitudes dentro de este movimiento buscan alcanzar solo se pueda hallar en una vida de iglesia orgánica. Cuando los individuos prueban lo que es la vida del cuerpo, se curan por siempre de los impulsos desenfrenados de viajar «de aquí para allá» con el objetivo de asistir a la última «práctica de moda» de la renovación. En lugar de eso, encuentran verdadero refrigerio y estabilidad dentro de la asamblea local que ha sido cautivada por la revelación de Jesucristo y el eterno propósito de Dios en él. Aquellos a los que les gusta «perseguir a

Dios», por lo tanto, lo encontrarán en la *ekklesia* en toda su plenitud. Porque ella es su mayor pasión.

Para decirlo con una metáfora, al buscar montarse en la última
ola espiritual, muchos de los restauradores de la tercera ola han quedado atrapados por la resaca de una estructura eclesial dominada por
el clero. Como resultado, algunos han sido mordidos por los tiburo-
nes de una experiencia espiritual falsa. Y ahora se están ahogando en
las sucias aguas del misticismo religioso y el clericalismo carismático.

Lamentablemente, la resucitación cardiopulmonar no se puede
aplicar con éxito dentro de la matriz del movimiento de *la renovación
de la tercera ola*. La única esperanza de recuperación radica en quitar
el tapón institucional para que drene el agua que sigue creciendo.

Presos dentro de una célula

Otro intento de renovación en años recientes ha sido el surgimiento de la «iglesia celular». Las iglesias celulares se basan en un enfoque de culto que sigue dos líneas. Se provee una reunión de «grupo
celular» semanal (que se sitúa en un hogar) y una reunión dominical
de «celebración» (ambientada en un edificio).

Las reuniones celulares, más pequeñas, se conocen por diferentes
nombres (grupos pequeños, grupos por afinidad, reuniones de hogar,
grupos de vida, y otros). Estas pequeñas reuniones en los hogares han
sido pensadas para desarrollar la comunión, el ministerio, la oración
y la evangelización. Las reuniones más numerosas han sido diseña-
das para la predicación pastoral, la adoración corporativa y levantar
ofrendas.

Hay mucho que elogiar con respecto al modelo de iglesia celular.
En particular, su énfasis en las conexiones cercanas, la relación entre
unos y otros, la evangelización auténtica y el ministerio al cuerpo.
Pero su gran debilidad consiste en su estructura de liderazgo.

Por lo general, el modelo de iglesia celular ha dejado completamente intacto el sistema clerical (pastor y equipo), que no es bíblico.
Algo propio de las iglesias en el hogar es una estructura de liderazgo
jerárquico, con exceso de altos cargos que finalmente controla a la

comunidad. (Tengo un amigo que describe a este modelo como una «cuerda más larga»).

A la congregación se le da una cierta medida de vida de iglesia semanalmente en el hogar de alguien. Sin embargo, a través de una jerarquía altamente organizada, el equipo pastoral controla las reuniones y las conduce según su propia visión y liderazgo. (Cada grupo celular tiene un líder sobre sí. Y no resulta poco frecuente que el «tiempo de ministerio» en una reunión de célula se restrinja a una consideración del último sermón del pastor).

No hace mucho mantuve una conversación con el líder de una iglesia celular. Es un amigo, y lo amo y respeto mucho. Curiosamente, cuando describió en específico lo que su grupo celular estaba haciendo, resultó evidente que él estaba a cargo. Me explicó de qué manera *les* da orientación a los miembros, de qué modo *les* brinda consejería personal, de qué forma *él* ora durante la semana para establecer la agenda de cada reunión de célula. Resultaba claro que él era el que llevaba adelante al grupo.

Aunque el modelo de iglesia celular impresiona cuando se pone sobre papel, no guarda correspondencia con la expresión orgánica de la iglesia, que fluye libremente y está bajo la conducción directa del Señor Jesús, expresión en la que se comparte la toma de decisiones y el ministerio, y en la que el rol pastoral moderno se halla obviamente ausente.

La iglesia celular merece nuestro aplauso por su énfasis en la evangelización y su denuncia de las iglesias «basadas en programas» que se encuentran enredadas en estructuras burocráticas. Pero se aseguran nuestra desaprobación por su adhesión despreocupada a una estructura de liderazgo jerárquico rígido y de múltiples estratos.

En muchos casos cada grupo celular constituye una extensión de la visión del pastor. Y entierra al sacerdocio de los creyentes bajo capas humanas de jerarquías. En consecuencia, el modelo de iglesia celular con frecuencia viola el mismo principio que dice sostener: que la iglesia es un organismo constituido por «células espirituales» individuales. En marcado contraste, muchos grupos celulares no son sino un facsímil de una sola parte del cuerpo (el pastor único) y los líderes que sirven bajo él. Dada esa situación, el grupo celular es meramente otro programa de la iglesia. No la iglesia misma.

252 IGLESIA RECONFIGURADA

Dicho de un modo simple, el mero agregado de reuniones de hogar (células) a una estructura dominada por el clero fracasa por no llegar demasiado lejos en cuanto a restaurar la expresión autóctona de la iglesia. Otra vez digo, la iglesia no es una organización institucional. No opera según una cadena de mandos. Es una entidad viva. Por esa razón, descubre su propia expresión cuando se establece apropiadamente, se equipa y luego se deja funcionar por sí misma. Mientras sea controlada por distintos estratos jerárquicos y estructuras de liderazgo que obedecen a una cadena de mandos, nunca descubrirá su expresión orgánica.

Emerger dentro del status quo

En años recientes la «conversación» de la iglesia emergente ha tomado por asalto al mundo cristiano. *La conversación de la iglesia emergente* comprende un movimiento cristiano cuyos participantes buscan captar a las personas posmodernas, en especial a las que no asisten a la iglesia. Para llevarlo a cabo, los «cristianos emergentes» (a veces llamados «los emergentes») separan (algunos utilizan el término deconstruyen) los elementos que conforman las creencias, los parámetros y los métodos cristianos para reconstruirlos después y acomodarlos a la cultura posmoderna[2].

La conversación sobre la iglesia emergente constituye una bolsa de elementos mezclados. De ninguna manera es algo monolítico. Sin embargo, ciertas corrientes de la conversación emergente enfatizan la necesidad de reexaminar la eclesiología de pies a cabeza[3].

Dentro de esas corrientes se discute mucho sobre la importancia de la comunidad, sobre que sea misionera, se dé libertad a los laicos, y la naturaleza trina de Dios; y se descarta la vieja forma de constituir la iglesia, abrazando un nuevo cambio de paradigma para el cuerpo de Cristo.

Tengo muchos amigos que son pioneros de la iglesia emergente. Yo aplaudo mucho de lo que dicen, en especial en el área de sostener una «ortodoxia generosa» que enfatice la aceptación de todos los cristianos a los que Dios ha recibido[4]. Del mismo modo, el estímulo a abrazar la contribución positiva realizada en el pasado por cristianos de todo tipo muestra una actitud noble.

Mi principal crítica a la *conversación emergente* radica en esto:
Cuando vamos a la expresión práctica de la iglesia, muchos de los
emergentes se quedan en algunos cambios menores. Ese viejo odre
rajado, inventado unos quinientos años atrás, permanece sin mayores
alteraciones.

Los edificios sacros, los servicios eclesiales basados en el sermón,
el sistema clerical y el moderno cargo de pastor no se desafían, y se
mantienen sin cambios, aun entre aquellos que llevan la voz cantante
en cuanto a deconstruir la fachada de la iglesia moderna. En general,
muchos en la esfera de la iglesia emergente todavía creen que cada
iglesia necesita un «ministro», del mismo modo en que cada compañía necesita un jefe.

Permítanme darles un ejemplo de lo que quiero decir. Menos de
doce meses atrás, dos líderes de la iglesia emergente, de alta visibilidad, escribieron artículos sobre la forma en que las prácticas de la
iglesia establecida resultan «constantinianas», y sobre que esa es una
de las principales razones por la que los cristianos posmodernos encuentran que la iglesia resulta irrelevante.

Cuando leí esos artículos, quedé encantado. Entonces llamé en-
seguida a varios amigos que vivían en las áreas en las que los autores
de esos artículos eran líderes. El informe que recibí como respuesta
me resultó descorazonador. Dos de ellos me dijeron: «Frank, hemos
estado de visita en sus servicios y no difieren en nada de los de cualquier otra iglesia. Comienzan con música dirigida por el grupo de
alabanza. Se hacen los anuncios. Luego tienen algún canto especial.
Después el pastor predica un sermón ante una audiencia pasiva. Lo
único diferente que notamos fue que había pinturas artísticas en las
paredes del edificio y que el lenguaje era deliberadamente posmoderno. Aparte de eso, se trataba de la misma música y el mismo baile que
uno podría encontrar en cualquier otra asamblea protestante hoy».

He descubierto que es así por mi propia experiencia también.

Me parece que muchos de nosotros estamos dispuestos a poner
patas arriba cualquier vaca sagrada *excepto* el moderno cargo pastoral
y el ritual protestante del domingo por la mañana. A pesar de que estas dos tradiciones religiosas no son para nada bíblicas, parecen estar
fuera de los límites de hasta los pensadores más radicales[5].

A esta altura, me gustaría proponerles un desafío. ¿Podríamos ser lo bastante osados y creativos como para cambiar este ritual de quinientos años, que, de paso, no tiene una pizca de aval bíblico que lo justifique? ¿Podemos aceptar el desafío de capacitar al pueblo de Dios para funcionar bajo la conducción de Cristo sin un control humano? Y si no sabemos cómo hacerlo, ¿podríamos, por favor, ser lo suficientemente humildes como para traer a alguien que pueda hacerlo y ver qué sucede?

Adoptemos la actitud correcta

Lo que he dicho hasta ahora no intenta emitir juicio sobre ninguna persona dentro del amado pueblo de Dios. Tengo amigos a los que respeto en todos los movimientos antes mencionados, y ellos son siervos de Dios a los que él usa.

No nos equivoquemos con respecto a esto: Dios ha usado y está usando a la iglesia institucional. Debido a su misericordia, el Señor va a obrar a través de cualquier estructura mientras pueda encontrar en ella corazones que en verdad están abiertos a él. Así que no ponemos en cuestión que Dios esté usando por igual a las megaiglesias, a las iglesias de la restauración de la tercera ola, a las iglesias celulares, y a las iglesias emergentes. (Según mi opinión, las está usando más que a las así llamadas iglesias de hogar elitistas y sectarias).

Pero esa no es la cuestión que estamos considerando. Lo bueno a menudo es enemigo de lo mejor. Y el Señor nos hará responsables de cumplir su Palabra hasta donde la entendemos. Así que compararnos con otros es terreno movedizo al buscar su aprobación (2 Corintios 10:12). Cualquier cosa que sea menos de lo que Dios ha revelado en las Escrituras con respecto a las prácticas de la iglesia no llega a cumplir con su pleno propósito. No digo esto con un espíritu crítico, sino con sobriedad. Las palabras de T. Austin-Sparks captan el sentir de mi espíritu:

> En tanto que las sectas y denominaciones, misiones e instituciones
> constituyen una desviación del camino original del Espíritu Santo y
> de su intención, Dios indiscutiblemente las ha bendecido y usado de
> un modo muy real, y soberanamente ha realizado una gran obra a

través de los hombres y mujeres fieles. Agradecemos a Dios que haya sido así, y oramos que todo medio que sea posible usar cuente con su bendición. Esto no está dicho con un espíritu de superioridad o desde la condescendencia: Dios no lo permita. Toda reserva se debe solo a que sentimos que se ha producido demasiada demora, limitación y debilidad a causa de esa desviación de la posición primera y plena de los primitivos años de vida de la iglesia, y a causa de una carga en el corazón por retornar a ello. No podemos aceptar el presente «desorden» como la totalidad de lo que el Señor querría o podría lograr[6].

Los síntomas enmascaran las verdaderas causas

Yo creo firmemente que una renovación genuina de la iglesia requiere que distingamos entre el *síntoma* y la *raíz* del problema. Elton Trueblood ha dicho con razón: «El problema básico (en la iglesia moderna) es que la cura que se propone tiene una similitud espeluznante con la enfermedad».

Las conferencias para clérigos desgastados, las reuniones interdenominacionales por la unidad, los grupos de apoyo para pastores que sufren de la «mordedura de las ovejas», y los talleres que presentan la última estrategia en cuanto a crecimiento de la iglesia constituyen un ejemplo cabal de la aguda observación de Trueblod. Todas esas supuestas «curas» simplemente miman al sistema responsable de los males de la iglesia. Solo tratan los síntomas, mientras ignoran al que es el verdadero culpable. ¿Cuál es el resultado? Se vuelve a desarrollar la misma comedia sobre un escenario diferente.

Es el sistema clerical y la estructura institucional lo que inhibe el redescubrimiento de la comunidad que se mira cara a cara, suplanta la conducción funcional de Cristo y ahoga el pleno ministerio de cada creyente. Por lo tanto, hasta que el sistema clerical y la estructura institucional no sean desmantelados dentro de una fraternidad local, todos los intentos de renovación mostrarán tener poca visión. En el mejor de los casos, tales intentos producirán un cambio limitado. En el peor, constituirán una invitación a la hostilidad abierta.

Tengo la convicción de que el intento de lograr una recuperación de la vida orgánica de la iglesia en la que Jesucristo sea la Cabeza dentro de una iglesia institucional es un ejercicio fútil. Semejante intento podría compararse al desmantelamiento de una torre empezando desde el piso. Si aquellos que desmantelan la torre llegan al punto de comprometer la estructura, la torre caerá sobre ellos. La única manera de hacerlo es empezar desde arriba hacia abajo.

Por esta razón los movimientos de renovación que meramente transplantan los principios bíblicos dentro del suelo institucional nunca logran realizar el pleno propósito de Dios. Como he dicho a menudo, las iglesias orgánicas que se establecen en un suelo institucional no echan raíces. Según las palabras de Arthur Wallis:

> *Una iglesia no se renueva totalmente si se dejan sin tocar las estructuras. Tener un grupo vivo, compuesto por aquellos que han recibido el Espíritu y están comenzando a moverse según los dones espirituales, introducir un espíritu más libre y vivo dentro de la adoración a través de canciones de renovación, permitir que se aplauda, que se levanten las manos y hasta que se dance, dividir la reunión nocturna semanal en grupos de hogar con el propósito de discipular, reemplazar al «liderazgo de un solo hombre» por el de un equipo de ancianos, todas esas son medidas que, aunque buenas, solo resultarán ser una operación de remiendo. Sin duda, los individuos serán bendecidos. Habrá un despertar inicial de la iglesia. Pero si acaba allí, los resultados a largo plazo serán perjudiciales. Se iniciará una lucha silenciosa entre las nuevas medidas y las viejas estructuras, y pueden estar seguros de que las viejas estructuras ganarán al final. El nuevo parche nunca se integrará a la vieja vestimenta. Siempre se verá incongruente[7].*

Durante los últimos cincuenta años se ha publicado una abundancia excesiva de libros que buscaban reformar y renovar a la iglesia moderna. Según creo, pocos de esos libros han producido un cambio real. ¿Cuál es la razón? La inmensa mayoría le ha ofrecido cambios cosméticos a una estructura a la que le falta integridad bíblica y espiritual.

Querer reparar una casa que tiene rajaduras en sus cimientos nunca ha logrado resultados. Pienso que es tiempo de examinar con sinceridad la integridad estructural del sistema eclesial moderno. Yo creo firmemente que lo que necesitamos descartar es el *sistema* clerical, que incluye el moderno *cargo* de pastor. Precisamente el sistema es uno de los principales culpables, no la gente, los motivos o las intenciones. La experiencia me ha enseñado que una iglesia institucional nunca logra encarnar plenamente el sueño de Dios hasta que reconoce que el marco dentro del que opera resulta inadecuado y contraproducente. A pesar de las buenas intenciones de las personas que lo conforman, el diseño interior de la iglesia organizada nos prepara para una derrota.

La verdadera renovación, por lo tanto, debe ser radical. Eso significa que debe llegar hasta las raíces. Recuperar la expresión orgánica de la iglesia y la conducción práctica de Jesucristo requiere de nosotros que abandonemos nuestros parches eclesiásticos y las cintas adhesivas.

En conexión con esto, agradezco a Dios por aquellos cristianos que han dejado sus profesiones clericales y depuesto sus cargos jerárquicos de alto nivel para descubrir lo que significa ser un simple hermano dentro de una expresión orgánica de la iglesia. ¿Les suena radical? Quizá. Pero ciertamente no resulta imposible. Personalmente conozco numerosos hombres que han dejado el sistema clerical por causas de conciencia. Algunos de ellos se dedican a iniciar iglesias hoy, y Dios los está usando poderosamente. (De paso digo que todos ellos primero aprendieron a dejar de ser líderes dentro de la vida orgánica de una iglesia antes de salir a establecer otras iglesias)[8].

Algunos pocos de estos hombres ayudaron a que las iglesias que pastoreaban realizaran la transición de iglesia institucional a iglesia orgánica. Pero una movida de este tipo es tremendamente drástica. Va mucho más allá del pequeño ajuste con el que se conforman muchos líderes hoy[9].

Como cabía esperar, aquellos que dejaron sus cargos clericales, con sueldo, han pagado un tremendo precio. Por esa razón, un pensamiento semejante hace vibrar una cuerda sensible en el corazón de muchos de los profesionales de la religión, y algunos se han resistido violentamente. Han reaccionado de un modo para nada diferente del de los plateros de Éfeso, que rechazaron el mensaje de Pablo porque ponía en peligro su oficio (Hechos 19:24-27)[10]. Por consiguiente, a menos que los pastores estén dispuestos a examinar esta cuestión delante de Dios, cualquier debate sobre el asunto resultará un tópico altamente inflamable que fácilmente se puede volver tórrido.

No despreciemos el día de las cosas pequeñas

Recordemos que luego de los setenta años de cautiverio de Israel en Babilonia, Dios llamó a su pueblo a salir de Babilonia para regresar a Jerusalén a reconstruir su casa. Mientras Israel estuvo en cautiverio en una tierra extraña, todavía la gente se reunía para adorar a Dios en las diversas sinagogas que ellos mismos habían construido. Israel aún le pertenecía a Dios. Pero la voluntad de Dios para ellos era que salieran de Babilonia y regresaran a Jerusalén a construir el templo, como él mismo lo había ordenado.

Lamentablemente, solo un pequeño remanente respondió al Señor y regresó a la tierra (Esdras 9:7-8; Hageo 1:14). La mayoría de ellos no estaban dispuestos a pagar el precio de dejar su estilo de vida confortable, sus nuevos trabajos, sus nuevos hogares, y el conveniente culto en la nueva sinagoga que se habían construido.

Creo que el llamado de Dios a Israel para que dejara Babilonia prefigura el clamor actual del Espíritu a su pueblo hoy. En vista del hecho de que solo un remanente pequeño, aparentemente insignificante, regresó a Jerusalén para reconstruir la casa de Dios, el profeta Zacarías señaló: «Se alegrarán los que menospreciaron los días de los modestos comienzos» (Zacarías 4:10).

¿Por qué dijo el profeta semejantes palabras? Porque a pesar de la aparente pequeñez de la empresa, Dios estaba en ella. A pesar de que la mayor parte de Israel consideraba al templo reconstruido «como nada» en comparación con el esplendor incomparable del templo anterior, Dios estaba en él (Hageo 2:3). A pesar de que los ancianos de Israel lloraron desesperanzados al ver al pequeño remanente colocar aquellos insignificantes cimientos, Dios estaba allí (Esdras 3:12).

Desde el ejército de Gedeón, de trescientos soldados, hasta los siete mil de Elías, que no se habían «arrodillado ante Baal»; desde los sacerdotes levíticos que fueron los primeros en entrar a la Tierra Prometida hasta los ocultos Simeones y Anas de los días de nuestro Señor, que «aguardaban con esperanza la redención de Israel»;

la obra más preciosa de Dios ha sido llevada a cabo a través de los pequeños, los débiles, y los que pasaban desapercibidos (1 Corintios 1:26-29; 1 Reyes 19:11-13).

El éxito ante los ojos del mundo se relaciona con mediciones en lo natural. Grandes cifras, grandes presupuestos, grandes edificios y cosas así son los signos del éxito para el que tiene la mente del mundo. Sin embargo, las cosas más grandes ante los ojos de Dios son extremadamente pequeñas ante los ojos de los hombres.

Permítanme ser claro. El llamado de Dios a recuperar la simplicidad primitiva de la iglesia orgánica requiere que comencemos sobre un terreno enteramente nuevo. Un terreno diferente al de los sistemas religiosos y las tradiciones que nosotros, los mortales caídos, hemos construido. Y ese terreno es el Señor Jesucristo.

Un cambio de paradigma

Para tomar prestado un término de Thomas Kuhn, el filósofo científico, necesitamos un «cambio de paradigma» con respecto a la iglesia antes de poder reconstruirla adecuadamente. O sea, necesitamos una nueva cosmovisión con respecto al significado del cuerpo de Cristo. Un nuevo modelo para la comprensión de la *ekklesia*. Un nuevo marco para pensar sobre la iglesia.

Por supuesto, el «nuevo paradigma» del que hablo no es para nada nuevo. Es el paradigma que sostiene todo el Nuevo Testamento.

Nuestros días no son muy diferentes de los de Nehemías. En la época de Nehemías, Israel acababa de redescubrir la Ley de Dios, luego de haber estado sin ella por muchos años. Pero una vez descubierta, tuvo que ser reexplicada y reinterpretada. Consideremos las palabras de Nehemías:

> *Ellos leían con claridad el libro de la ley de Dios y lo interpretaban de modo que se comprendiera su lectura (Nehemías 8:8).*

Del mismo modo, los cristianos del siglo veintiuno deben volver a aprender el lenguaje de las Escrituras con respecto a la iglesia. Se ha perdido el sentido original de incontables términos bíblicos como «iglesia», «ministro», «pastor», «casa de Dios», «ministerio», «esposa de Cristo», «familia de Dios» y «comunión».

Se ha investido a estas palabras de un poder institucional. Poder extraño a aquellos que originalmente usaron estos términos. Por lo tanto, una necesidad imperiosa de hoy es reconfigurar el lenguaje y las ideas bíblicas. Necesitamos repensar todo el concepto de la iglesia y descubrirlo de nuevo a través de las lentes de Jesús y los apóstoles.

Debido a una mala enseñanza generalizada, hay muchas presunciones profundamente enterradas que necesitan que se excave y se las examine. A muchos de nosotros se nos ha enseñado erróneamente que la palabra «iglesia» hace referencia a un edificio, una denominación o un servicio de culto. Y que un «ministro» es un cristiano de clase especial.

Dado que la noción contemporánea que tenemos de la iglesia está tan entrelazada con el pensamiento humano, requiere de un esfuerzo consciente el visualizarla de la manera en que lo hicieron todos los cristianos del primer siglo. Nos demanda arar rigurosamente a través del espeso y enmarañado matorral de las tradiciones religiosas hasta desenterrar el suelo virgen del cristianismo orgánico.

Al repensar la iglesia dentro de su contexto escritural, estaremos mejor capacitados para distinguir entre la noción bíblica de iglesia y aquellas instituciones que se hacen pasar por iglesias. Desglosemos algunas de esas diferencias ahora:

El paradigma institucional	El paradigma orgánico
• está sustentado por un sistema clerical	• desconoce el sistema clerical
• busca darle vitalidad al laicado	• no reconoce una clase separada a la que se denomina laicado
• limita muchas funciones a aquellos que han sido ordenados	• hace de todos los miembros sacerdotes en funcionamiento
• convierte al grueso de sus feligreses en individuos pasivos, sentándolos en los bancos	• permite que todos los cristianos participen en cualquier ministerio al que Dios los haya llamado, y los alienta a hacerlo

- asocia la iglesia con un edificio, una denominación o un servicio religioso
- se arraiga en la unificación de aquellos que comparten un conjunto especial de costumbres o doctrinas
- arroja a los cristianos «comunes» fuera del «Santísimo» y los encadena a un banco

- establece como su prioridad los programas y rituales que mantienen a su feligresía con cierta distancia entre unos y otros, cosa que los aísla

- depende de un diezmo obligado y de presupuestos enormes

- dedica la mayor parte de sus recursos a gastos del edificio y a los salarios del pastor y su equipo

- opera sobre la base de que el pastor o sacerdote constituye la cabeza funcional (en tanto que Cristo es la Cabeza nominal)

- ensalza y protege un sistema centrado en programas y dominado

- afirma que la gente no va a la iglesia; afirma que ellos (todos juntos) son la iglesia
- se arraiga en una comunión sin reservas con todos los cristianos que se fundamentan solo en Cristo
- les da libertad a todos los creyentes para que funcionen como ministros dentro del contexto de una forma de liderazgo de la iglesia descentralizado y no clerical
- su prioridad son las relaciones cara a cara en las que se comparte la vida, la sujeción mutua, la apertura, la libertad, el servicio mutuo y la realidad espiritual; precisamente los elementos que aparecen en la construcción de la estructura de la iglesia del Nuevo Testamento
- depende de que el Espíritu de Dios produzca en los miembros una manera de dar generosa y basada en la gracia
- dedica la mayor parte de sus recursos a «los pobres que están entre ustedes» y a los obreros itinerantes que predican el evangelio e inician nuevas iglesias
- opera sobre la base de que Cristo es la Cabeza funcional de toda la comunidad de los creyentes por medio de la guía invisible del Espíritu Santo
- rechaza el sistema clerical porque sofoca la acción soberana

por el clero, que funciona como la máquina impulsora de la iglesia organizada

- reconoce y reafirma el liderazgo jerárquico

- diseña *programas* para sustentar a la iglesia; trata a la gente como a piezas de un engranaje
- impulsa a los creyentes a participar de un modo institucional y jerárquico
- separa la iglesia (eclesiología) de la salvación personal (soteriología); visualiza a la primera como un mero apéndice de la última

del Espíritu Santo; sin embargo, abraza con amor a todo cristiano que pertenezca a ese sistema

- rechaza el liderazgo jerárquico; reconoce y reafirma el liderazgo orgánico de todo el cuerpo
- edifica a todo el cuerpo juntamente en Cristo y así le proporciona impulso a la iglesia
- invita a los cristianos a una participación relacional y espiritual

- no forja vinculaciones entre la salvación personal y la iglesia; ve a las dos como intrínsecamente entretejidas (las Escrituras indican que en el momento en que las personas son salvas, simultáneamente se convierten en parte de la iglesia e inmediatamente se congregan)

Alguien en algún lugar hizo más claro este punto señalando que el paradigma orgánico representa «recuperar para Dios las cosas comunes y desacralizar las cosas sacralizadas por la intervención humana». Debido a que el paradigma tradicional está tan afianzado en la mente de muchos cristianos, la mera noción de «colorear afuera de las líneas marcadas» resulta aterrorizadora. El resultado lamentable que produce es que aquellos que no han cambiado su paradigma con respecto a la iglesia ignoran o se oponen a las iglesias que sí lo han hecho.

A los ojos de los que consideran al mundo a través de las lentes institucionales, a menos que una iglesia se reúna en el lugar «correcto» (un edificio), tenga el liderazgo «adecuado» (un ministro ordenado) y lleve un nombre «preciso» (aquel que indica una «cobertura»), no es una iglesia auténtica. En lugar de eso, se denomina usando una terminología innovadora como algo «paraeclesial».

Por lo tanto, entre aquellos que no se cansan de llevar adelante una forma institucional de «hacer iglesia», con una rutina motivada por programas, lo que es anormal se considera normal y lo que es normal se tiene por anormal. Una triste consecuencia de no fundamentar la fe y la práctica en las Escrituras.

Resumiendo, nada menos que un cambio de paradigma en lo que se refiere a la iglesia, junto con una nueva luz impartida por el Espíritu Santo, es lo que producirá cambios duraderos. Los reajustes que realicemos al odre viejo, aunque sean radicales, solo durarán un tiempo breve.

En consecuencia, según mi opinión personal, la iglesia no necesita *renovación*. Lo que necesita es una revisión completa. O sea, que la única manera de renovar *por completo* a la iglesia institucional es desensamblándola y construyendo algo muy diferente. El frágil odre de las prácticas de la iglesia y el ropaje hecho jirones de las formas eclesiásticas necesitan cambiarse y no simplemente modificarse. Algunos pueden estar en desacuerdo. Pero esta es mi convicción, fundamentada en la experiencia, y no me avergüenza expresarla.

Diciéndolo brevemente, lo que se necesita es un odre *nuevo* y ropa *nueva* (Lucas 5:36-38).

Las palabras de Frederick Buechner resultan muy adecuadas:

> *También creo que lo que sucede en ellos [los grupos de apoyo] se parece más a lo que Cristo quería que fuese su iglesia (y originalmente fue) que mucho de lo que sucede en las iglesia que conozco. Esos grupos no tienen edificios, ni un liderazgo oficial, ni dinero. No tienen ventas de beneficencia, ni cofradías en su altar, ni cuadros de cada miembro. No tienen predicadores, ni coros, ni liturgia, ni propiedades. No tienen credos. No tienen programas. Nos llevan a pensar si lo mejor que podría sucederle a más de una iglesia no sería quemar su edificio y perder todo su dinero. Entonces todo lo que le quedaría a la gente sería Dios y el hecho de tenerse los unos a los otros*[11].

Ojalá podamos liberarnos de imponer descuidadamente *nuestro* patrón de organización eclesial por encima del que tenían los autores del Nuevo Testamento. Y que tengamos el valor de descartar nuestro bagaje institucional. O al menos estar dispuestos a abrir nuestras maletas e inspeccionar su contenido.

Calculemos el costo

Entonces, ¿cuál es la alternativa que recomiendo? Muy simple: regresar a la vida orgánica de la iglesia. Precisamente aquello que he intentando repensar a través de todo este libro.

Creo que estamos viviendo en una hora en que Dios busca levantar multitudes que tengan el espíritu de los hijos de Isacar, que eran «hombres expertos en el conocimiento de los tiempos, que sabían lo que Israel [el pueblo de Dios] tenía que hacer» (1 Crónicas 12:32).

El peligro que enfrentaba el antiguo Israel estaba en su disposición a imitar a las multitudes que lo rodeaban. Por contraste, ¿no deberíamos conectar nuestra obediencia a lo que Dios nos ha revelado en su Palabra? En Éxodo 23:2, el Señor le advirtió a Israel con respecto a los peligros de seguir a las multitudes. Creo que esa advertencia sigue teniendo vigencia para nosotros hoy.

Como dicen las Escrituras: «Si ustedes oyen *hoy* su voz, no endurezcan el corazón» (Hebreos 3:15).

Quiero ser claro. Hay un precio a pagar al responder a la voluntad de Dios para su iglesia. Tienes que calcular que serás mal interpretado por aquellos que abrazan el cristianismo del espectador. Llevarás las marcas de la cruz y morirás mil veces en el proceso de ser edificado junto con otros creyentes dentro de una unidad firmemente entretejida.

Tendrás que soportar el desorden que forma parte del paquete del cristianismo relacional, abandonando para siempre la prolijidad artificial que garantiza la iglesia organizada. Ya no compartirás la comodidad que implica ser un espectador pasivo. En lugar de ello, aprenderás una lección que te vaciará de ti mismo para convertirte en un miembro responsable y útil dentro de un cuerpo en funcionamiento.

Además, tendrás que ir en contra del duro principio al que un escritor denomina «las últimas siete palabras de la iglesia» (*nosotros nunca lo hicimos de esa forma*). Caerás en desgracia en relación con la mayoría religiosa por rehusarte a ser influido por la tiranía del status quo. Y atraerás los más severos ataques del Adversario en su intento por apagar aquello que representa un testimonio vivo de Jesús.

Agregado a eso, vivir dentro de la vida de una iglesia orgánica resulta increíblemente difícil. La experiencia está cargada de problemas. Lee nuevamente las epístolas del Nuevo Testamento procurando descubrir los muchos riesgos que los cristianos primitivos enfrentaron cuando vivieron dentro de una comunidad firmemente entretejida. Cuando vivimos en un tipo de comunidad semejante, emergen los mismos problemas. Nuestra carne queda expuesta. Nuestra espiritualidad es probada. Y muy pronto descubrimos lo profundamente instalada que está la caída.

Como una persona ha dicho: «Todos son normales hasta que los conocemos». Eso es absolutamente cierto para aquellos que se zambullen en la experiencia de vivir la vida de una iglesia orgánica. Los problemas son infinitos. Resulta mucho más fácil convertirse en una especie de «almohadón de banco» durante dos horas los domingos a la mañana dentro de una iglesia institucional. Cualquiera puede ser un cristiano perfecto así. La vida orgánica de la iglesia, en cambio, constituye algo como un matrimonio entre la gloria y las heridas. Pero esta es la genialidad de Dios. Ha prescrito una manera de transformarnos a su imagen. Porque «el hierro se afila con el hierro» (Proverbios 27:17).

Sin embargo, a pesar de los sufrimientos que experimentan aquellos que toman el camino menos transitado, los gloriosos beneficios de vivir una vida en el cuerpo sobrepasan el costo. El Señor edifica sobre las vidas quebrantadas; reconstituye su casa a partir de los conflictos (1 Crónicas 26:27). Siendo este el caso, «salgamos a su encuentro fuera del campamento, llevando la deshonra que él llevó» (Hebreos 13:13). Porque es allí donde escucharemos el latido del corazón del Salvador.

Palabras finales

Si has comprendido y aceptado el mensaje de este libro, entonces habrás arribado a dos conclusiones significativas:

1. La iglesia institucional tal como la conocemos hoy no refleja a la iglesia que Dios tenía en su pensamiento originariamente.

2. La iglesia prevista por las Escrituras es orgánica en su naturaleza y expresión, y el Señor desea recuperarla hoy.

Dicho eso, señalaré que una decisión muy importante los espera a algunos de ustedes. Para encuadrarla dentro de una pregunta, diré: ¿Cuál es el siguiente paso? Algunos de ustedes ya forman parte de una iglesia orgánica, así que quizás este libro pueda haberles ayudado a entender mejor sus raíces bíblicas y espirituales. Otros tal vez se sientan satisfechos con su experiencia eclesiástica presente, aunque no sea orgánica. Y algunos otros quizá deseen formar parte de una expresión orgánica de la iglesia.

Si formas parte del último grupo, tienes que enfrentar todo un conjunto de preguntas. A saber:

- ¿Cuál es la misión de Dios en relación con la iglesia y la mejor manera de cumplir con ella?
- ¿Cómo puedo encontrar una iglesia orgánica en el lugar en que vivo?
- ¿Cómo se establecen las iglesias orgánicas? ¿Puedo iniciar una yo?
- Si soy líder de una iglesia institucional, ¿es posible lograr la vida de una iglesia orgánica en mi situación presente? Si es así, ¿cómo?
- ¿Cuáles son los problemas que enfrentan las iglesias orgánicas? ¿Cómo se pueden manejar mejor?

Si te estás haciendo estas preguntas, hay buenas noticias.

En primer lugar, mis colaboradores han creado un sitio en la Internet que proporciona ayuda práctica a aquellos que se hacen estas preguntas. A través del sitio, te puedes conectar con cristianos que también están repensando la iglesia. Además, puedes solicitar la ayuda de aquellos que establecen iglesias orgánicas para que te asistan en cuanto a iniciar una en tu área. El sitio también incluye recursos para pastores que luchan con las cuestiones tratadas en este libro. Simplemente puedes ir a **www.housechurchresource.org.**

En segundo lugar, las preguntas que tienen que ver con la misión de Dios, así como las que se refieren a establecer y sustentar la vida de la iglesia orgánica, no son fáciles de responder. Por esa razón, estoy escribiendo otros dos volúmenes para dedicarme a ellas en detalle.

El primero se titula *From Eternity to Here: Rediscovering the Ageless Purpose of God* [Desde la eternidad hasta aquí: Redescubriendo el propósito eterno de Dios]. Este libro buscará presentar la tremenda grandiosidad de la campaña eterna que realiza Dios en busca de una esposa, una casa, una familia y un cuerpo. Y se enfocará en el lugar que ocupamos nosotros dentro de la historia eterna del plan eterno que tiene Dios.

El segundo volumen analizará en gran profundidad los principios bíblicos para iniciar y sostener las iglesias orgánicas. También ofrecerá una guía práctica sobre cómo aplicar esos principios hoy. Visita www.ptmin.org y se te notificará cuando estos libros estén disponibles.

APÉNDICE
OBJECIONES Y RESPUESTAS CON RESPECTO AL LIDERAZGO

Ser sinceros es confrontarnos con la verdad. Por más desagradable e inconveniente que la verdad sea, creo que debe ser expuesta y enfrentada.

—Dr. Martin Luther King Jr.

No estoy aquí para atacar al cristianismo, sino solo al manto institucional que lo cubre.

—Pierre Berton

Durante siglos, ciertos textos del Nuevo Testamento han sido mal manejados para apoyar las estructuras de liderazgo jerárquico, o de posición, dentro de la iglesia. Este mal manejo ha causado daños no menores al cuerpo de Cristo.

La noción de autoridad jerárquica o rango, en parte, viene como resultado de malas traducciones o malas interpretaciones de ciertos pasajes bíblicos. Esos errores de traducción e interpretación han sido influidos por ciertas tendencias culturales que finalmente encubrieron el sentido original del lenguaje bíblico. Esas tendencias han transformado algunas palabras simples en títulos eclesiásticos de gran peso. Como resultado, se ha erosionado el panorama original de la iglesia.

Por lo tanto, se hace necesaria una nueva lectura del Nuevo Testamento en su idioma original para comprender apropiadamente ciertos textos. Por ejemplo, remitirnos al griego original arroja la siguiente comprensión:

- Los obispos eran simples guardianes (*episkopoi*), y no dirigentes encumbrados de la iglesia.
- Los pastores eran cuidadores (*poimen*), y no profesionales del púlpito.
- Los ministros eran ayudantes (*diakonos*), y no clérigos.
- Los ancianos eran hombres viejos y sabios (*presbuteros*), y no dirigentes eclesiales.

Afortunadamente, un número cada vez mayor de eruditos en el Nuevo Testamento señalan que la terminología concerniente al «liderazgo» que aparece en el Nuevo Testamento tiene un acento descriptivo que denota ciertas funciones especiales y no cargos formales.

Lo que sigue a continuación es una lista de las objeciones más comunes a la idea de que el liderazgo de la iglesia no existe en base a un oficio, ni a un título, ni a una jerarquía. Cada objeción es seguida por una respuesta.

Objeciones a partir de Hechos y las epístolas de Pablo

1. *¿No es verdad que Hechos 1:20; Romanos 11:13; 12:4; y 1 Timoteo 3:1, 10, 12 hablan de que algunos tienen cargos dentro de la iglesia?*
    La palabra *oficio* o función en esos pasajes constituye una mala traducción (en inglés). No guarda equivalencia con el griego original. En ningún lugar del Nuevo Testamento Griego encontramos el equivalente a *oficio* usado en conexión con algún ministerio o cargo, o con un líder de la iglesia. La palabra griega equivalente a *oficio* solo se utiliza para referirse al Señor Jesucristo en su oficio de sumo sacerdote (Hebreos 5-7). También se utiliza para referirse al sacerdocio levítico (Lucas 1:8).
    La versión King James (en inglés) traduce mal Romanos 11:13b por «le hago honor a mi oficio» (en español: «le hago honor a mi ministerio»). Pero el término griego, traducido al inglés por «oficio», significa servicio y no oficio. Así que una mejor traducción de Romanos 11:13b sería «le hago honor a mi servicio [*diakonia*]».

Del mismo modo, Romanos 12:4b se traduciría mejor por «No todos estos miembros desempeñan la misma función [*praxis*]». (Así aparece en español). La palabra griega *praxis* significa algo que se hace, una práctica o una función más que un oficio o un cargo. La NIV y la NASB (ambas versiones en inglés) reflejan una mejor traducción.

Finalmente, 1 Timoteo 3:1 dice lo siguiente en la versión King James (inglés): «Si algún hombre desea el oficio de un obispo...» («desea ser obispo, a noble función aspira», en español). Una traducción más apropiada lo pondría de este modo: «Si alguien aspira a supervisar...»[1].

2. *Primera de Timoteo, 2 Timoteo y Tito son llamadas las Epístolas Pastorales. Eso significa que Timoteo y Tito eran pastores, ¿no es verdad?*

No, no es así. Las cartas a Timoteo y Tito fueron llamadas «Epístolas Pastorales» por primera vez en el siglo dieciocho[2]. Pero ese es un título equivocado.

Timoteo y Tito no eran pastores locales. Eran colaboradores apostólicos, que mayormente viajaban de un lado a otro. Solo en ocasiones pasaban un largo período en un lugar. (Por ejemplo, Pablo envió a Tito a Creta y a Timoteo a Éfeso para fortalecer a las iglesias allí y solucionar problemas locales).

Debido a que Timoteo y Tito eran iniciadores de iglesias en forma itinerante, Pablo nunca los llamó pastores ni ancianos. Esos hombres no estaban entre los ministros residentes. Formaban parte del círculo apostólico de Pablo, círculo conocido por sus constantes viajes (Romanos 16:21; 1 Corintios 16:10; 2 Corintios 8:23; 1 Tesalonicenses 1:1; 2:6; 3:2; 2 Timoteo 2:15; 4:10). Por lo tanto, llamar a esas cartas las «Epístolas Pastorales» refleja una tendencia moderna, y no un procesamiento objetivo de la verdad.

3. *¿No prueban las listas de calificaciones que aparecen en las Epístolas Pastorales, a saber 1 Timoteo 3:1-7 y Tito 1:7-9, que los ancianos eran oficiales de la iglesia?*

Todo lo que se halla escrito en 1 Timoteo, 2 Timoteo y Tito debe ser comprendido desde este punto de vista: Pablo les estaba escribiendo a sus colaboradores apostólicos y no a las iglesias. Eso explica algunas de las diferencias entre esas epístolas y el resto de las cartas de Pablo. En Timoteo y Tito, por ejemplo, la metáfora del cuerpo se halla ausente. Se menciona solo de paso a los «hermanos». Y se hace poco énfasis en el ministerio mutuo.

De igual modo, no encontramos nada que se asemeje a un naciente catolicismo en esas epístolas. Se menciona el Espíritu de Dios y sus dones. Y se entiende que los líderes deben lograr un reconocimiento por su ejemplo más que por ocupar un cargo.

Lo que tenemos en esos textos, entonces, son las *cualidades* esenciales de un verdadero supervisor, y no una lista de *calificaciones* para acceder a un cargo, que se puedan tildar con un lápiz.

La sumatoria de esas cualidades indica: carácter y fidelidad espiritual, piedad y responsabilidad. Por lo tanto, las listas de Pablo simplemente les servían a Timoteo y Tito para identificar y confirmar a los sobreveedores en las iglesias con las que ellos trabajaban (1 Timoteo 5:22; Tito 1:5).

Además, el sentido de esos textos en el griego tiene que ver más con la función que con un oficio. Pablo mismo nunca considera al sobreveedor como el titular de un cargo, sino que le llama a esta una «noble función» (1 Timoteo 3:1b). Por otra parte, Pablo emplea un lenguaje funcional cuando recomienda honrar a aquellos ancianos que «dirigen bien» y que «dedican sus esfuerzos» a la enseñanza (1 Timoteo 5:17).

Por consiguiente, identificar a los sobreveedores que aparecen en esos textos con los oficios eclesiásticos modernos (como el moderno pastor) sería una pura fantasía. Nosotros tenemos la tendencia a plantar las convenciones de nuestras organizaciones dentro del Nuevo Testamento y luego leerlo con ellas incorporadas. Esto resulta de colocar en el texto un marco cultural que hemos aprendido. Resumiendo, lo que domina en las «Epístolas Pastorales», lo mismo que en las otras cartas de Pablo, es un lenguaje referido a funciones más que a oficios[3].

4.   *Primera de Corintios 12:28 dice: «En la iglesia Dios ha puesto, en primer lugar, apóstoles; en segundo lugar, profetas; en tercer lugar, maestros...». ¿No visualiza ese texto una jerarquización de los cargos eclesiales?*

Otra vez, esta pregunta indica nuestra inclinación a leer las Escrituras con las lentes empañadas por la idea humana de las jerarquías. Es una debilidad, en particular de occidente, el insistir en que toda relación se conciba en términos de una modalidad jerárquica, en la que hay uno encima y otro debajo. Por lo tanto, siempre que vemos una lista ordenada dentro del Nuevo Testamento (como la de 1 Corintios 12:28), parece que no podemos evitar unir los puntos, conectándola con las jerarquías.

En tanto que a nosotros, como occidentales del siglo veintiuno, nos gusta pensar en términos de diagramas de flujo organizacional, la Biblia nunca lo hizo. Así que pensar que cada lista ordenada de las Escrituras constituye algún tipo de mando jerárquico encubierto, es una presuposición injustificada. Diciéndolo lisa y llanamente, ver jerarquías en el catálogo que hace Pablo de los dones en 1 Corintios 12:28 representa un lectura errónea de lo que él dice, y eso es tendenciosamente cultural. La cuestión de las estructuras de autoridad no se trata en ninguna parte de ese texto. Por lo tanto, no podemos hacer una exégesis de las jerarquías a partir de él; simplemente hemos agregado una cosa tras otra.

Una lectura más natural de ese pasaje entiende que el ordenamiento refleja una prioridad lógica más que jerárquica. En otras palabras, lo que el orden refleja son *dones mayores* en lo que se refiere a la edificación de la iglesia. Esta interpretación se entreteje hermosamente con el contexto inmediato en el que aparece (1 Corintios 12, 13, 14).

Para desarrollar eso, Pablo dice que dentro de la esfera de la edificación de la iglesia, el ministerio del apóstol es el más básico. Es así porque los apóstoles dan nacimiento a la iglesia y la sostienen durante su desarrollo prenatal. Los apóstoles aran el suelo y plantan la semilla de la *ekklesia*.

Dado que los apóstoles sientan los cimientos de la iglesia, también figuran primero (cronológicamente) en la tarea de edificar la iglesia (Romanos 15:19-20; 1 Corintios 3:10; Efesios 2:20). Resulta significativo que en tanto que se coloca a los apóstoles en *primer lugar* dentro del proyecto de edificación de la iglesia, se ubican últimos ante los ojos del mundo (Mateo 20:16; 1 Corintios 4:9).

Los profetas aparecen en segundo lugar en la lista de Pablo. Eso indica que siguen inmediatamente después de los apóstoles en cuanto a su valor para la edificación de la iglesia. Mucha confusión (y abusos) rodean la función del profeta hoy. En pocas palabras, los profetas aportan a la iglesia visión espiritual y aliento a través de la palabra profética. Al igual que los apóstoles, los profetas develan el misterio del propósito de Dios para el presente y el futuro (Hechos 15:32; Efesios 3:4-5). Ellos también son los que arrancan las malezas de raíz, de modo que la iglesia pueda crecer sin obstáculos.

Los maestros se mencionan en tercer lugar. Siguen detrás de los profetas en cuanto a su valor para construir la iglesia. Los maestros colocan a la iglesia en un terreno bíblico sólido. Proveen instrucción acerca de los caminos de Dios. También pastorean al pueblo del Señor a través de los tiempos difíciles.

Para continuar la metáfora, los maestros riegan la semilla y fertilizan la tierra a fin de que la iglesia pueda crecer y dar flores. Si examinamos el ministerio del maestro desde el punto de vista de la cronología, los maestros construyen la superestructura de la iglesia *después* de que los apóstoles han establecido el primer nivel, la planta baja.

Esa interpretación de 1 Corintios 12:28 sigue el sendero del pensamiento de Pablo mucho mejor que la estructura de mandos jerárquica en la que los apóstoles «se hacen valer» más que los profetas, y lo mismo los profetas con respecto los maestros. Eso también coloca en primer plano un principio espiritual importante: la ausencia de autoridad jerárquica no implica dones igualitarios.

Aunque el Nuevo Testamento afirma que todos han sido dotados y que todos tienen un ministerio, del mismo modo demuestra que Dios concede sus dones de una manera diversa (1 Corintios 12:4-6). Todo don es valioso para el cuerpo de Cristo. Pero algunos dones son mayores que otros, considerados dentro de sus respectivas esferas (Mateo 25:14ss; 1 Corintios 12:22-24, 31; 14:5).

Eso no significa que aquellos que tienen dones mayores tengan mayor autoridad (o valor intrínseco) en un sentido formal. Pero Dios nos ha llamado a cada uno de nosotros a realizar una tarea diferente. Y algunos tienen dones mayores para realizar distintas tareas (Mateo 25:14ss.; Romanos 12:6; Efesios 4:7).

Dentro de la esfera de sus dones, cada miembro resulta indispensable para la edificación general de la iglesia, aun aquellos miembros cuyos dones no sean externamente dignos de admiración (1 Corintios 12:22-25). Por lo tanto, cada cristiano es responsable de usar y hacer crecer sus dones dentro de la casa del Señor. Y a todos se nos advierte que no los guardemos envolviéndolos en la servilleta del temor (Mateo 25:25).

En resumen, a la idea de que 1 Corintios 12:28 denota algún tipo de jerarquía eclesial le falta fuerza argumentativa. El texto tiene en mente dones más grandes dentro del subtexto del orden cronológico de la edificación de la iglesia (algunos plantan, luego otros riegan, según 1 Corintios 3:6). No indica el orden piramidal de una jerarquía eclesiástica, ni una escalera de autoridad que los cristianos deban ir subiendo.

5. *¿No dice Hechos 20:28; 1 Tesalonicenses 5:12; 1 Timoteo 5:17; y Hebreos 13:7, 17 y 24 que los ancianos «gobiernan sobre» la iglesia?*

Las palabras «gobiernan» y «sobre» en estos textos (así aparece en inglés, no en español) no encajan bien con el resto del Nuevo Testamento. Y no hay una analogía entre ellas y el texto griego. Hay un caso más en el que ciertas traducciones han confundido al lector moderno al utilizar una terminología religiosa culturalmente condicionada. La palabra «gobiernan» en Hebreos 13:7, 17, 24 se ha traducido a partir del término griego *hegeomai,* que simplemente significa guiar o ir delante. En su traducción de Hebreos, F. F. Bruce, erudito en Nuevo Testamento, traduce *hegeomai* como «guían»[4]. Esta palabra lleva en sí el pensamiento de «aquellos que los guían» más que de «aquellos que gobiernan sobre ustedes».

De un modo semejante, en 1 Tesalonicenses 5:12, la palabra «sobre» ha sido traducida del griego *proistemi,* que lleva la idea de pararse delante, supervisar, guardar y proporcionar cuidados. Robert Banks y F. F. Bruce explican que ese término no cuenta con la fuerza técnica de una designación oficial, porque está usado en forma de participio más que en forma de sustantivo. Además está ubicado como segundo participio, en medio de otros dos participios que no transmiten la idea de oficios[5]. Bruce traduce 1 Tesalonicenses 5:12-13 de la siguiente manera: «Ahora les pedimos hermanos que reconozcan a aquellos que trabajan arduamente entre ustedes y que cuidan de ustedes y los instruyen en el Señor, y que los tengan en mucha estima y amor a causa de su trabajo»[6].

La misma palabra (*proistemi*) aparecen en 1 Timoteo 5:17. Allí también se la ha traducido incorrectamente como «gobiernen» en las versiones King James y NASB (en inglés). Además de eso, en Hechos 20:28, el texto griego dice que los ancianos estén *«en»* (entre) el rebaño más que «sobre» él (como lo dice la versión KJ).

De modo semejante, la afirmación de Pablo acerca de que los sobreveedores deben «gobernar [*proistemi*] bien sus casas», en 1 Timoteo 3:4-5, no apunta hacia su habilidad de ejercer bien el poder. Más bien apunta a su capacidad de supervisar, dirigir y cuidar, y de educar a otros. De paso, dirigir la casa no hacía referencia a dirigir a la familia nuclear. Incluía mucho más que eso. También incluía dirigir a los parientes casados y solteros y a los sirvientes.

En estos pasajes, el pensamiento básico tiene que ver con vigilar más que con ser el jefe. Con supervisar más que con dominar. Con ayudar más que con imponerse. Con guiar más que con gobernar.

El texto griego transmite la imagen de uno que se para en medio del rebaño, guardándolo y cuidándolo (como lo haría un siervo-conductor). Tiene reminiscencias de un pastor que cuida sus ovejas, y no de uno que las impulsa desde atrás o gobierna sobre ellas.

De nuevo digo, la fuerza de la enseñanza apostólica demuestra coherentemente que la idea de Dios con respecto al liderazgo de la iglesia se contrapone con esos roles de liderazgo convencionales que se fundamentan en un gobierno con demasiados cargos altos.

6.   *¿No enseña Romanos 12:8 (versión King James, en inglés) que Dios les da dones a algunos creyentes para que gobiernen en la iglesia? Allí Pablo dice: «El que gobierna, [debería hacerlo] con diligencia».*

La versión King James utiliza la palabra «gobierna» en este texto. Pero la palabra griega que aparece aquí es *proistemi*. Nuevamente digo, esta palabra tiene en mente a alguien que supervisa y presta ayuda a otros. No se refiere a alguien que los gobierna o controla. Así que el texto quedaría mejor traducido de esta manera: «Aquel que guarda y proporciona cuidados debería hacerlo con diligencia».

El pensamiento de Pablo aquí claramente demuestra referirse a una supervisión seria más que a un gobierno dictatorial.

7. *¿No nos enseñan Hechos 14:23 y Tito 1:5 que los ancianos son ordenados, lo que implica que son funcionarios de la iglesia?*

La mención de un reconocimiento apostólico (aval) resulta por lo menos tan amigable para la mentalidad funcional como la interpretación de que se trate de cargos. En Tito 1:5, la palabra griega traducida por «ordenar» es *kathistemi*. Un sentido de esta palabra es «declarar, mostrar cómo ser».

En Hechos 14:23, la palabra es *cheirotoneo*. Significa «estirar la mano» o «elegir». Ambas expresiones pueden entenderse con el significado de reconocer a aquellos a los que otros ya han avalado.

En segundo lugar, no existe ni una sola evidencia textual que apoye la idea de que el reconocimiento bíblico otorgue o confiera autoridad. Pablo nunca invistió a algunos con autoridad sobre los restantes miembros de la comunidad. El Espíritu Santo convierte en supervisores a algunos, pero no en señores (Hechos 20:28).

Los ancianos existen en la iglesia *antes* de ser reconocidos externamente. El aval apostólico meramente hace público aquello que el Espíritu ya ha llevado a cabo. La imposición de manos es una muestra de comunión, unidad y confirmación. No tiene que ver con una gracia especial, ni con una autoridad que se transfiere. Constituye un grave error, por lo tanto, confundir el reconocimiento bíblico con una ordenación eclesiástica. La imposición de manos no califica a algunos especialistas para que realicen lo que otros mortales de más bajo estrato no pueden hacer[7].

En lugar de eso, el reconocimiento bíblico implica tan solo la confirmación externa de aquellos a los que el Espíritu ya les ha encargado una tarea específica. Sirve como un testimonio visible que avala públicamente a aquellos que «muestran las pruebas».

En muchas iglesias hogar contemporáneas, el reconocimiento público constituye un caballo de Troya de gran magnitud. Algunos hombres simplemente no saben manejar ese reconocimiento. Les infla el ego. El título los lleva a un abuso de poder. Y lo que es peor, transforma a algunas personas en fanáticos del control.

Debemos recordar que durante el primer siglo fueron los obreros itinerantes los que reconocieron públicamente a los supervisores (Hechos 14:23; Tito 1:5). Por lo tanto, hoy recae sobre los obreros de fuera de la localidad (con el aporte de la iglesia) el discernir el momento y el método a través del que los sobreveedores deben ser reconocidos[8]. El reconocimiento de los sobreveedores o supervisores (cuando estos surgen) no debe ser impuesto a presión a través de un molde rígido. Algunos iniciadores de iglesias reconocen directamente a los supervisores. Otros lo hacen de una manera tácita.

La conclusión es que cuando equiparamos el reconocimiento de los ancianos a ceremonias especiales, licencias, títulos de seminario y cosas así, estamos hablando de algo de lo que la Biblia no habla.

Haremos bien en tener en cuenta que en el Nuevo Testamento el principio de reconocimiento de los ancianos existe. Pero el método es abierto. Y siempre ha tenido el sentido de *reconocer* una función dinámica más que de *instalar* a alguien en un cargo estático.

Además, nos colocamos en un terreno escritural sólido cuando los ancianos son reconocidos por obreros de fuera de la localidad que conocen bien a la iglesia. Eso salvaguarda a la iglesia de ser controlada y manipulada por un liderazgo local autodesignado.

8. *¿No utiliza Pablo la palabra «apóstol» como título oficial al referirse a sí mismo?*

Contrariamente al pensamiento general, la mayor parte de la correspondencia de Pablo contiene un subtexto que afirma que él *no* es un apóstol oficial. Es cierto que en los saludos de sus cartas Pablo regularmente da a conocer su función especial (por ejemplo, «Pablo, apóstol de Jesucristo»). Pero ni siquiera una vez se identifica como «el apóstol Pablo».

Esta constituye una distinción significativa. La primera es una descripción de sus funciones especiales, basada en una comisión divina. La última constituye un título oficial. Como lo señalé anteriormente, en ningún lugar del Nuevo Testamento encontramos que un ministerio o función del cuerpo sea utilizado como título colocándolo delante de los nombres de los siervos de Dios. Los cristianos que se «regodean en los títulos» necesitan reflexionar seriamente en el asunto.

9. ¿Efesios 4:11 no tiene en mente un clero? Dice: «Él mismo constituyó a unos, apóstoles; a otros, profetas; a otros, evangelistas; y a otros, pastores y maestros».

Para nada. Efesios 4 tiene en su perspectiva aquellos dones que capacitan a la iglesia para su diversidad de servicios (vv. 12-16). Los dones enumerados en este texto, en realidad, tienen que ver con *personas* dotadas de dones que le confieren poder a la iglesia (vv. 8, 11). No son los dones que el Espíritu Santo distribuye a cada *individuo* según él quiere (1 Corintios 12:11).

Dicho de otra forma, Efesios 4 no trata acerca de los dones que les son dados a los hombres y mujeres. Analiza a los hombres y mujeres dotados que le han sido dados a la iglesia. Los apóstoles, profetas, evangelistas y pastores/maestros son personas que el Señor, al ascender, le ha concedido a la iglesia para su formación, coordinación y edificación. (Para más detalles, véase mi artículo «Rethinking the Fivefold Ministry» [Repensando el ministerio quíntuple] en www.ptmin.org/fivefold.htm).

Su tarea principal es nutrir y cuidar a la comunidad de los creyentes para que asuman sus roles responsablemente. Su éxito radica en la habilidad que tengan para conferir poder y movilizar al pueblo de Dios a fin de llevar a cabo la obra del ministerio. De esa manera, los dones de Efesios 4 equipan al cuerpo para que cumpla con el propósito eterno de Dios.

Esta sucesión de dones no son oficios. Ni representan cargos formales. En el griego no encontramos un artículo definido en conexión con estos términos. Se trata simplemente de hermanos que han recibido dones peculiares, que los «capacitan» para cultivar y desarrollar a sus otros hermanos.

Resumiendo, Efesios 4:11 no tiene la perspectiva de un clero sostenido, un ministerio profesional o una particular habilidad clerical. Tampoco se trata de una clase especial de cristianos. Al igual que el catálogo de dones que presenta Pablo en 1 Corintios 12:28, Efesios 4 tiene en la mira funciones especiales más que cargos formales.

10. ¿La mención que hace 1 Corintios 12:28 de las expresiones «los que gobiernan» o «los que administran» no muestra que la iglesia primitiva contaba con oficios eclesiales?

La palabra griega traducida por «gobernar» en la versión King James y «administrar» en la NIV (versión inglesa) es *kubernesis*. Según Gordon Fee, erudito en Nuevo Testamento:

> *El sustantivo aparece tres veces en la LXX [la versión Septuaginta, o sea el Antiguo Testamento en griego], y en ellas se transmite la idea verbal de proveerle «guía» a alguien. Dado que la palabra «administrar» en el inglés contemporáneo saca de la nada la idea de «habilidades administrativas», que no tiene nada que ver con lo que Pablo tenía en mente, la mejor traducción aquí sería «actos de conducción», aunque es probable que se refiera a dar un consejo sabio a la comunidad como un todo, y no simplemente a algunos otros individuos*[9].

Bajo esa luz, investir a esta palabra de una forma oficial de política eclesiástica no se justifica y es indefendible. El único «gobierno» que conoce la *ekklesia* es el gobierno eterno de Jesucristo (Isaías 9:6). En tanto que los sobreveedores proveen supervisión y guía a la iglesia local, no la «gobiernan» ni «ejercen dominio» sobre ella. Por lo tanto, los términos «gobernar» y «administrar» resultan traducciones pobres.

11. ¿No dice la Biblia que Timoteo fue «ordenado como el primer obispo de la iglesia de Éfeso»? ¿Y no dice también que Tito fue «ordenado como primer obispo de la iglesia de los cretenses»?

Algunas ediciones de la versión King James tienen esas notas anexas al final de las así llamadas Epístolas Pastorales. Pero no aparecen en el texto griego. Los traductores de la versión KJ las insertaron en el siglo dieciséis.

Como ya lo hemos dicho, tanto Timoteo como Tito no eran obispos. Ni tampoco pastores. Eran los colaboradores apostólicos de Pablo; iniciadores de iglesias, si lo prefieren (Romanos 16:21; 1 Corintios 16:10; 2 Corintios 8:23; 1 Tesalonicenses 1:1; 2:6; 3:2; 2 Timoteo 2:15; 4:10).

Resulta significativo que el episcopado monárquico (sistema de obispos) no se haya arraigado hasta mucho después de que el Nuevo Testamento se completó. Por lo tanto, las evidencias históricas de que Timoteo y Tito fueron los «primeros obispos» es apenas una idea insuficiente, lo mismo que la que considera a Pedro como el «primer obispo» de Roma. Todas esas suposiciones entran en conflicto con la narrativa del Nuevo Testamento, así como también con la historia de la iglesia. Son inventos humanos que no cuentan con fundamento bíblico.

12. *Hechos 15:22 menciona a «hombres principales entre los hermanos» (versión King James). ¿No implica esto la existencia de una autoridad jerárquica en la iglesia primitiva?*

La versión King James traduce este texto utilizando los términos «hombres principales», que guardan un sentido jerárquico. Sin embargo, la palabra griega para «principales» o «jefes» es *hegeomai*. Y simplemente significa «conductor» o «guía». (Véanse las versiones NASB y NIV en inglés).

Este texto subraya el hecho de que Judas (no el Iscariote) y Silas estaban entre los hermanos respetados de la iglesia de Jerusalén. Eran hombres *responsables*, probablemente tanto ancianos como profetas (Hechos 15:32). Por esa razón, la iglesia de Jerusalén los eligió como mensajeros temporales enviados a Antioquía (comparar con Proverbios 10:26; 25:19). Por lo tanto, intentar extraer jerarquías de este versículo no tiene justificación.

13. *¿La metáfora que hace Pablo del cuerpo de Cristo no demuestra que la autoridad funciona de una manera jerárquica? O sea, cuando la Cabeza le da una indicación a la mano, primero se lo debe indicar al brazo. Así que la mano debe someterse al brazo para poder obedecer a la Cabeza.*

Cualquiera que sea versado en la anatomía humana sabrá que la descripción anterior refleja una comprensión imperfecta acerca de cómo funciona el cuerpo físico.

La mente envía señales *directas* a aquellas partes del cuerpo que busca controlar a través del sistema nervioso periférico. Por consiguiente, la cabeza controla todas las partes del cuerpo *de inmediato* y *directamente* a través de los nervios. No pasa sus impulsos a través de una estructura de cadena de mandos apelando a otras partes del cuerpo.

Por lo tanto, la cabeza no le manda al brazo que le diga a la mano lo que tiene que hacer. En lugar de ello, la cabeza está conectada con todo el cuerpo a través del sistema nervioso. Por esa razón, una aplicación apropiada de la metáfora del cuerpo preservaría la verdad pura de que hay solo una fuente de autoridad en la iglesia: Jesucristo. Y todos los miembros están conectados por su vida y colocados directamente bajo su control.

En este sentido, la Biblia muestra una claridad cristalina en sus enseñanzas acerca de que Jesucristo es el *único* mediador entre Dios y el hombre (1 Timoteo 2:5). Mientras que la antigua economía contaba con mediadores humanos, el nuevo pacto no sabe de tales cosas. Como participantes del nuevo pacto, no necesitamos que un mediador nos diga que conozcamos al Señor. Todos los que estamos bajo este pacto podemos conocerlo directamente, «desde el más pequeño hasta el más grande» (Hebreos 8:6-11). La sujeción mutua, y no una sumisión de orden jerárquico, es lo que engendra una coordinación adecuada del cuerpo de Cristo.

14. *Todo cuerpo físico cuenta con una cabeza. Por lo tanto, cada cuerpo de creyentes de una localidad necesita una cabeza. Si no la tiene, las cosas resultarán caóticas. Los pastores son la cabeza de las iglesias locales. Son pequeñas cabezas bajo el comando de Cristo.*

Esta idea ha nacido de la imaginación de los seres humanos caídos. No hay una pizca de apoyo bíblico para tal idea. La Biblia *nunca* se refiere a un ser humano como la «cabeza» de una iglesia. Ese título le pertenece con exclusividad a Jesucristo. Él es la *única* cabeza de cada asamblea local. La iglesia no tiene cabeza por sí misma. Por lo tanto, aquellos que declaran ser la cabeza de las iglesias suplantan la conducción ejecutiva de Cristo.

15. *¿No nos enseñan Juan 5:30; Juan 14:28, 31; y 1 Corintios 11:3 que existe una relación jerárquica dentro de la misma Trinidad?*

No, no es así. Esos pasajes no tienen en la mira la relación eterna del Hijo con su Padre dentro de la Divinidad. En lugar de eso, se refieren a su relación temporal como ser humano que voluntariamente se sometió a la voluntad de su Padre. En la Divinidad, el Padre y el Hijo experimentan una sumisión mutua y común a través del Espíritu.

Kevin Giles señala apropiadamente: «Nada indica en las Escrituras que el Padre, el Hijo y el Espíritu participen de un orden jerárquico eterno en cuanto a su ser, función u obra, o autoridad»[10].

Por tal razón, la ortodoxia histórica rechaza la subordinación eterna del Hijo de Dios. En lugar de ello acepta la subordinación temporal del Hijo en su encarnación[11]. La subordinación de Cristo al Padre fue temporal, voluntaria y limitada al tiempo de su encarnación (Filipenses 2:4-11). Gilbert Belzikian explica:

Resulta imposible dentro de los confines de la ortodoxia derivar de la estructura ontológica de la Trinidad un modelo de un orden por jerarquías para los seres humanos, dado que las tres personas son iguales en esencia. Más aún, debido a que la sujeción funcional de Cristo no es una condición eterna sino una fase temporaria de su ministerio, obligada por su tarea, se la presenta en las Escrituras como modelo de servicio y sumisión mutua entre todos los creyentes (Filipenses 2:5-11)[12].

Kevin Giles agrega: «La ortodoxia histórica nunca ha aceptado un ordenamiento jerárquico dentro de la Trinidad»[13]. Parafraseando el Credo de Atanasio, el Hijo solo es inferior al Padre en relación con su humanidad; él es igual al Padre en lo que concierne a la Divinidad[14]. Las Escrituras confirman esto en muchos lugares. Un ejemplo es cuando el escritor de Hebreos dice que Jesús «aprendió la obediencia», no como Hijo Eterno, sino en su estado de encarnación (Hebreos 5:8).

Por lo tanto, el Nuevo Testamento nunca apoya una estructura jerárquica ni una relación de cadena de mandos dentro de la Divinidad. La Trinidad es una comunión de personas coiguales (Mateo 28:18; Juan 5:18; 10:30; 14:9; Filipenses 2:6). Y la comunión de la Divinidad es igualitaria y no jerárquica.

De nuevo Kevin Giles puntualiza este punto al decir: «Cuando una doctrina de la iglesia se construye sobre el pensamiento trinitario, no hay espacio para un ordenamiento jerárquico»[15]. Miroslav Volf perspicazmente agrega: «Una noción jerárquica de la Trinidad acaba contribuyendo a una práctica autoritaria dentro de la iglesia»[16].

Objeciones tomadas de otros documentos del Nuevo Testamento

1. *¿Hebreos 13:17 no nos ordena obedecer y someternos a nuestros líderes, implicando con eso que los líderes de la iglesia tienen una autoridad oficial?*

De nuevo, echarle una mirada al texto griego nos resultará útil aquí. La palabra traducida por «obedecer» en Hebreos 13:17 no es la palabra griega que corrientemente se usa (*hupakouo*) en el Nuevo Testamento para expresar obediencia. En lugar de esta, aparece la palabra *peitho*. *Peitho* significa persuadir o convencer. Dado que esta palabra aparece en la forma medio pasiva en Hebreos 13:17, el texto debería haberse traducido como «Déjense persuadir por sus líderes».

Este texto parece ser una exhortación a que se le dé peso a la instrucción de los supervisores locales (y posiblemente a los obreros apostólicos). No se trata de una exhortación a obedecerlos de una manera mecánica. Implica un poder de persuasión para convencer más que usar la coerción, la fuerza o la intimidación a fin de lograr la sumisión. Según las palabras de W. E. Vine, erudito en griego: «La obediencia sugerida [en Hebreos 13:17] no se da a través de someterse a la autoridad, sino que se produce como resultado de la persuasión»[17].

Del mismo modo, el verbo traducido como «someter» en este pasaje es la palabra *hupeiko*. Transmite la idea de ceder, replegarse, o retirarse, como cuando alguien se rinde después de una batalla. Aquellos que se ocupan de la supervisión espiritual no demandan sumisión. Por virtud de su sabiduría y madurez espiritual, se concuerda con ellos, con respeto. A los cristianos se les anima a mostrarse singularmente predispuestos hacia lo que ellos digan. No debido a un cargo externo que estos ocupen, sino debido a su carácter piadoso, a su estatura espiritual y al servicio sacrificado que prestan al pueblo de Dios.

Según las palabras de Hebreos 13:7, a nosotros se nos dice: «Imiten su fe» y «consideren cuál fue el resultado de su estilo de vida». Al hacerlo, logramos que la tarea de la supervisión espiritual a la que Dios los ha llamado les resulte mucho más fácil de desarrollar (v. 17).

2. *La Biblia enseña que aquellos que velan por las almas de la iglesia tendrán que dar cuentas a Dios. ¿No significa eso que esas personas tienen autoridad sobre otros?*

Hebreos 13:17 dice que aquellos que proporcionan supervisión son responsables *ante Dios* por su tarea. Pero no hay nada en el texto que justifique el hecho de que tengan una autoridad especial sobre otros cristianos.

Ser responsables ante Dios no es equivalente a tener autoridad. *Todos* los creyentes son responsables ante Dios (Mateo 12:36; 18:23; Lucas 16:2; Romanos 3:19; 14:12; Hebreos 4:13; 13:17; 1 Pedro 4:5). Pero eso no significa que tengan autoridad sobre otros. (Por cierto, el desear ejercer domino sobre otros es algo carnal. No se trata del resultado de la gracia de Dios, sino de la naturaleza caída).

3. *¿Jesús no refrendó la autoridad oficial cuando les ordenó a sus discípulos que obedecieran a los escribas y fariseos porque ellos se sentaban en la «cátedra de Moisés»?*

Para nada. Lo que Jesús expresó con respecto a los escribas y fariseos fue una represión por su práctica de *asumir* una autoridad para instruir cuando no la tenían. Mateo 23:2 dice: «En la cátedra de Moisés *se sientan* los escribas y los fariseos» (RVR 1960).

Nuestro Señor simplemente expuso el hecho de que los escribas y fariseos eran maestros autodesignados. Y ellos usurpaban esa autoridad sobre el pueblo (Mateo 23:5-7; Lucas 20:46). Su afirmación tenía que ver con lo que observaba, y no constituía un aval.

El Señor dejó inconfundiblemente en claro que a pesar de lo que pretendían ser ante los hombres, los escribas y fariseos no tenían ninguna autoridad (Mateo 23:11-33). Ellos enseñaban la Ley de Moisés, pero no la obedecían (23:3b, 23).

Bajo esta luz, el versículo que sigue, que dice: «Así que ustedes deben obedecerlos y hacer todo lo que les digan» (v. 3a) no debe ser entendido como un aval absoluto a la autoridad farisaica. Esa interpretación contradice por entero al versículo siguiente (v. 4). También contradice aquellos pasajes en los que encontramos a Jesús quebrantando resueltamente la enseñanza farisaica, y mandándoles a sus discípulos hacer lo mismo (Mateo 5:33-37; 12:1-4; 15:1-20; 16:6-12; 19:3-9 y otros).

En cambio, esta frase debe ser interpretada por la referencia que hace el Señor a la cátedra de Moisés. La cátedra de Moisés es una referencia literal a un asiento especial puesto aparte en cada sinagoga desde el cual se leían las Escrituras del Antiguo Testamento[18].

Cada vez que los escribas y fariseos se sentaban en la «cátedra de Moisés», leían directamente las Escrituras. Debido a que las Escrituras tienen autoridad, lo que ellos leían desde ese asiento se debía cumplir (a pesar de la hipocresía de los lectores). Esa constituye la esencia de la afirmación de Jesús. La lección es que aun si un maestro hipócrita y peculiar lee la Biblia, lo que él diga tomado *de la Biblia* tiene autoridad.

Por lo tanto, considerar un aval hacia la autoridad oficial en labios del Salvador en Mateo 23:2-3 constituye un ejemplo de la desviación que hizo el papado romano de Jesús. Como tal, fracasó en cuanto a marchar al ritmo del contexto histórico de este pasaje, y no refleja para nada a los evangelios.

4. *¿No apoya el Nuevo Testamento en griego la idea de que la iglesia incluye un clero y un laicado?*

La dicotomía entre clero y laicado constituye una terrible falla geológica que corre a través de la historia de la cristiandad. Sin embargo, a pesar de que son multitudes las que han tomado el camino inescrupuloso del dogmatismo para defenderla, esta dicotomía no tiene justificativos bíblicos.

La palabra «laicado» se deriva del término griego *laos*. Este simplemente significa «el pueblo». *Laos* se refiere a *todos* los cristianos, incluyendo a los ancianos. Esta palabra aparece tres veces en 1 Pedro 2:9-10, donde Pedro se refiere al «pueblo [*laos*] de Dios». Nunca en el Nuevo Testamento se refiere solo a una porción de la asamblea. No tomó ese significado hasta el siglo tercero.

El término «clero» tiene sus raíces en la palabra griega *kleros*. Significa «un terreno o una herencia». Esta palabra se usa en 1 Pedro 5:3, y allí Pedro instruye a los ancianos a conducirse «no como teniendo señorío sobre los que están a vuestro cuidado» (RVR 1960). La versión King James (en inglés) señala que no deben ser «señores sobre la herencia [*kleros*] de Dios». Resulta significativo que la palabra nunca se use para referirse a los líderes de la iglesia. Al igual que *laos*, se refiere al pueblo de Dios, porque ellos son su herencia.

Según el Nuevo Testamento, entonces, todos los cristianos son el «clero» (*kleros*) y también todos son el «laicado» (*laos*). Nosotros somos la herencia del Señor y el pueblo del Señor. Para formularlo de otra manera: el Nuevo Testamento no dispone de un clero. Hace de *todos* los creyentes el clero.

Por lo tanto, la dicotomía clero/laicado es un concepto que aparece con posterioridad a la Biblia y carece de toda justificación bíblica. También constituye una amenaza para lo que la iglesia debe ser según el llamado de Dios: un cuerpo en funcionamiento. No aparece insinuación alguna de un esquema de clero/laicado o de ministro/laicos en la historia, enseñanza o vocabulario del Nuevo Testamento. Ese esquema es un aparato religioso que proviene de una disyuntiva postapostólica entre lo secular y lo espiritual[19].

En esta dicotomía entre lo secular y lo espiritual, la fe, la oración y el ministerio se consideran como propiedad exclusiva de un mundo interior y sacrosanto. Un mundo que está separado de toda la estructura de la vida. Pero esa disyuntiva es completamente exógena al carácter distintivo del Nuevo Testamento, en el que todas las cosas han sido hechas para darle la gloria a Dios, hasta las más triviales de la vida cotidiana (1 Corintios 10:31).

5. *¿Los siete ángeles de las siete iglesias del libro de Apocalipsis no representan la presencia de un único pastor en cada iglesia local?*

Los primeros tres capítulos de Apocalipsis constituyen una base endeble como para construir la doctrina del «pastor único». En primer lugar, la referencia a los ángeles de esas iglesias es críptica, enigmática. Juan no nos proporciona claves con respecto a sus identidades. Los eruditos no están seguros acerca de lo que simbolizan. (Algunos creen que literalmente se está hablando de los ángeles. Otros piensan que son mensajeros humanos).

En segundo lugar, no existe una idea análoga a la de un «solo pastor» en ningún lugar del Nuevo Testamento. Ni tampoco hay ningún texto que compare a los pastores con ángeles.

En tercer lugar, la idea de que los siete ángeles se refieran a los «pastores» de las siete iglesias entra en conflicto directo con otros textos del Nuevo Testamento. Por ejemplo, Hechos 20:17 y 20:28 nos dicen que la iglesia de Éfeso tenía una multiplicidad de pastores, y no uno. Eso también es así en lo que se refiere a todas las iglesias del primer siglo que tuvieran ancianos. Siempre era una pluralidad (Véase el capítulo 9).

Por lo tanto, apoyar la doctrina de un «solo pastor» en un oscuro pasaje de Apocalipsis constituye una exégesis descuidada y desprolija. El hecho es que no hay apoyo para la existencia del pastor moderno ni en el Apocalipsis ni en cualquier otro documento del Nuevo Testamento.

Objeciones tomadas del Antiguo Testamento

1. *En Éxodo 18, Moisés establece una jerarquía de gobernantes bajo él mismo para que lo ayuden a conducir al pueblo de Dios. ¿No constituye este un patrón bíblico del liderazgo jerárquico?*

    Si leemos ese relato cuidadosamente, descubriremos que fue el suegro pagano de Moisés, Jetro, el que concibió esa idea (Éxodo 18:14-27). No hay evidencias bíblicas que sugieran que Dios lo avaló. De hecho, Jetro mismo admitió que él no estaba seguro de si Dios lo apoyaría (Éxodo 18:23).

    Más adelante, durante el peregrinaje de Israel, el Señor condujo a Moisés a seguir un curso de acción diferente en cuanto al problema de la supervisión. Dios le mandó que comisionara ancianos que lo ayudaran a llevar la carga de la responsabilidad. En consecuencia, Moisés seleccionó a aquellos hombres que *ya* estaban funcionando como ancianos (Números 11:16).

    Esa estrategia fue orgánica y funcional. De esta manera, resultó marcadamente diferente a la noción de Jetro, que tenía que ver con una jerarquía de gobernantes que contaba con múltiples estratos.

2. *¿Las figuras de Moisés, Josué, David, Salomón y otras del Antiguo Testamento no muestran que la perfecta voluntad de Dios es tener un único líder sobre su pueblo?*

No, no es así. Como se dijo anteriormente, Moisés y todos los líderes únicos del Antiguo Testamento fueron sombra y figura del Señor Jesucristo. No constituían una tipología del pastorado único de los tiempos modernos, inventado durante la Reforma.

En contraste con eso, la voluntad de Dios era imponer la teocracia en Israel. (Una teocracia es el tipo de gobierno en el que Dios es el único Rey). Lamentablemente, la gente clamó por un rey humano, y el Señor les concedió su deseo carnal de ser como las otras naciones. Pero esa nunca fue su perfecta voluntad (1 Samuel 8:5-9).

Reconocemos que el Señor aun así obró en su pueblo bajo un reinado humano. Pero ellos sufrieron graves consecuencias como resultado. De igual manera, Dios todavía obra hoy a través de sistemas creados por los hombres. Sin embargo, estos siempre limitan su completa bendición. Desafortunadamente, muchos cristianos aún suponen que necesitan un líder visible que los gobierne.

En resumen, la perfecta voluntad del Señor era que su pueblo viviera y sirviera bajo su reinado directo (Éxodo 15:18; Números 23:21; Deuteronomio 33:5; 1 Samuel 8:7). Israel fue llamado a ser un «reino de sacerdotes» (Éxodo 19:6). Y debía consultar a los hombres más viejos y sabios (los ancianos) en épocas de crisis (Deuteronomio 22:15-18; 25:7-9).

Pero lo que Israel perdió por su desobediencia, la iglesia lo ganó (1 Pedro 2:5, 9; Apocalipsis 1:6). Lamentablemente, sin embargo, muchos cristianos han optado por volver al sistema de gobierno del viejo pacto, aun cuando Dios lo había desmantelado mucho tiempo atrás.

Deberíamos notar que solo por causa del Espíritu que mora en nuestro interior, la idea de Dios en cuanto al liderazgo y la autoridad se puede llevar a cabo hoy. Dado que la habitación del Espíritu no se experimentó durante los días del Antiguo Testamento, Dios debió condescender con las limitaciones de su pueblo.

Cuando llegamos a la era del Nuevo Testamento, descubrimos que la inhabitación de Cristo es la porción de todos los hijos de Dios. Y es esa porción la que hace que la iglesia se eleve al nivel sobrenatural del «sacerdocio de todos los creyentes». Un nivel en el que los estilos de liderazgo oficiales, jerárquicos y basados en un título se han vuelto obsoletos y son contraproducentes.

3. *En el Salmo 105:15, el Señor dice: «No toquen a mis ungidos; no hagan daño a mis profetas». ¿No nos enseña ese versículo que algunos cristianos (por ejemplo, los pastores) tienen una autoridad incuestionable?*

Bajo el antiguo pacto, Dios ungió especialmente a algunos profetas para que fueran sus oráculos sobre la tierra. Por lo tanto, hablar en contra de ellos era hablar en contra del Señor. Pero bajo el nuevo pacto, el Espíritu ha sido derramado sobre *todo* el pueblo de Dios. Todos los que han recibido a Cristo (el Ungido) han sido ungidos por el Espíritu Santo (1 Juan 2:27); por lo tanto, todos pueden profetizar (Hechos 2:17-18; 1 Corintios 14:24, 31).

De esta manera, la oración de Moisés pidiendo que todo el pueblo de Dios recibiera el Espíritu y profetizara ha sido cumplida a partir de Pentecostés (Números 11:29; Hechos 2:16-18). Lamentablemente, se ha abusado del Salmo 105:15 y los líderes eclesiásticos y los «profetas» autoproclamados lo han aplicado mal para controlar al pueblo de Dios y desviar las críticas.

Pero esta es la verdad. Bajo el nuevo pacto, «no toquen a mis ungidos» es equivalente a «sométanse *unos a otros*, por reverencia a Cristo» (Efesios 5:21). Porque la unción del Espíritu ha venido sobre todos los que han creído en el Mesías.

Por lo tanto, «no toquen a los ungidos de Dios» se aplica a *cada uno* de los cristianos hoy. Negar eso es negar que todos los cristianos tienen la unción (1 Juan 2:20, 27).

El problema de los errores de traducción

Ante los puntos precedentes, algunos se pueden preguntar por qué es que la versión King James (en inglés) oscurece tantos textos que tienen que ver con el ministerio y la supervisión. ¿Por qué es que la versión King James repetidamente inserta términos jerárquicos o institucionales (como «oficio») que están ausentes en los documentos originales?

La respuesta surge del hecho de que la iglesia anglicana del siglo diecisiete fue la que publicó la versión King James. Esa iglesia propugnó firmemente la unión entre la iglesia y el estado, y mostró una mentalidad de fusión entre el oficialismo y el cristianismo.

El rey James VI de Escocia ordenó la traducción que lleva su nombre (la versión King James). Al hacerlo, el rey actuó en su calidad de cabeza de la iglesia anglicana, la iglesia oficial de Inglaterra. Entonces les instruyó a los cincuenta y cuatro eruditos que fueron los autores de la traducción que no se apartaran de una «terminología tradicional» a través de todo el proyecto[20].

Por esa razón, la versión KJ naturalmente refleja los presupuestos institucionales y jerárquicos del anglicanismo. Palabras como *ekklesia, episkopos* y *diakonos* no fueron traducidas adecuadamente del griego. En lugar de ello, se las tradujo a la jerga eclesiástica anglicana de esos días: *Ekklesia* fue traducida por «iglesia»; *episkopos,* por «obispo»; *diakonos,* por «ministro»; *praxis* por «oficio»; *proistemi,* por «gobierno», y así otras. La versión original de King James de 1611 pasó por cuatro revisiones hasta 1769. Sin embargo, esos errores nunca se corrigieron.

Gracias a Dios, algunas traducciones modernas han procurado rectificar ese problema. Han despojado del anglicanismo a muchos de los términos eclesiales que se encuentran en la versión KJ. También han traducido apropiadamente las palabras griegas de las que se derivan. Por ejemplo, *ekklesia* ha sido traducida como «asamblea», *episkopos,* como «sobreveedor» o «supervisor»; *diakonos,* como «siervo»; *praxis,* como «función»; y *proistemi,* como «guardián».

El lío en el que nos encontramos hoy

La razón principal por la que nuestras ideas sobre el liderazgo de la iglesia se han alejado tanto de la voluntad de Dios puede rastrearse hasta nuestra tendencia a proyectar las nociones políticas occidentales de gobierno sobre los escritores bíblicos, incluyéndolas entonces en la lectura del texto. Cuando leemos palabras como «pastor», «sobreveedor» o «anciano», inmediatamente pensamos en términos de oficios de gobierno como «presidente», «senador» o «director».

Así que consideramos a los ancianos, pastores y sobreveedores como construcciones sociológicas (oficios). Los visualizamos como espacios vacantes que poseen una realidad independiente de las personas que los ocupan. Entonces les atribuimos una incuestionable autoridad a aquellos hombres que «ocupan un cargo».

La noción de liderazgo que encontramos en el Nuevo Testamento resulta marcadamente distinta. Como se señaló anteriormente, no existe ningún justificativo bíblico para la idea de que el liderazgo de la iglesia es algo oficial. Tampoco hay ningún apoyo escritural al concepto de que algunos creyentes tienen autoridad sobre otros creyentes. La única autoridad que existe en la iglesia es Jesucristo. Los seres humanos no tienen autoridad en ellos mismos. La autoridad divina descansa solo sobre la Cabeza y se expresa a través del cuerpo.

Un buen liderazgo, por lo tanto, nunca es autoritario. Solo exhibe autoridad cuando esta expresa la mente de Jesucristo. Las tareas básicas del liderazgo bíblico son proporcionar ayuda, nutrir y desarrollar, guiar y servir. Hasta el punto en que un miembro sea un modelo de la voluntad de Dios en una de esas áreas, ejerce un liderazgo.

No sorprende que Pablo nunca haya elegido usar ninguno de los más de cuarenta términos griegos referidos a «oficio» y «autoridad» cuando hablaba acerca de los líderes. Otra vez señalo que la palabra favorita de Pablo para describir al liderazgo es opuesta a lo que la mente natural sospecharía. Se trata de *diakonos*, que se refiere a un «siervo».

BIBLIOGRAFÍA

La bibliografía que aparece a continuación incluye las principales publicaciones citadas en este libro, así como una cantidad de otros títulos relacionados con ellas.

Primera parte: Comunidad y encuentros

Austin-Sparks, T., *God's Spiritual House*, Destiny Image, Shippensburg, PA, 2001.
_____, *The Stewardship of the Mystery*, Destiny Image, Shippensburg, PA, 2002.
_____, *Words of Wisdom and Revelation*, Three Brothers, Corinna, ME, 2000.
Banks, Robert, *Going to Church in the First Century*, Chrisian Books, Beaumont, TX, 1980.
_____, *Paul's Idea of Community*, Hendrickson, Peabody, MA, 1994.
Banks, Robert, y Julia Banks, *The Church Comes Home*, Hendrickson, Peabody, MA, 1998.
Bilezikian, Gilbert, *Community 101*, Zondervan, Grand Rapids, MI, 1997.
Boff, Leonardo, *Trinity and Society*, Orbis Books, Maryknoll, NY, 1986.
Bonhoeffer, Dietrich, *Life Together*, Harper & Row, Nueva York, 1954.
Bruce, F. F., *A Mind for What Matters*, Eerdmans, Grand Rapids, MI, 1990.
Brunner, Emil, *The Misunderstanding of the Church*, Lutterworth Press, Londres, 1952.
Cunningham, David, *These Three are One: The Practice of Trinitarian Theology*, Blackwell, Oxford, 1998.
Erickson, Millard, *God in Three Persons*, Baker Books, Grand Rapids, MI, 1995.
Fromke, DeVern, *Ultimate Intention*, Sure Foundation, Indianapolis, 1963.
Giles, Kevin, *What on Earth is the Church? An Exploration in New Testament Theology*, InterVarsity Press, Downers Grove, IL, 1995.
Girard, Robert C., *Brethren, Hang Loose*, Zondervan, Grand Rapids, MI, 1972.
_____, *Brethren, Hang Together*, Zondervan, Grand Rapids, MI, 1979.
Gish, Arthur, *Living in Christian Community*, Herald Press, Scottdale, PA, 1979.
Grenz, Stanley, *Created for Community*, Baker Books, Grand Rapids, MI, 1998.
_____, *Rediscovering the Triune God*, Fortress Press, Minneapolis, 2004.
_____, *Theology for the Community of God*, Eerdmans, Grand Rapids, MI, 1994.
Haller, Manfred, *The Mystery of God: Christ All and in All*, The Rebuilders, Delta, 2004.
Hay, Alexander R., *New Testament Order for Church and Missionary*, New Testament Missionary Union, Audubon, NJ, 1947.
Kennedy, John W., *Secret of His Purpose*, Gospel Literature Service, Bombay, 1963.
Kokichi, Kurosaki, *Let's Return to Christian Unity*, Christian Books, Beaumont, TX, 1991.
Kraus, Norman C., *The Community of the Spirit: How the Church is in the World*, Herald Press, Scottdale, PA, 1993.
LaCunga, Catherine, *God for Us: The Trinity and the Christian Life*, HarperSanFrancisco, San Francisco, 1991.

Lang, G. H., *The Churches of God*, Conleyand Schoettle Publishing, Miami Springs, FL, 1985.

Leupp, Roderick, *Knowing the Name of God: A Trinitarian Tapestry or Grace, Faith and Community*, InterVarsity Press, Downers Grove, IL, 1996.

Lewis, C. S., *Mere Christianity*, HarperCollins, Nueva York, 2001.

Lohfink, Gerhard, *Jesus and Community*, Fortress Press, Filadelfia, 1982.

Loosely, Ernest, *When the Church Was Young*, SeedSowers, Sargent, GA, 1988.

Miller, Hal, *Biblical Community: Biblical or Optional?*, Servant Books, Ann Arbor, MI, 1979.

Moltmann, Jürgen, *History and the Triune God*, Crossroad, Nueva York, 1992.

_____, *The Trinity and the Kingdom of God*, SCM Press, Londres, 1981.

Nee, Watchman, *The Normal Christian Church Life*, Living Stream Ministry, Anaheim, CA, 1980.

_____, *The Body of Christ: A Reality*, Christian Fellowship Publishers, Richmond, VA, 1978.

Niebuhr, H. Richard, *The Social Sources of Denominationalism*, Meridian, Nueva York, 1957.

Peters, Ted, *God as Trinity*, Westminster Press, Louisville, KY, 1993.

Schweizer, Eduard, *The Church as the Body of Christ*, John Knox Press, Richmond, VA, 1964.

Smith, Christian, *Going to the Root: Nine Proposals for Radical Church Renewal*, Herald Press, Scottdale, PA, 1992.

Snyder, Howard A., *Decoding the Church: Mapping the DNA of Christ's Body*, Baker Books, Grand Rapids, MI, 2002.

_____, *Radical Renewal: The Problem of Wineskins Today*, Touch Publications, Houston, 1996.

_____, *The Community of the King*, InterVarsity Press, Downers Grove, IL, 1977.

_____, *Why House Churches Today?* (Audio Tape), Fuller Theological Seminary, 24 de febrero de 1996.

Svendsen, Eric, *The Table of the Lord*, New Testament Restoration Foundation, Atlanta, 1996.

Thornton, L. S., *The Common Life in the Body of Christ*, Dacre Press, Londres, 1950.

Torrance, Thomas F., *The Christian Doctrine of God: One Being, Three Persons*, T & T Clark, Edimburgo, 1996.

_____, *The Trinitarian Faith*, T & T Clark, Edimburgo, 1988.

Trueblood, Elton, *The Company of the Committed*, Harper & Row, Nueva York, 1961.

_____, *The Incendiary Fellowship*, HarperSanFrancisco, Nueva York, 1978.

Viola, Frank, *Bethany: The Lord's Desire for His Church*, Present Testimony Ministry, Gainesville, FL, 2007.

_____, *The Untold Story of the New Testament Church*, Destiny Image, Shippensburg, PA, 2004.

Viola, Frank, y George Barna, *Pagan Christianity*, Tyndale House, Carol Stream, IL, 2008.

Volf, Miroslav, *After Our Likeness: The Church as the Image of the Trinity*, Eerdmans, Grand Rapids, MI, 1998.

Wallis, Arthur, *The Radical Christian*, Cityhill Publishing, Columbia, MO, 1987.

Yoder, John Howard, *The Royal Priesthood: Essays Ecclesiastical and Ecumenical*, Herald Press, Scottdale, 1988.

Segunda parte: Liderazgo y rendición de cuentas

Allen, Roland, *Missionary Methods: St. Paul's or Ours?*, Eerdmans, Grand Rapids, MI, 1962.

Banks, Robert, «Church Orden and Government», *Dictionary of Paul and His Letters: A Compendium of Contemporary Biblical Scholarship*, InterVarsity Press, Downers Grove, IL, 1993.

Barrs, Jerram, *Shepherds and Sheep: A Biblical View of Leading and Following*, InterVarsity Press, Downers Grove, IL, 1983.

Best, Ernest, *Paul and His Converts*, T & T Clark, Edimburgo, 1988.

Bruce, F. F., *1 and 2 Thessalonians*, Word Books, Waco, TX, 1982.

_____, *The Epistle to the Hebrews*, Eerdmans, Grand Rapids, MI, 1990.

Burks, Ron, y Viki Burks, *Damaged Disciples: Casualties of Authoritarian Churches and the Shepherding Movement*, Zondervan, Grand Rapids, MI, 1992.

Campbell, R. A., *The Elders: Seniority in Earliest Christianity*, T & T Clark, Edimburgo, 1994.

Campenhausen, Hans von, *Ecclesiastical Authority and Spiritual Power in the Church of the First Three Centuries*, Stanford University Press, Stanford, CA, 1969.

Dunn, James D. G., y John P. Mackey, *New Testament Theology in Dialogue*, Westminster Press, Louisville, KY, 1988.

Fee, Gordon D., *The First Epistle to the Corinthians*, Eerdmans, Grand Rapids, MI, 1987.

Frame, John, *Evangelical Reunion: Denominations and the Body of Christ*, Baker Books, Grand Rapids, 1991.

Giles, Kevin, *Jesus and the Father*, Zondervan, Grand Rapids, MI, 2006.

_____, *The Trinity and Subordinationism*, InterVarsity Press, Downers Grove, IL, 2002.

Ketcherside, W. Carl, *The Twisted Scriptures*, Diversity Press, DeFuniak Springs, FL, 1992.

Miller, Hal, «Leadership in the Church: Ten Propositions», *Searching Together* 11 (1982):3.

Miller, Paul, *Leading the Family of God*, Herald Press, Scottdale, PA, 1981.

Quebedeaux, Richard, *By What Authority: The Rise of Personality Cults in American Christianity*, Harper & Row, Nueva York, 1982.

Ray, Rudy, «Authority in the Local Church», *Searching Together* 13 (1984):1.

Schütz, John H., *Paul and the Anatomy of Apostolic Authority*, Cambridge University Press, Nueva York, 1975.

Smith, Christian, «Church Without Clergy», *Voices in the Wilderness*, (noviembre-diciembre de 1988).

Stabbert, Bruce, *The Team Concept*, Hegg Brothers Printing, Tacoma, WA, 1982.

Viola, Frank, *Straight Talk to Pastors*, Present Testimony Ministry, Gainesville FL, 2006.

White, John, y Ken Blue, *Healing the Wounded: The Costly Love of Church Discipline*, InterVarsity Press, Downers Grove, IL, 1985.

Yoder, John Howard, «Binding and Loosing», *Concern*, n° 14 (febrero de 1967).

_____, «The Fullness of Christ, Perspectives on Ministries in Renewal», *Concern*, n° 17 (febrero de 1969).

Zens, Jon, «Building Up the Body: One Man or One Another?», *Searching Together*, 10, (1981):2.

_____, «Four Tragic Shifts in the Visible Church», *Searching Together*, 21 (1993):1-4.

_____, «The 'Clergy/Laity' Distinction: A Help or a Hindrance to the Body of Christ?», *Searching Together*, 23 (1995):4.

_____, *The Pastor*, Searching Together, St. Croix Falls, 1981.

_____, «Wrestling With Local Church Issues: Perpetuating Biblical Truth or Tradition?», *Searching Together*, 33 (2005):3-4; 34 (2006):1.

NOTAS

Introducción: Hacia un nuevo tipo de iglesia

1. Véase el libro de George Barna *Revolution*, Tyndale, Carol Stream, 2005, pp. 9, 39, 65, 107-108.
2. En general se entiende que la publicación del escrito de Copérnico: «Sobre las revoluciones de las esferas celestiales», marca el comienzo de la revolución científica.
3. T. Austin-Sparks, *Words of Wisdom and Revelation*, Three Brothers, Corinna, ME, 2000, p. 49.
4. Adaptado del famoso discurso de Martin Luther King: «Yo tengo un sueño», dado en Washington, DC, el 28 de agosto de 1963.

Capítulo 1: Reconfiguración de la iglesia como organismo

1. Aquellos que no están bien informados acerca de la Trinidad deberían leer el libro de James R. White, *The Forgotten Trinity* [La Trinidad olvidada], Bethany House, Minneapolis, 1998. Según la declaración doctrinal de la Sociedad Teológica Evangélica, «Dios es una Trinidad, de Padre, Hijo y Espíritu, cada uno de ellos una persona increada, y son uno en esencia, iguales en poder y gloria».
2. Stanley Grenz, *Created for Community*, Baker Books, Grand Rapids, MI, 1998), p. 52.
3. John P. Whalen y Jaroslav Pelikan se lamentaban del deplorable estado de la teología cristiana, diciendo que muchos dentro de la iglesia consideran que la Trinidad es una «pieza de museo, con muy poca o ninguna relevancia ante los críticos problemas que presentan la vida y el pensamiento contemporáneos» (Edmund J. Fortman, *The Triune God: A Historical Study of the Doctrine of the Trinity*, Westminster Press, Filadelfia, 1972, p. xiii).
4. Eugene Peterson, *Christ Plays in Ten Thousand Places*, Eerdmans, Grand Rapids, MI, 2005, p. 45.
5. Citado en la obra de Ted Peters, *God is Trinity*, Westminster Press, Louisville, KY, 1993, p. 122.
6. Miroslav Volf, *God's Life in Trinity*, Fortress Press, Minneapolis, 2006, p. xiv. Hoy existe un fuerte consenso entre muchos teólogos evangélicos y de las iglesias históricas con respecto a la centralidad de la Trinidad en la vida cristiana. Véase la bibliografía; allí se indican muchas de esas obras.
7. Para acceder a un interesante análisis de la eclesiología trinitaria, ver la obra de Kevin Giles: *What on Earth is the Church?*, SPCK, Londres, 1995, pp. 212-229.
8. Stanley Grenz, *Theology for the Community of God*, Eerdmans, Grand Rapids, MI, 1994, p. 482.
9. Kevin Giles, *What on Earth is the Church?*, SPCK, Londres, 1995, p. 222.

10. Citado en el libro de Kevin Giles, *The Trinity and Subordinationism*, InterVarsity Press, Downers Grove, 2002, p. 103.

11. Juan 5:30, 14:28, 31, y 1 Corintios 11:3 no contradicen este principio. Esos textos tienen en vista la sujeción voluntaria de Jesucristo el hombre a Dios el Padre. Cuando Jesús estuvo en la tierra se sujetó él mismo al Padre como un ser humano, estableciendo un modelo para todos los seres humanos en cuanto a lo que significa estar sujetos a Dios. Estos pasajes no apoyan una estructura jerárquica ni una relación de cadena de mandos dentro de la Deidad. Por esa razón, los teólogos han repudiado el concepto de subordinación dentro de la Trinidad. Como lo ha dicho Gilbert Bilezikian en su libro *Community 101*: «La iglesia generalmente ha rechazado la propuesta de subordinación considerándola algo pagano que se ha infiltrado» (p. 201). Para acceder a más detalles, ver los libros de Kevin Giles: *The Trinity & Subordinationism*, InterVarsity Press, Downers Grove, 2002; *Jesus and the Father*, Zondervan, Grand Rapids, 2006; de Gilbert Bilezikian: *Community 101*, Zondervan, Grand Rapids, 1997, en su apéndice; y de Miroslav Volf: *After Our Likeness: The Church as the Image of Trinity*, Eerdmans, Grand Rapids, 1998.

12. Ver el libro de Frank Viola y George Barna, *Pagan Christianity: Exploring the Roots of Our Church Practices*, Tyndale, Carol Stream, 2008.

13. Podemos encontrar esa adhesión al «diseño bíblico» encarnada en una doctrina conocida como «el silencio de las Escrituras» y otra denominada «el principio regulador». A mi entender, ambas son doctrinas altamente legalistas e imposibles de vivir. Por lo tanto, no dan en el blanco por una distancia considerable. El Nuevo Testamento nunca nos fue dado como una ley a guardar. Como lo dijo Pablo: «La letra mata, pero el Espíritu da vida» (2 Corintios 3:6).

14. F. F. Bruce, *A Mind for What Matters*, Eerdmans, Grand Rapids, MI, 1990, p. 263.

15. F. F. Bruce, *The Message of the New Testament*, Eerdmans, Grand Rapids, 1972, p. 98.

16. Tomado del prefacio del traductor en *Letters to Young Churches*, de J. B. Phillps.

17. Estoy de acuerdo con aquellos eruditos que argumentan que la palabra «cabeza», cuando hace referencia a Cristo como la Cabeza de su cuerpo, transmite la idea de autoridad y también la de fuente. Ver el libro de F. F. Bruce: *The Epistles to the Colossians, to Philemon, and to the Ephesians*, Eerdmans, Grand Rapids, 1984, pp. 68-69, 274-275; y el de Francis Foulkes: *Ephesians*, Eerdmans, Grand Rapids, 1989, pp. 73-74.

18. F. F. Bruce, *A Mind for What Matters*, Eerdmans, Grand Rapids, MI, 1990, p. 238.

19. Emil Brunner, *The Misunderstanding of The Church*, Lutterworth Press, Londres, 1952, p. 54.

20. Resulta interesante que la palabra pastor en forma de sustantivo solo aparezca una vez en el Nuevo Testamento (Efesios 4:11), y está en plural («pastores»).

21. Para acceder a la historia de cómo fue armado el Nuevo Testamento de un modo no cronológico y luego dividido en capítulos y versículos, ver el libro de Frank Viola y George Barna: *Pagan Christianity: Exploring the Roots of Our Church Practices*, Tyndale, Carol Stream, 2008, capítulo 11.

22. David King, editor, *The Bible Advocate and Precursor of Unity*, A. Hall & Co, Londres, 1848, p. 126.

23. George R. Hunsberger y Craig Van Gelder, editores, *The Church Between Gospel and Culture*, Eerdmans, Grand Rapids, MI, 1996, p. 149.

24. Esto no es mágico. La razón tiene que ver con los diferentes niveles de pH que tenga el suelo.

Capítulo 2: Reconfiguración de la reunión de la iglesia

1. Para acceder a un libro que rastree ese patrón, ver el de Frank Viola: *The Untold Story of the New Testament Church*, Destiny Image Publishers, Shippensburg, PA, 2005.
2. Algunos han sugerido que 1 Corintios 14:26 está señalando un problema. Pero esa interpretación es errónea. La mayoría de los exegetas de más alto nivel (F. F. Bruce, Ben Witherington, y Gordon Fee entre ellos) demuestran claramente que ese texto se refiere a lo que debería ser la norma. Es una exhortación y una «descripción de lo que debería estar sucediendo» en las reuniones en Corinto (tal como lo dice Gordon Fee). Luego, en el capítulo 14, Pablo rebobina un poco el caos que se produce en las reuniones, sin privarlas por ello de su naturaleza abierta y participativa.
3. Algunos de los ejemplos son Filipenses 2:6-11; Colosenses 1:15-20; Efesios 5:14; y 1 Timoteo 3:16.
4. Como hice notar anteriormente, las reuniones apostólicas eran conducidas por un apóstol. Pero digo de nuevo, esas reuniones eran temporales y fueron pensadas a fin de capacitar a la iglesia para funcionar en ausencia del apóstol.
5. John Howard Yoder, extractado del artículo «The Fullness of Christ: Perspectives on Ministries in Renewal», *Concern*, n° 17 (febrero de 1969).
6. Para acceder a una consideración más amplia de los así llamados pasajes de limitación (1 Corintios 14:33-34 y 1 Timoteo 2:11-14), ver mis artículos «Now Concerning a Woman's Role in the Church» (www.ptmin.org/role.htm) y «God's View of a Woman» (www.ptmin.org/view.htm).
7. George Barna, Revolution, Tyndale, Carol Stream, IL, 2005, pp. 51-67, 118.
8. John Howard Yoder, extraído de «The Fullness of Christ: Perspectives on Ministries in Renewal», *Concern*, n° 17 (febrero de 1969).
9. Tomado de un mensaje de audio titulado «Who Are We?», de Stephen Kaung, dado el 14 de abril de 1995 en Richmond, VA.

Capítulo 3: Reconfiguración de la Cena del Señor

1. Para acceder a la historia de cómo la Cena del Señor pasó de ser una comida completa a lo que vemos hoy, ver el libro de Frank Viola y George Barna, *Pagan Christianity*, Tyndale, Carol Stream IL, 2008, capítulo 9.
2. Eduard Schweizer, *The Church as the Body of Christ*, John Knox Press, Richmond, Va, 1964, p. 37.
3. Los salmos davídicos a menudo se refieren a Dios como «el Señor, mi porción». Resulta interesante que David fuera una tipología de Jesucristo. Por lo tanto, su repetida declaración de que el Señor era su porción constituía un reflejo de la relación del Hijo eterno con su Padre.
4. Stanley Grenz, *Theology of the Community of God*, Eerdmans, Grand Rapids, MI, 1994, p. 485.
5. Dado que el vino es un desinfectante natural, resulta seguro que un grupo lo beba de la misma copa.

Capítulo 4: Reconfiguración del lugar de reunión

1. Graydon F. Snyder, *Ante Pacem: Archaeological Evidence of Church Life Before Constantine*, Mercer University Press/Seedsowers, Macon, GA, 1985, p. 67; Graydon F. Snyder,

First Corinthians: A Faith Community Commentary, Mercer University Press, Macon, GA, 1991, p. 3.

2.   Ver el capítulo 9, pp. 186-187.

3.   Rodney Stark, *For the Glory of God*, Princeton University Press, Princeton, 2003, pp. 33-34.

4.   Ver el capítulo 5 de *Pagan Christianity*, para acceder a un análisis acerca de dónde viene la desconexión entre lo secular y lo espiritual.

5.   Kevin Giles, *What on Earth is the Church?*, InterVarsity Press, Downers Grove, IL, 1995, p. 219.

6.   Ver el capítulo 2 de *Pagan Christianity* para acceder a la historia acerca de la procedencia de los edificios de la iglesia.

7.   Tomado de un discurso titulado «*Why House Churches Today*», presentado en el Seminario Teológico Fuller el 24 de febrero de 1996.

Capítulo 5: Reconfiguración de la familia de Dios

1.   Gilbert Bilezikian, *Community 101*, Zondervan, Grand Rapids, MI, 1997, p. 182.

2.   Miroslav Volf, *After Our Likeness*, Eerdmans, Grand Rapids, MI, 1998, p. 129.

3.   Frederick Buechner, *Listening to Your Life*, HarperSanFrancisco, San Francisco, 1992, pp. 331-332.

Capítulo 6: Reconfiguración de la unidad de la iglesia

1.   Ver Mateo 18:15-18; Romanos 16:17; 1 Corintios 5:1-13; 2 Tesalonicenses 3:6. Los textos que siguen a continuación tienen en la mira falsas doctrinas sustentadas por cristianos profesantes que distorsionan la persona y la obra de Cristo: Gálatas 1:8-9; 2 Timoteo 4:3; 1 Juan 4:3; 2 Juan 1:10. Los cristianos deben rechazar tales doctrinas. Además, textos como Romanos 16:17 y Tito 3:9-11 se refieren a la gente que usa la doctrina para polarizar y enredar a la iglesia. Utilizan sus propias creencias doctrinales para dividir al pueblo de Dios.

2.   La evolución del sistema clerical fue en gran parte debido al intento de frenar las enseñanzas falsas. Pero resultó una mala solución que creó más problemas. Ver *Pagan Christianity*, capítulo 5.

3.   Ver el libro de Andrew Miller, *Miller's Church History*, Bible Truth Publishers, Addison, 1980.

4.   John M. Frame, *Evangelical Reunion: Denominations and the Body of Christ*, Baker, Gran Rapids, MI, 1991, p. 31.

5.   Ibid. En el mismo sentido, H. Richard Niebuhr habló de la «maldad del denominacionalismo», llamándolo la expresión extrema del «fracaso moral de la cristiandad». H. Richard Niebuhr, *The Social Sources of Denominationalism*, Meridian, Nueva York, 1957, pp. 21, 25.

6.   John W. Kennedy, *Secret of His Purpose*, Gospel Literature Service, Bombay, 1963, p. 48.

7.   Kevin Giles, *What on Earth is the Church?*, InterVarsity Press, Downers Grove, IL, 1995, p. 202.

Capítulo 7: La práctica de la iglesia y el propósito eterno de Dios

1. Algunas traducciones dicen «el propósito de las edades». Ver también Romanos 8:28; Efesios 1:11 y 2 Timoteo 1:9.
2. Ver el libro de Frank Viola, *From Eternity to Here*, publicado a principios de 2009, David C. Cook.
3. DeVern Fromke, *Ultimate Intention*, Sure Foundation, Indianapolis, 1963, pp. 24-25.
4. Ver el libro de Frank Viola, *From Eternity to Here*, publicado a principios de 2009, David c. Cook.
5. Stanley Grenz, *Created for Community*, Baker Books, Grand Rapids, MI, 1998, p. 216.
6. El Padrenuestro, en Mateo 6:10, capta el sueño divino: «Venga tu reino [gobierno], hágase tu voluntad en la tierra como en el cielo».
7. Miroslav Volf, *After Our Likeness*, Eerdmans, Grand Rapids MI, 1998, p. x.
8. Citado en el artículo de John McNeil *«Denatured»* Church Facing Extinction», ASSIST News Services, 19 de febrero de 2006.
9. Ver la obra de Frank Viola, *Bethany*, Present Testimony Ministry, Gainesville, FL, 2007; eBook gratis en www.ptmin.org/bethany.pdf.

Capítulo 8: Reconfiguración del liderazgo

1. Ver el libro de Frank Viola y George Barna, *Pagan Christianity*, Tyndale, Carol Stream IL, 2008, pp. 137-140.
2. Christian Smith, *«Church Without Clergy»*, Voices in the Wilderness, noviembre/diciembre de 1988.
3. Ibid.
4. Kevin Giles, *What on Earth is the Church?*, SPCK, Londres, 1995, p. 225.
5. James D. G. Dunn y John P. Mackey, *New Testament Theology in Dialogue*, Westminster Press, Filadelfia, 1987, pp. 126-129.
6. James D. G. Dunn, *Unity and Diversity in the New Testament*, Westminster Press, Filadelfia, 1977, p. 351.

Capítulo 9: Reconfiguración de la supervisión

1. Ver el libro de Robert Banks, *Paul's Idea of Community*, Hendrickson, Peabody, MA, 1994, pp. 131-133.
2. Hechos 11:29-30; 15:2-6, 22-40; 20:17; 21:17-18; Efesios 4:11; 1 Tesalonicenses 5:12-13; 1 Timoteo 4:14; 5:17-19; Tito 1:5; Hebreos 13:7, 17, 24; 1 Pedro 5;1-2.
3. Para acceder a información sobre la cronología usada, ver el libro de Frank Viola, *The Untold Story of the New Testament Church*, Destiny Image, Shippensburg, 2004.
4. Ver el libro de Frank Viola y George Barna, *Pagan Christianity*, Tyndale, Carol Stream IL, 2008, capítulo 5, para acceder a la historia de la ordenación moderna.
5. Lamentablemente, he visto a ancianos contemporáneos hacer precisamente eso. Ver el libro de Frank Viola *Straight Talk to Pastors*, Present Testimony Ministry, Gaineville, FL, 2006, www.ptmin.org/straight.pdf.
6. Ver en 2 Tesalonicenses 3:7-9 el mismo principio.
7. En 1 Corintios 9, Pablo usa la misma analogía. En ese texto, sin embargo, Pablo habla de los obreros apostólicos (no de los ancianos) y deja en claro que son las finanzas las que están en la mira (y no el honor).

8. Para acceder a algunas perspectivas interesantes de la relación entre la labor apostólica y las finanzas, ver el libro de Roland Allen, *Missionary Methods,* Eerdmans, Grand Rapids, MI, 1962, capítulo 6, y el de Watchman Nee, *The Normal Christian Church Life,* Living Stream Ministry, Anaheim, CA, 1980, capítulo 8.
9. Nótese que las «Epístolas Pastorales» (1 Timoteo, 2 Timoteo y Tito) fueron escritas a los colaboradores apostólicos de Pablo y no a pastores o iglesias.

Capítulo 10: Reconfiguración de la toma de decisiones

1. La adoración de Israel al becerro de oro (Éxodo 32), su negativa a poseer la Tierra Prometida (Números 13–26), su deseo de tener un rey terrenal (1 Samuel 8), y la aprobación por parte de la iglesia de Corinto de un hombre inmoral (1 Corintios 5) son apenas algunos de los ejemplos.
2. Christian Smith, *Going to the Root: Nine Proposals for Radical Church Renewal,* Herald Press, Scottdale, PA, 1992, pp. 72-73.

Capítulo 12: Reconfiguración de la autoridad y la sumisión

1. El Greek Lexicon de Thayer, #5293.
2. Eso explica por qué Pedro y Santiago, lo mismo que Pablo y Bernabé, fluctuaban con respecto a la medida de autoridad espiritual que ejercían (Hechos 1:15; 2:14; 12:17, 25; 13:2, 7, 13ss.; 15:2, 7, 13, 22).
3. Miroslav Volf, *After Our Likeness: The Church as the Image of the Trinity,* Eerdmans, Grand Rapids, MI, 1998, p. 236.
4. John Howard Yoder, *The Royal Priesthood: Essays Ecclesiastical an Ecumenical,* Herald Press, Scottdale, PA, 1988, p. 324.

Capítulo 13: Reconfiguración de la cobertura denominacional

1. Apenas una nota personal: Nunca he sido herido por nadie de la iglesia institucional, así que no me mueve ningún interés egoísta. Todos los pastores que he conocido son queridos amigos míos. Nuestras diferentes perspectivas sobre la eclesiología nunca afectaron nuestra amistad.
2. Ver la *World Christian Encyclopedia,* de David B. Barrett, George T. Kurian, y Todd M. Johnson, Oxford University Press, Oxford, 2001, p. 16.
3. Algunos pocos ejemplos son: La Sociedad de la Atalaya, El Camino Internacional, La Iglesia de Jesucristo de los Santos de los Últimos Días.
4. Una versión anterior de esa misma idea fue presentada por Vincent of Lerins con estas palabras: «El cristianismo es lo que siempre se ha sostenido, en todo lugar y por todos».

Capítulo 14: Reconfiguración de la tradición apostólica

1. John W. Kennedy, *Secret of His Purpose,* Gospel Literature Service, Bombay, 1963, p. 26.
2. La tradición de los apóstoles está contenida dentro de las Escrituras. Por lo tanto, la noción sustentada por algunos teólogos católicos y ortodoxos de que existe un cuerpo de tradiciones infalibles y autoritativas fuera de la Biblia es insostenible.

3. F. F. Bruce, *A Mind for What Matters*, Eerdmans, Grand Rapids, MI, 1990, p. 239.
4. Howard Snyder, *The Community of the King*, InterVarsity Press, Downers Grove, IL, 1977, p. 138.
5. Ver el libro de Frank Viola y George Barna, *Pagan Christianity*, Tyndale, Carol Stream IL, 2008.
6. Nótese que yo no he tratado estos aspectos de la vida de la iglesia en este volumen para que este libro no acabara siendo demasiado largo.
7. Para acceder a un análisis detallado del Tabernáculo de David, remitirse al CD de audio de Frank Viola, *«The Tabernacle of David»*, Present Testimony Ministry, Gainesville, FL, 2002, www.ptmin.org/audiocd.htm.

Capítulo 15: ¿A dónde vamos a partir de aquí?

1. Greg Hawkins y Cally Parkinson, *Reveal: Who Are You?*, Willow Creek Association, South Barrington, IL, 2007.
2. Esta definición fue tomada de http://en.wikipedia.org/wiki/Emerging_church. Algunas personas señalan una cierta distinción entre los «emergentes» y los «cristianos emergentes». Otros no. Estoy usando estas expresiones como sinónimas en este capítulo.
3. Ver http://ptmin.org/emergingchurch.htm para más detalles.
4. Ver la obra de Brian McLaren, *A Generous Orthodoxy*, Zondervan, Grand Rapids, MI, 2004.
5. Para acceder a una mayor reflexión sobre la conversación de la iglesia emergente, ver el libro de Viola, *Will the Emerging Church Fully Emerge?*, Present Testimony Ministry, Gainesville, FL, 2005, www.ptmin.org/fullyemerge.htm.
6. T. Austin-Sparks, *Explanation of the Nature and History of «This Ministry»*, Emmanuel Church, Tulsa, 1998, p. 18.
7. Arthur Wallis, *The Radical Christian*, Cityhill Publishing, Columbia, MO, 1987, pp. 87-88.
8. Para acceder a más material sobre este principio, ver mi artículo *«Finding Organic Church»* en www.ptmin.org/findingchurch.pdf.
9. El propósito de este libro no es ofrecer un «programa en cinco pasos» para realizar la transición de una iglesia organizada a una iglesia orgánica. No existe un programa así. Cada congregación es diferente. Y hay una cantidad interminable de factores que lo convierten en una empresa altamente compleja. Me encantaría dialogar con aquellos pastores que asumen con seriedad la tarea de encarar esa transición. Sin embargo, permítanme advertirles esto por adelantado: El proceso no tiene que ver con una limpieza de cutis; ¡se trata de una cirugía de reconstitución!
10. Si usted es un pastor que lee esto y piensa: *Estoy de acuerdo con su planteo, pero si dejo mi actual trabajo, ¿cómo voy a sostener a mi familia?*, entonces lo invito a ir a www.HouseChurchResource.org y visitar la página de los ex-pastores. Esa página incluye una «Guía de supervivencia para ex-pastores» que puede serle de ayuda.
11. Frederick Buechner, *Listening to Your Life*, HarperSanFrancisco, San Francisco, 1992, p. 331.

Apéndice: Objeciones y respuestas con respecto al liderazgo

1. J. N. Darby, *The Holy Scriptures: A New Translation From the Original Languages*, Kingston Bible Trust, Wembley, 1991, p. 1435.

2. Gerald F. Hawthorne y Ralph P. Martin, *Dictionary of Paul and His Letters*, InterVarsity Press, Downers Grove, IL, 1993, pp. 658-666.

3. Estoy de acuerdo con esos eruditos que aceptan la autoría paulina de las «Epístolas Pastorales».

4. F. F. Bruce, *The Epistle to the Hebrews*, Eerdmans, Grand Rapids, MI, 1990, pp. 374, 385, 391.

5. F. F. Bruce, *1 and 2 Thessalonians*, Word Books, Waco, TX, 1982, pp. 118-120; Robert Banks, *Paul's Idea of Community*, Hendrickson, Peabody, MA, 1994, pp. 141, 144.

6. Ibid, F. F. Bruce.

7. Para más detalles sobre la historia de la ordenación moderna, ver el libro de Frank Viola y George Barna, *Pagan Christianity*, Tyndale, Carol Stream, IL, 2008, capítulo 5.

8. No todas las iglesias del primer siglo tenían ancianos. Por ejemplo, no parecería que hubiera habido ancianos en Corinto o en Antioquía de Siria. Por consiguiente, los obreros de nuestros días pueden reconocer ancianos en algunas iglesias y en otras no. El método a través del que se avalan también puede variar de iglesia a iglesia, dependiendo de las circunstancias y de la guía del Señor.

9. Gordon D. Fee, *The First Epistle to the Corinthians*, Eerdmans, Grand Rapids, MI, 1987, p. 622.

10. Kevin Giles, *Jesus and the Father*, Zondervan, Grand Rapids, MI, 2006; Gilbert Bilezikian se hace eco de este punto en *Community 101*, Zondervan, Grand Rapids, MI, 1997, p. 200, diciendo: «La noción de una relación semejante de subordinación dentro de la Divinidad es completamente extraña a las Escrituras. En lugar de eso, su contenido enseña exactamente lo opuesto».

11. Kevin Giles, *Jesus and the Father*, Zondervan, Grand Rapids, MI, 2006, pp. 9, 38-39.

12. Gilbert Bilezikian, *Community 101*, Zondervan, Grand Rapids, MI, 1997, p. 192.

13. Kevin Giles, *Jesus and the Father*, Zondervan, Grand Rapids, MI, 2006, p. 13.

14. Los siguientes libros refutan con éxito la idea de que la Trinidad sea jerárquica: Kevin Giles, *The Trinity and Subordinationism*, InterVarsity Press, Downers Grove, IL, 2002; *Jesus and the Father*, Zondervan, Grand Rapids, MI, 2006; Gilbert Bilezikian, *Community 101*, Zondervan, Grand Rapids, MI, 1997, apéndice; Miroslav Volf, *After Our Likeness: The Church as the Image of the Trinity*, Eerdmans, Grand Rapids, MI, 1998.

15. Kevin Giles, *What on The Earth is the Church?*, InterVarsity, Downers Grove, IL, 1995, p. 224.

16. Miroslav Volf, *After Our Likeness*, Eerdmans, Grand Rapids, MI, 1998, p. 4.

17. *Vine's Expository Dictionary of New Testament Words*, Macdonald Publishing Company, Mclean, p. 806.

18. E. L. Sukenik, *Ancient Synagoges in Palestine and Greece*, Oxford University Press, Oxford, 1934.

19. Para acceder a más detalles, ver el libro de Frank Viola y George Barna, *Pagan Christianity*, Tyndale, Carol Stream, IL, 2008, capítulo 5.

20. *The Christian Baptist*, vol. 1, The Gospel Advocate, Nashville, 1955, pp. 319-324.